U0064949

古典文獻研究輯刊

十三編

潘美月・杜潔祥 主編

第 5 冊

陳振孫《直齋書錄解題》研覈餘瀋

何廣棪 著

國家圖書館出版品預行編目資料

陳振孫《直齋書錄解題》研覈餘瀋／何廣棪 著 -- 初版 -- 新
北市：花木蘭文化出版社，2011〔民 100〕
目 2+204 面；19×26 公分
（古典文獻研究輯刊 十三編；第 5 冊）
ISBN：978-986-254-626-0（精裝）
1.（宋）陳振孫 2.學術思想 3.私藏目錄 4.研究考訂
011.08   100015554

古典文獻研究輯刊
十三編 第 五 冊   ISBN：978-986-254-626-0

陳振孫《直齋書錄解題》研覈餘瀋

作　　者 何廣棪
主　　編 潘美月　杜潔祥
總 編 輯 杜潔祥
企劃出版 北京大學文化資源研究中心
出　　版 花木蘭文化出版社
發 行 所 花木蘭文化出版社
發 行 人 高小娟
聯絡地址 新北市永和區中正路五九五號七樓
　　　　 電話：02-2923-1455／傳眞：02-2923-1452
網　　址 http://www.huamulan.tw 信箱 sut81518@gmail.com
印　　刷 普羅文化出版廣告事業
初　　版 2011 年 9 月
定　　價 十三編 20 冊（精裝）新台幣 31,000 元

版權所有・請勿翻印

直齋書錄解題

研覈衆餘瀋

選堂

陳振孫《直齋書錄解題》研覈餘瀋

何廣棪　著

作者簡介

何廣棪，字碩堂，號弘齋。早歲追隨羅元一（香林）、李幼椿（璜）、王懷冰（韶生）諸教授問學最久，獲益良多。其後則親炙饒選堂（宗頤）教授，以迄於茲。良師耳提面命，言教身教之餘，品學日以進。終乃獲香港新亞研究所文學博士學位。東渡來臺，受聘臺灣華梵大學東方人文思想研究所教授，曾兼所長，留臺凡 16 年。二年前榮休賦歸香江，仍出任香港樹仁大學、新亞研究所教授。平素勤於治學，著述頗富，以鑽研李清照、陳振孫成績最著而負盛名，甚受海峽兩岸三地學人矚目與揚譽。

提　　要

　　撰人何廣棪教授乃海峽兩岸研治陳振孫及其《直齋書錄解題》最有貢獻之學人，成果至為豐贍。前此著有相關書籍五種、凡 14 大冊，約 500 萬言，已絡繹交由本出版社付刊行世，收入《古典文獻研究輯刊》各編中，甚受學壇重視。

　　茲者，又將其研覈振孫及其學術所已發表之論文，此皆何教授視為「餘瀋」者，共 23 篇，乃統一其體例，編理成書。內容所涉，及於振孫生卒年、振孫對群經研治、另有撰人對《解題》所撰札記、撰人對《解題》中提及之歷史人物與詞語典故所作考證，與最近完成之〈陳振孫評詩資料輯考〉。每文撰就，均歷經撰者精雕細琢，故每見心得，因而亦極見功力。

目

次

陳振孫生卒年新考

　　陳振孫，字伯玉，號直齋，南宋著名目錄學家。有關振孫生卒年，自宋迄清似無人考及之者。宋人劉克莊《後村大全集》卷七十五〈外制〉有〈故通奉大夫寶章閣待制致仕陳振孫贈光祿大夫〉一文，曰：

> 疏傅賢哉，方遂揮金之樂；魏公逝矣，可勝亡鑑之悲。於以飾終，爲之攬涕。具官某，其文秋濤瑞錦，其姿古柏寒松。早號醇儒，得淵源於伊、洛；晚稱名從，欲輩行於乾、淳。若鳳儀麟獲而來，以鱣舞狐嗥而去。生芻一束，莫挽於遐心；寶帶萬釘，少旌於耆德。尚期難老，胡不憖遺？噫！德比陳太丘，素負海內之望；官如顏光祿，用爲宰上之題。可。

此文作年在宋理宗景定三年壬戌（1262）三月，是則振孫之卒歲亦必在此年，拙著《陳振孫之生平及其著述研究》曾詳考之，〔註1〕茲不贅。

─────────

〔註 1〕 拙著《陳振孫之生平及其著述研究》第三章〈陳振孫之仕履與行誼〉、第十一節、〈致仕與去世〉載：「後村景定元年九月兼權中書舍人，十一月除兵部侍郎兼中書舍人；二年八月再兼中書；三年三月，除權工部尚書，陞兼侍讀。是其撰作〈外制〉諸文字，最早不應超過景定元年九月，而最遲不應後於景定三年三月。又考〈宋史〉卷四十五〈本紀〉、第四十五〈理宗〉五載：『（景定二年）十二月……甲午，以……何夢然參知政事兼太子賓客。』是則〈外制〉之第一篇〈中大夫參知政事兼太子賓客何夢然贈三代〉必作於景定二年十二月。同書同卷〈理宗〉五又載：『（景定）三年春正月……庚午，賜賈似道宅於集芳園，給緡錢百萬，就建家廟。』則〈太傅右丞相兼樞密使兼太子少師魯國公賈似道贈高祖祖母〉之制必作於景定三年正月。同書同卷〈理宗〉五又載：『（景定三年）三月乙丑，以孫附鳳爲端明殿學士，簽書樞密院事兼太子賓客。』則〈端明殿學士朝奉郎簽書樞密院事兼太子賓客孫附鳳贈三代〉之制，必作於景定三年三月。而〈故通奉大夫寶章閣待制致仕陳振孫贈光祿

　　民國以還，撰文考訂或述及振孫生卒年者有多家，其中最早者厥爲陳樂素先生。陳氏於民國三十五年（1946）十一月二十日發表〈《直齋書錄解題》作者陳振孫〉，刊載上海《大公報・文史周刊》第六期上。

　　該文「〈年歷〉」條下載：

> 劉克莊〈後村大全集〉卷七五所載〈故通奉大夫寶章閣待制致仕陳振孫贈光祿大夫制〉，居〈外制〉之末、〈參知政事何夢然封贈三代〉之後。據《宋史・宰輔表》，何夢然以景定二年（1261）十二月除參政；又據《後村集》附林希逸所撰〈行狀〉，則後村以景定二年辛酉八月再兼中書，三年壬戌三月除權工部尚書，陞兼侍讀；直齋蓋卒於景定二年或三年春，而必不在三年三月以後也。以嘉定中始任，至景定之卒，其間四十餘年，縱使未壯已仕，直齋壽亦當七十以上矣。

是陳氏以振孫卒於景定二年或三年春，其壽當七十以上。

　　民國七十二年（1983）八月，陳氏另撰〈略論陳振孫《直齋書錄解題》〉一文，發表於《中國史研究》一九八四年、第二期，其中論及振孫卒年則有異說。陳氏曰：

> 陳振孫的生卒年不詳。但劉克莊《後村大全集》卷七五，有〈故通奉大夫寶章閣待制致仕陳振孫贈光祿大夫制〉，列在〈參知政事何夢然封贈三代制〉之後；何夢然是理宗景定二年（1261）十二月除參政的（《宋史・宰輔表》）；而劉克莊則在景定二年八月再兼中書舍人，三年三月除工部侍郎升兼侍讀（《後村集》附林希逸撰〈行狀〉）。由此推知，陳振孫是卒於景定二、三年之間。他初仕大概在寧宗嘉定元年（1208），當溧水縣縣學教授，寫過一篇〈華勝寺碑記〉（見光緒《溧水縣志》）。假定初仕時是三十歲左右的人，那麼，到景定二年（1261），他已經是八十歲以上的人了。

是陳氏又改謂振孫壽在八十歲以上。

　　法人 Yves Hervouet 編《宋代書錄》（Bibliographie des Sung），該書〈書目類〉「《直齋書錄解題》」條亦考及振孫生卒年，其後潘銘燊撰〈宋代私家藏書

> 大夫〉一篇既置於〈外制〉之末，即排在前述諸制之後，則其作年最早亦在景定三年壬戌（1262）三月之時。其後後村乃除權工部尚書，陞兼侍讀，是則振孫之卒歲亦必在此年此月左右，固無疑矣。」

考〉即據之。〔註2〕〈宋代書錄〉云：

> Chih-chai shu-lu chieh-t'i 直齋書錄解題，22ch.（'Catalogue of books
> with explanatory notices of the Chih Studio'）by Ch'en Chen-sun 陳振
> 孫（T.Po-yu 伯于，H. Chih-chai 直齋），ca.1190-after 1249.

是《宋代書錄》以約西元 1190 年，即約光宗紹熙元年庚戌爲振孫生年，而以
西元 1249 年後，即理宗淳祐九年己酉後爲其卒歲。但此說不惟乏據，即其譯
振孫別字爲「伯于」，則更屬錯誤之至，是故其可信度應甚可疑。

臺灣國立政治大學喬衍琯教授於民國六十九年（1980）六月出版《陳振
孫學記》一書，〔註3〕其書第一章、〈傳略〉云：

> 振孫生年不詳。《宋代書錄・書目類・直齋書錄解題》條云，約 1190
> 年（光宗紹熙元年）生，則初仕溧水教授，年方二十一。疑生年當
> 在前此數年，卒年則云在 1249 年（理宗淳祐九年）之後。雖未肯定，
> 要俱相去不甚遠。而潘銘燊在〈宋代私家藏書考〉，乃削去疑辭，又
> 不言其所據，則未可從。使振孫未強而仕，享壽逾七十矣。

據是，則喬氏考證振孫生卒年，大抵參照《宋代書錄》而略作推移；至其謂
「使振孫未強而仕，享壽逾七十」，所持論乃依倚陳樂素〈《直齋書錄解題》
作者陳振孫〉，喬氏雖未明言所據，然陳、喬二氏所考皆誤也。

拙著《陳振孫之生平及其著述研究》，第三章、〈陳振孫之仕履與行誼〉、
第十一節、〈致仕與去世〉中亦考及振孫生卒年，所得結論爲：

> 綜上所考，振孫致仕在理宗淳祐十年庚戌（1250），時年七十，其卒
> 歲在景定三年壬戌（1262）三月左右，春秋八十又二。由是而上溯，
> 則振孫之生年，當爲宋孝宗淳熙八年辛丑（1181）也。

然此一結論亦未盡允當。

考張先字子野，北宋仁宗時著名詞家，人稱「張三影」。張先有〈十詠
圖〉，描繪其父張維於吳興南園所作十首詩之種種內容。圖後有陳振孫長跋
一篇。《十詠圖》，今人徐邦達曾見之。徐氏撰〈北宋張先十詠圖卷〉一文，
〔註4〕中有云：

〔註2〕潘文載見香港中文大學崇基學院所編《華國》第六期。文末有〈參考及徵引
　　　書目〉，其「陳振孫」條云：「陳振孫（1190～1249）《直齋書錄解題》清光緒
　　　九年（1883）重刊本。」是潘氏言振孫生卒年，乃據《宋代書錄》也。

〔註3〕《陳振孫學記》，民國六十九年（1980）六月初版，臺北文史哲出版社印行。

〔註4〕原刊 1995 年《翰海》秋季拍賣會特刊。

此《十詠圖》卷，到清乾隆年間收入內府，著錄在所編《石渠寶笈‧續編》重華宮；同時阮元《石渠隨筆》亦記述此圖所畫的內容。一九九五年秋，原件我在北京見到了它。蓋此亦溥儀自故宮中攜出之物，後輾轉從偽滿長春偽宮流散出來的。

張先之圖爲設色絹本，圖卷後之陳振孫長跋則另紙所寫。振孫跋文，周密《齊東野語》卷十五「〈張先十詠圖〉」條曾詳載之，惟闕載文末署年，其署年於考證振孫生卒年至關重要。《十詠圖》後振孫〈跋〉文所記署年爲：

> 庚戌七月五日直齋老叟書，時年七十有二。後六年，從明叔借摹，併錄余所跋於卷尾而歸之。丙辰中秋後三日也。

〈跋〉之署年左下方鈐「陳氏山房之印」六字，乃篆書陽文方印。考庚戌（1250）乃淳祐十年，據〈跋〉語知是年振孫七十二歲。後六年，即寶祐四年丙辰（1256），是年振孫七十八歲。據此上推，則振孫應生於淳熙六年己亥（1179），其卒歲在景定三年壬戌（1262），則春秋八十有四。余前撰有〈陳振孫仕履年表〉，〔註 5〕及今觀之，其所繫年或有錯誤不足據者。茲據新考所得生卒年，另撰新表如下：

中　曆	西　元	行事或所任官職	年　齡
孝宗淳熙六年（己亥）	1179	振孫生。	1
寧宗嘉定元年（戊辰）	1208	任溧水縣教授，嘉定四年辛未（1211）去官歸。	30
嘉定六年（癸酉）	1213	補紹興府教授。	35
嘉定十一年（戊寅）	1218	任鄞學教官。	40
嘉定十四年（辛巳）	1221	爲南城縣宰。	43
理宗寶慶三年（丁亥）	1227	充興化軍通判。	49
紹定元年（戊子）	1228	除軍器監簿。	50
端平元年（甲午）	1234	除諸王宮大小學教授。	56
端平三年（丙申）	1236	二月初六以朝散大夫知台州，兼權浙東提舉，常平茶鹽事；八月正除，十月二十八日到任。	58
嘉熙元年（丁酉）	1237	五月改知嘉興府。	59
嘉熙三年（己亥）	1239	四月十三日前後升任浙西提舉。	61

〔註 5〕見《陳振孫之生平及其著述研究》第三章〈陳振孫之仕履與行誼〉，頁 186～187。

嘉熙四年（庚子）	1240	返湖州，向湖守王侑借《易林》校勘。	62
淳祐元年（辛丑）	1241	二月任職郎省。	63
淳祐四年（甲辰）	1244	秋、冬間改除國子司業。	66
淳祐十年（庚辰）	1250	以某部侍郎、通奉大夫除寶章閣待制致仕，家居霅川，修《吳興人物志》、《吳興氏族志》，及撰〈吳興張氏《十詠圖》跋〉。	72
寶祐四年（丙辰）	1256	向周晉（明叔）借摹〈吳興張氏十詠圖〉，並跋卷後而歸之。	78
景定三年（壬戌）	1262	三月間卒，贈光祿大夫。	84

綜上所述，有關陳振孫生卒年，陳、喬諸氏及余前所考者均錯誤不足據。茲據振孫〈跋〉語署年推判，確知振孫生年在淳熙六年（1179），又據其歿時在景定三年（1262），則其卒年為八十四歲。余新考得此一結論，殆可成定讞矣。

民國八十九年（2000）元宵節撰於華梵大學東方人文思想研究所

原刊《新亞學報》第二十卷、革新號

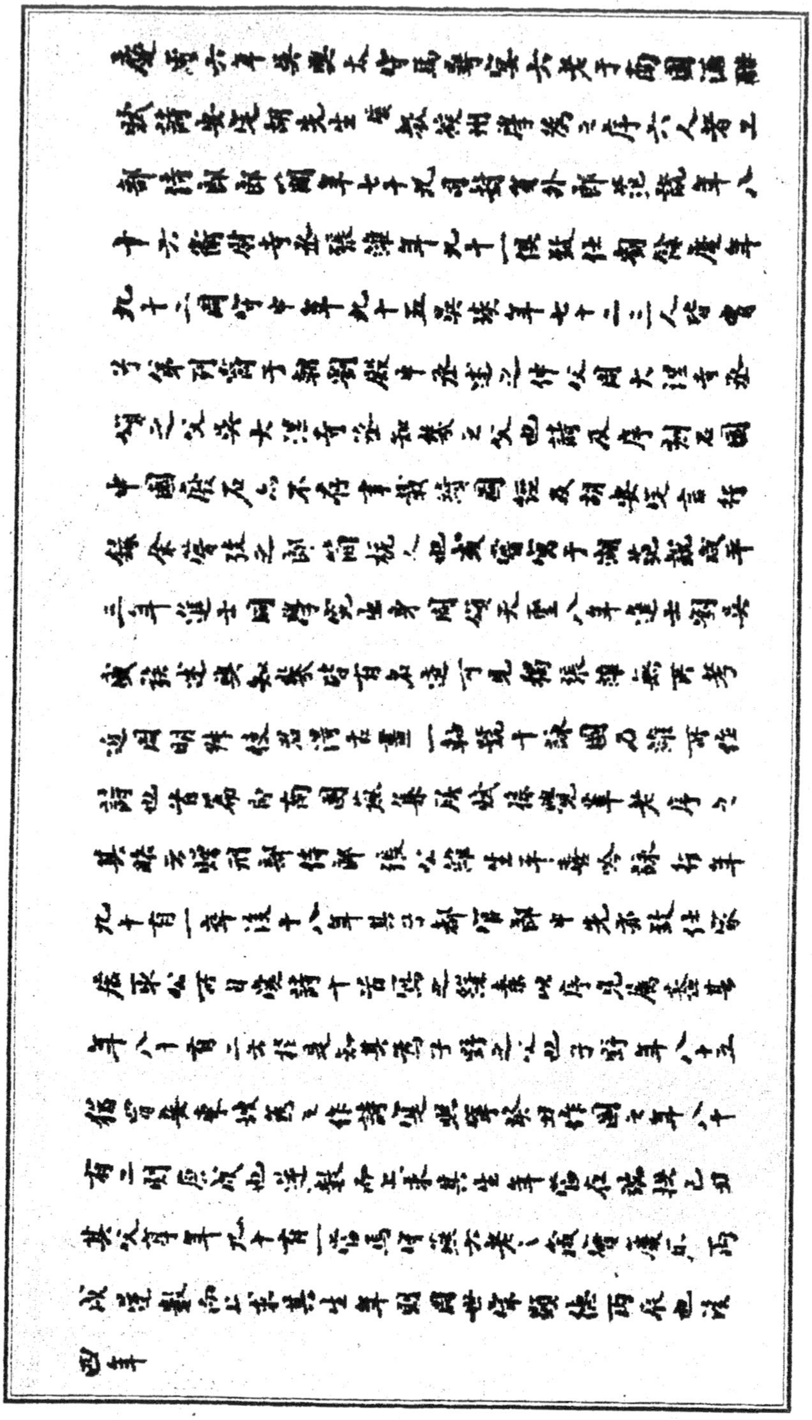

陳振孫〈吳興張氏《十詠圖》跋〉手迹

近年來有關陳振孫及其
著述研究之新探索

壹、前　言

　　陳振孫，字伯玉，號直齋，乃南宋著名目錄學家，所著《直齋書錄解題》（以下簡稱《解題》）一書，與晁公武《郡齋讀書志》齊名，同被視爲有宋一代目錄學著作之雙璧，歷受後人推重；紀昀《四庫全書總目》（以下簡稱《總目》）更譽之不絕口，以爲「古書之不傳於今者，得藉是以求其崖略；其傳於今者，得藉是以辨其眞僞，核其異同，亦考證之所必資，不可廢也」。〔註1〕蓋《解題》之爲用至宏，有利於輯佚、辨僞與考證，故《總目》所云，良非妄譽也。

　　陳振孫，《宋史》無傳。然自南宋以迄清世，能對振孫生平作系統而詳備之研究者，似無其人。宋、元、明、清人文集、筆記、方志、詩文評類之書，頗載振孫生平及其宦歷資料，惟甚支離，無法藉悉振孫畢生行誼全貌。〔註2〕晚清之際，陸心源撰《宋史翼》，其書卷二十九、〈列傳〉第二十九、〈文苑〉

〔註1〕見《四庫全書總目》卷八十五、〈史部〉四十一、〈目錄類〉一。
〔註2〕洪咨夔《平齋文集》卷十八、張淏《會稽續志》卷二、徐元杰《楳埜集》卷七、劉克莊《後村先生大全集》卷七十五、周密《齊東野語》卷八、卷十七及《癸辛雜識》別集下、王鏊《姑蘇志》卷四十二、鄭元慶《湖錄》、厲鶚《宋詩紀事》卷六十五、錢泰吉《甘泉鄉人稿・曝書雜記》卷下，及《吳興備志》、《浙江通志》、《溧水縣志》、《莆田縣志》、《吳都文粹續集》等方志書中均有振孫生平及宦歷資料。

四有〈陳振孫傳〉，惜史料甚寥落；陳祺壽撰〈宋目錄家晁公武陳振孫傳〉，載《國粹學報》第六十八期，文凡數千言，亦鮮新知。民國以還，陳樂素先生撰〈直齋書錄解題作者陳振孫〉，載見民國三十五年（1946）十一月二十日《大公報・文史周刊》，分「本名」、「述作」、「年歷」、「言行」四端，以考振孫名里年代，生平出處，搜采資料較陸、陳二氏為完備，惟仍覺零斷不全，且所考有未盡恰當者。喬衍琯先生亦嘗撰〈陳振孫傳略〉，民國六十九年（1980）五月載見《國立政治大學學報》第四十一期；其年六月又由臺北文史哲出版社印行《陳振孫學記》，其書第一章為〈傳略〉，下分「生平」、「仕履」、「言行」三節以記述振孫行事。然多采錄樂素先生所撰文章，創獲殊少。至謝素行先生撰〈陳振孫及其直齋書錄解題〉碩士論文，其文所記振孫生平事蹟，全依倚前人，自〈檜〉以下，殊無足觀矣。〔註3〕

　　研治振孫著述者，自宋迄今，學者多集中《解題》一書。宋、元之世，周密《齊東野語》卷十二「書籍之厄」條曾推譽振孫「倣《讀書志》作解題，極其精詳」；吳師道《吳禮部詩話》中評及《淵明集》，亦徵引《解題》為說。二氏所撰，內容雖較瑣細支離，然不能不視為研治《解題》而有所論述之嚆矢。馬端臨著《文獻通考・經籍考》，幾全據《解題》與《郡齋讀書志》以成書，則《解題》之典核而為馬氏所重視固可知。隨齋批注《解題》，拾遺補闕，至有裨益其書，乃振孫功臣也。而李慈銘《越縵堂讀書記》卷十一竟漫以「淺陋」譏之，則似未為允當。要之，自《解題》成書後，稍能作系統研治而又有所述作者，實以隨齋啓其端。元、明之際，宋濂《諸子辨》、胡應麟《四部正譌》則常徵引《解題》資料以辨古書真偽，故知宋、胡二子於《解題》亦究治至久，研幾有得，乃能左右逢源而擷采書中有用資料。有清之世，考證之學如日中天，鑽研《解題》者亦日益眾。至乾隆時，《四庫》館臣從《永樂大典》中錄出《解題》，詳加考訂，編定為二十二卷，此事勿論矣。猶可列述者，如盧文弨撰〈新訂直齋書錄解題〉，乃重訂此書原次為五十六卷，其功至偉。又如沈叔埏《頤綵堂文集》卷八〈書直齋書錄解題後〉，考出隨齋實為程棨之號，既足補《總目》闕略，且糾正錢大昕《十駕齋養新錄》卷十四「《直齋書錄解題》」條以隨齋為楊益號之錯失，甚見工力。再如

〔註3〕謝素行，臺灣中國文化學院中國文學研究所研究生，民國五十八年（1969）五月撰就〈陳振孫及其直齋書錄解題〉碩士論文，未嘗印行，余嘗見其中文打字影印本。

張宗泰《魯巖所學集》卷六，凡五跋《解題》，審正舛訛處殊不少。至如邵懿辰《四庫簡明目錄標注・史部・目錄類》、陳鱣《簡莊綴文》卷三〈直齋書錄解題跋〉、吳壽暘《拜經樓藏書題跋記》卷三、張金吾《愛日精廬藏書志》卷二十、瞿鏞《鐵琴銅劍樓書目》卷十二、丁丙《善本書室藏書志》卷十四，以至繆荃孫《藝風堂藏書記》卷五等書所載，皆嘗考訂《解題》之板刻，貢獻亦鉅。王先謙《虛受堂書札》卷一〈又與筱珊〉函中，更使用《四庫全書》本《解題》，以校繆荃孫所藏二十卷舊鈔本，發明亦富。緣於上述諸家皆精於考證，故所得成績遂遠溢宋、明。逮於民國，研治《解題》當以陳樂素、喬衍琯爲鉅子，餘子粥粥，良難與比肩矣。陳氏既撰〈直齋書錄解題作者陳振孫〉，其第二節「述作」中，詳據《解題》以鬯論振孫學術；一九八四年，樂素另撰有〈略論陳振孫直齋書錄解題〉，載見該年《中國史研究》第二期中，全文分（一）《解題》作者、（二）政治影響、（三）論人論書、（四）宋人重視地方志、（五）《解題》出現了年譜、（六）《解題》反映了南宋圖書印行的盛況、（七）《解題》中一些不應有的錯誤、（八）《解題》的傳本、（九）《四庫提要》與《解題》的關係、（十）結語。陳文從多方面考論《解題》，創見不少，而發明亦殊夥，讀之至足樂也。惜所論仍有小疵，即如第八節考《解題》之傳本，陳氏見知實少，猶有俟於後人補苴者也。喬氏於印行《陳振孫學記》前，已發表〈直齋書錄解題序〉、〔註4〕〈直齋書錄解題札記〉、〔註5〕〈陳振孫對圖書分類的見解〉、〔註6〕〈書錄解題之板刻資料〉、〔註7〕〈書錄解題的辨偽資料〉、〔註8〕〈書錄解題佚文──論輯佚與目錄學之關係〉〔註9〕諸文，其待刊者尚有：〈書錄解題板本考〉、〈書錄解題四庫輯本評述〉、〈書錄解題的文學批評資料〉、〈書錄解題與經籍考〉、〈書錄解題與四庫

〔註4〕見廣文書局民國五十七年（1968）二月版《書目續編》本《直齋書錄解題》卷首。

〔註5〕見民國五十九年（1970）九月《國立中央圖書館館刊》新第四卷、第三期。

〔註6〕見民國六十一年（1972）十二月《國立中央圖書館館刊》新第五卷、第三、四期合訂本。

〔註7〕見民國六十三年（1974）三月及九月《國立中央圖書館館刊》新第七卷、第一、二期連載。

〔註8〕見民國六十六年（1977）十二月《國立中央圖書館館刊》新第十卷、第二期。

〔註9〕見民國六十九年（1980）二月《國立中央圖書館館刊》新第十二卷、第二期。

全書總目〉、〈書錄解題中學術史料編錄〉、〈陳振孫年譜〉及〈書錄解題彙
校本〉等，〔註 10〕是知喬氏研治《解題》固甚勤劬，惜其待刊諸篇，迄今猶
未得獲賞覽爲可惋矣。《陳振孫學記》凡五章，其第四章爲「《直齋書錄解
題》」，下分五節：第一節「成書及流傳」，第二節「傳本」，第三節「隨齋批
注」，第四節「評價」，第五節「後人之利用」，惟此章各節有本諸樂素撰文而
闡發者。其第五章「學術思想」，下分八節：第一節「經學」，第二節「史
學」，第三節「文學」，第四節「目錄學」，第五節「板本學」，第六節「圖書
分類學」，第七節「辨僞學」，第八節「思想」。此章乃據《解題》以博考振孫
學術思想，發皇頗多，較第四章尤富獨到之見。至於謝素行〈陳振孫及其直
齋書錄解題〉，撰文凡五章，其與《解題》相關涉者爲第二及以下各章。其第
二章爲「《直齋書錄解題》之體例」，下分兩節：第一節「《直齋書錄解題》之
分類」，第二節「《直齋書錄解題》撰寫敘錄之義例」；第三章爲「《直齋書錄
解題》板本之存佚及後世之補訂」，下仍分二節：第一節「板本之存佚」，第
二節「後世之補訂」；第四章爲「陳振孫《直齋書錄解題》與晁公武《郡齋讀
書志》之關係及其對後世之影響」，下亦分二節：第一節「《直齋書錄解題》
與《郡齋讀書志》之關係」，第二節「《直齋書錄解題》對後世之影響」；第五
章爲「《直齋書錄解題》之得失」，下分三節：第一節「《直齋書錄解題》之價
值」，第二節「《直齋書錄解題》之優點」，第三節「《直齋書錄解題》之缺點」。
倘僅就其論文各章節名目以觀之，當以爲謝氏所研討遍及《解題》體例、板
本、與《郡齋讀書志》關係、對後世影響諸方面，且評騭及《解題》之得失，
因而會誤認爲其論文內容充實而可讀。然細閱謝氏所著，全文不及四萬言，
論述難以深入，可謂有目無篇。文中且多拾人牙慧，了無發明，能資參考處
殊少。1984 年 12 月，上海古籍出版社印行徐小蠻、顧美華聯同點校《直齋書
錄解題》，潘景鄭先生撰〈前言〉，謂其書「以《大典》本〔註 11〕爲主，參校
《郡齋讀書志》及《文獻通考》，又據抱經《重訂稿》〔註 12〕正其脫訛。博
采前人校本，臚列異同，分別標注。兼取有關陳氏事蹟及各家記載文字資料
附後，勒爲一編」；潘氏從而推譽其書爲「集陳書之大成，金聲玉振，無間然
矣」。潘氏意在獎掖後學，褒譽過隆；其實此點校本猶多未盡如人意，有待後

〔註10〕見《陳振孫學記》「後記」。
〔註11〕即《四庫全書》本。
〔註12〕即盧文弨重輯《直齋書錄解題》，稿本現藏上海圖書館。

人商榷補正者不少。

　　余潛心研治陳振孫及其著述有年，每欲繼前人及陳、喬後而有所述作，乃發願撰著《陳振孫之生平及其著述研究》，所訂定立言宗旨，乃為詳人所略，而略人所詳，故於前人及陳、喬已言之詳且允恰者，余決不言或少言；前人及陳、喬已言之而未盡，或有所疏略者，余則詳言之以補其闕。至前人及陳、喬所言有舛訛處，余則虛懷以探究其致誤之由，且羅列眾證以糾其謬。然余著此書，猶另有用力之所在，蓋前人及陳、喬研治振孫及其著述，仍有某些方面未嘗一涉其畛域者，如有關振孫先世是也；亦有雖涉其畛域矣，而淺嘗輒止，未能作深入而有系統探討者，如有關振孫之仕履與行誼、里貫與戚友、《解題》板本，以及對振孫其他著述之研究與輯佚等是也。若斯之類，皆余所亟欲用力以從事新探索，期能經勤苦鑽研後，終可一一考定之。近日拙作已由臺灣文史哲出版社刊行面世，茲仍不揆檮昧，謹將年來探索所得，條陳於後。惟愆謬自知未免，尚祈學壇先進，不吝賜正。

貳、有關陳振孫生平之新探索

一、振孫之先世

　　振孫先世，前人所考者僅能及其父、祖，其餘一無所聞。余乃以振孫既隸籍吳興陳氏，遂據《陳書・高祖本紀》以作蠡測，乃推考出東漢陳寔為其遠祖，隋陳霸先為其近祖，又且詳徵史籍，遍考吳興陳氏世系，編成〈直齋先世及吳興陳氏世系表〉。該表上起陳寔，下迄振孫之子陳造。證據容有未周，然終不能不謂為新探索。茲將〈直齋先世及吳興陳氏世系表〉列後，僅供參考。

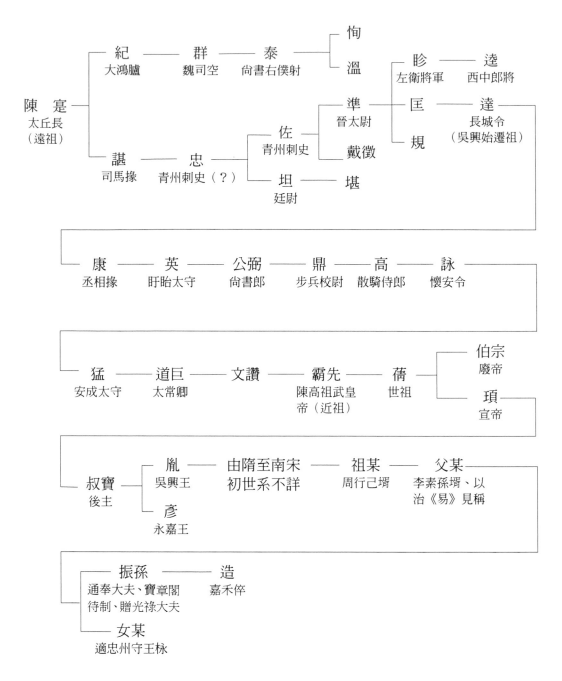

二、振孫之里貫

振孫里貫，至三國吳主孫皓寶鼎元年丙戌（266）始稱吳興郡，隋文帝仁壽二年壬戌（602）改稱湖州，宋理宗寶慶二年丙戌（1226）又改稱安吉州。故有關此里貫，稱之為吳興、湖州、安吉州均可。至振孫里貫，其間之建置、

疆域、戶口、山川、教育、人物種種，前人均無詳細考及之者。余則據元人趙孟頫《吳興山水圖記》及《古今圖書集成》、《浙江通志》、《湖州府志》等書，一一細考其具體情狀。蓋振孫里貫，影響及其治學與繼後之任事，故細考之殊非煩瑣，而確有其必要。此亦為余所作新探索之另一項目。

三、振孫之仕履與行誼

關於此點，前人固有研治之者，惟皆差強人意，疏漏舛訛處不少，且又往往缺乏敘述條貫，因而無法得悉振孫仕履與行誼之全貌。茲之所考，始自振孫生歲，及其初仕溧水教授，繼乃考及其任紹興府教授、鄞學教官、南城宰、興化軍通判、軍器監簿、諸王宮大小學教授、朝散大夫知台州兼除浙東提舉常平茶鹽事，其後又考及其知嘉興府，調升浙西提舉，任職郎省，除國子司業，終乃考及其以某部侍郎、通奉大夫、寶章閣待制致仕，卒贈光祿大夫。上述仕履與行誼，均依年代先後，極具條理而詳作推尋。其中任職郎省一事，更屬余首次考出，前人無有知悉之者。至振孫生卒歲，亦以余所考者最有根據，法人（Yves Hervouet）所編《宋代書錄》（Bibliographie des Sung）以宋光宗紹熙元年庚戌（1190）為振孫生歲，宋理宗淳祐九年己酉（1249）為其卒歲，實至誤也，而今人多有遵循之者，故不能不加以細辨。余撰有〈陳振孫仕履年表〉，謹列於後：

中　　曆	西　元	所　任　官　職	年齡
孝宗淳熙六年（己亥）	1179	振孫生。	1
寧宗嘉定元年（戊辰）	1208	任溧水縣教授，嘉定四年辛未去官職。	30
嘉定六年（癸酉）	1213	補紹興府教授。	35
嘉定十一年（戊寅）	1218	任鄞學教官。	40
嘉定十四年（辛巳）	1221	為南城縣宰。	43
理宗寶慶三年（丁亥）	1227	充興化軍通判。	49
紹定元年（戊子）	1228	除軍器監簿。	50
端平元年（甲午）	1234	除諸王宮大小學教授。	56
端平三年（丙申）	1236	二月初六以朝散大夫知台州，兼權浙東提舉，常平茶鹽事，八月正除，十月二十八日到任。	58
嘉熙元年（丁酉）	1237	五月改知嘉興府。	59

嘉熙三年（己亥）	1239	四月十三日前後調升浙西提舉。	61
嘉熙四年（庚子）	1240	返湖州，向湖守王侑借《易林》校勘。	62
淳祐元年（辛丑）	1241	二月任職郎省。	63
淳祐四年（甲辰）	1244	秋、冬間改除國子司業。	66
淳祐十年（庚辰）	1250	以某部侍郎、通奉大夫除寶章閣待制致仕。家居雪川，修《吳興人物志》、《吳興氏族志》。	72
景定三年（壬戌）	1262	三月間卒，贈光祿大夫。	84

四、振孫之戚友

振孫戚友，前人著述中雖偶有道及之者，然均缺乏深入而有系統之研究。人生在世，與戚友日夕交往，耳濡目染，或以道義、學術相切劘，或蒙受戚友提攜協助，振孫一生自不能免。故於戚友一道，實有詳考之必要。余據諸書，詳考出振孫親戚有周行己等 29 人，官場同僚有湯訧等 61 人、學術友朋有薛師雍等 22 人，方外交而確知其姓名者 1 人，亦云眾矣。此又余所為新探索之一項，前人及陳、喬二氏則忽略之。

參、有關陳振孫著述之新探索

一、《直齋書錄解題》

振孫《解題》，經清代《四庫》館臣重輯後，研治之者層出疊見，成績較著。迄於民國，要以陳樂素、喬衍琯二先生為巨擘。二氏所考論，均較深入而全面，惟不免有所漏誤。余茲所撰，決意略二氏之所詳，以避雷同；又詳其所略，以補闕失。故所考論《解題》之體例、分類、稱謂、卷數、成書、流傳、板本諸端，竊幸皆有所發明；其中考及板本一項，下細分底本、傳鈔本、批注本、舊鈔本、刊本、輯本、鉛印本、影印本、校本、重輯本、彙校本、點校本，凡十二類，以遍考《解題》諸類板本，斯皆陳、喬二氏所未及為。余又嘗設法影印得原藏北京大學圖書館之李盛鐸木犀軒傳鈔繆荃孫藏宋蘭揮舊藏殘鈔本；及今藏中央圖書館之王懿榮手稿本，用以校《四庫全書》本，頗考出三本之同異。又嘗考出清嘉慶間閩縣陳徵芝亦藏有另一鈔本。凡此種種，似皆陳、喬所未及知。就此而論，亦可謂對《解題》有新之探索矣。

二、振孫之其他著作

振孫除撰《解題》外，尚有其他著作，至蒐求其佚作則有俟後人。陳、喬二氏於輯佚一事，雖有貢獻，然亦有所未盡，且於輯佚所得之著作，多未予以考釋，買櫝還珠，殊可惋矣。余繼陳、喬之後，於振孫其他著述，皆詳加闡釋，無微不屆。其中如《白文公年譜》，不惟考及其內容之當否，且考及其板刻之情狀。〈華勝寺碑記〉，陳氏〈略論陳振孫直齋書錄解題〉文中僅提及其篇名，故此文之得以揭示及表彰於後世，則不得不謂為鄙人之功。余應用此〈碑記〉，且考出振孫初仕溧水縣教授之歲月，並藉知振孫頗擅內典。至對〈玉臺新詠集後序〉、〈關尹子跋〉、〈崇古文訣序〉、〈寶刻叢編序〉、〈陳忠肅公祠堂記〉、〈皇祐新樂圖記題識〉、〈易林跋〉、〈吳興張氏十詠圖跋及詩〉諸篇，余皆深作研考，闡發固多，糾正陳、喬謬誤處亦不少。〈律呂之說定於太史公考〉、〈貢法助法考〉二文，更為余個人輯佚之成績，學問博通如清儒盧文弨、繆荃孫及當世陳、喬二子，均未知振孫有此二篇者也。對此二篇，余亦考釋至詳。〈重建碧瀾堂記〉乃佚文，僅存者惟「鏡波藍浪，萬頃空闊」八字，余乃遍引周密《癸辛雜識》、韋居安《梅磵詩話》、《浙江通志》、《湖州府志》諸書有關資料，考以二千餘言，盡揭其底蘊，並兼考及其時湖州守吳子明之生平。有關振孫佚書，如《書解》、《易解》、《繫辭錄》、《史鈔》、《吳興氏族志》、《吳興人物志》、《玄真子漁歌碑傳集錄》諸書，陳、喬類能考之，余亦發其餘蘊，補正良多。檢讀《解題》，又悉經振孫整治而編成之書籍至少有以下四種，即《長樂財賦志》十五卷、《秦隱君集》一卷、《柳宗元詩》一卷及《武元衡集》一卷，斯皆前人所未嘗道及，惜此類書籍，今亦無所蹤跡矣。余另撰有〈陳振孫著述年表〉，依年經月緯排列眾作，茲附於後，俾作參考。

中　曆	西　元	著　述　年　月	年齡
寧宗開禧元年（乙丑）	1205	〈律呂之說定於太史公考〉撰於此年。	27
嘉定四年（辛未）	1211	〈華勝寺碑記〉撰於十二月。	33
嘉定八年（乙亥）	1215	校理《玉臺新詠》，其〈玉臺新詠集後序〉撰於十月旦日。	37
嘉定十年（丁丑）	1217	〈關尹子跋〉撰於夏日。	39
理宗寶慶二年（丙戌）	1226	〈崇古文訣序〉撰於嘉平月既望。	48
寶慶三年（丁亥）	1227	《長樂財賦志》編於此年或稍後。	49

紹定三年（庚寅）	1230	《白文公年譜》撰於孟夏十有二日。	52
紹定四年（辛卯）	1231	〈寶刻叢編序〉撰於小至日。	53
端平三年（丙申）	1236	撰〈陳忠肅公祠堂記〉。	58
嘉熙三年（丁酉）	1239	〈皇祐新樂圖記題識〉撰於良月。	60
淳祐元年（辛丑）	1241	〈易林跋〉撰於五月。	63
淳祐五年（乙巳）	1245	〈論徐元杰暴亡疏〉撰於六月。	67
淳祐十年（庚戌）	1250	〈吳興張氏十詠圖跋及詩〉、〈重建碧瀾堂記〉、〈吳興氏族志〉、〈吳興人物志〉撰於此年或稍後。	72
寶祐六年（甲辰）	1258	《直齋書錄解題》約撰於此年。	80

案：除上表著述外，振孫尚撰有《書解》、《易解》、《繫辭錄》、《史鈔》，及編有《玄真子漁歌碑傳集錄》、《秦隱君集》、《柳宗元詩》、《武元衡集》各一卷，惜均散佚，無法考得編撰之年。另有〈貢法助法考〉一篇，其文雖在，而作年亦無由探悉矣。

肆、結　語

近年來，余研治陳振孫及其著述，所爲新探索，略如上述。然仍有若干懸而未決或續待補證之問題，謹縷述如後：

一、有關陳振孫之先世，余雖據《陳書‧高祖本紀》以作蠡測，初步考出振孫遠祖爲東漢太丘令陳寔，而近祖乃陳高祖霸先。惟此一新說究屬「大膽之假設」，證據未見充分周延，有待進一步補證。又所附〈直齋先世及吳興陳氏世系表〉，隋代以迄南宋初葉，世系至爲不詳，猶須仍力探究，以補闕略。

二、《解題》是否有宋槧本？陳樂素據清鄭元慶《湖錄》所載「常熟毛氏藏有半部宋槧本」一語，認爲「有宋槧本，不是不可能」；惟喬衍琯以爲《湖錄》所記殊「不可信」，否定有宋槧本存在。又《解題》是否有明萬曆間武林陳氏刊本？余檢邵懿辰《四庫簡明目錄標注》及莫友芝《邵亭知見傳本書目》，知均著錄此書，然喬氏則謂：「明末以來三百餘年間，公私收藏書目未見有著錄此書者，未審邵、莫二家何所據而云有萬曆間武林陳氏刊本？」是故宋槧本與明萬曆間武林陳氏刊本倘不復出，則亦無由確辨其間之是非。此皆懸而待決之事也。

三、《解題》有陳鱣校本，曾藏北平國立清華大學圖書館，後則失其所蹤。惟昭和五十四年（1979）京都大學人文科學研究所編就之《漢籍目錄》，其〈史部〉第十四、〈書目類〉二、〈家藏知見之屬〉著錄此本，是知此書已乘艫東渡，早為京都大學所擁有。陳鱣此本，其校讎《解題》具體情況若何，暫不可知，俟向京都大學申請影印或錄副，以求其實況。《解題》又有潘祖蔭批校本，此本原藏北京人文科學研究所，後歸國立中央研究所。余嘗親往傅斯年圖書館訪查此書，終無所得。是潘祖蔭批校本實況亦不可曉。此又懸而待決之事也。

四、徐小蠻、顧美華點校《解題》，其〈點校說明〉中謂：青海師範學院藏有繆荃孫批校本。惟徐、顧則全未利用此本，余頗懷疑所謂繆氏批校本者，實乃宋蘭揮所藏舊鈔殘本。蓋宋蘭揮所藏此本，後歸繆氏。余前曾央託北京大學歷史系榮新江教授代為向青海師範學院申請影印，後以榮氏遠赴日、歐，未能進行。故此書是否真為繆氏批校本，或屬宋蘭揮藏舊鈔殘本，因扉頁上蓋有繆氏印章，乃被誤判為繆氏所著書耶？茲暫無由通曉矣。又梁子涵《中國歷代書目總錄》五、〈藏書目錄〉著錄王國維有手批清光緒九年江蘇書局刊本《解題》，此本原藏國立北平圖書館，今應為北京圖書館收藏。惟《北京圖書館古籍善本書目》及《北京圖書館普通古籍總目》均無此本。余曾懇請上海華東師範大學周啟付教授託人代查，後乃知悉北京圖書館善本部所藏王國維手批本，其上並無手批文字。〔註13〕此皆懸而未決有待進一步求證者也。

余近又有撰作《直齋書錄解題辨證》計畫，書擬一仿余嘉錫先生《四庫提要辨證》之例進行，資料陸續蒐求及編理中，期於五年內完成。懇望學術界前輩、目錄學同道常賜南針，大力鼎助，無任翹盼。

原刊《文獻》一九九五年、第三期

〔註13〕趙萬里《王靜安手校手批書目》載：「《直齋書錄解題》二十二卷（光緒九年江蘇書局刻本），宋陳振孫撰。有眉注十餘則。」（見《國學論叢》第一卷、第三號《王靜安先生紀念號》）是趙萬里先生明言有眉注，或周啟付教授所託之人未檢出耳。

陳振孫評詩資料輯考

緒　言

　　余專心致志研治陳振孫及其《直齋書錄解題》，伊始於上世紀 1988 年，迄今已達廿餘載之久。先後版行相關書籍，計有：《陳振孫之生平及其著述研究》、〔註1〕《陳振孫之經學及其〈直齋書錄解題〉經錄考證》、〔註2〕《陳振孫之史學及其〈直齋書錄解題〉史錄考證》、〔註3〕《陳振孫之子學及其〈直齋書錄解題〉子錄考證》、〔註4〕《陳振孫之文學及其〈直齋書錄解題〉集錄考證》。〔註5〕至上述各書字數，應接近五百萬言。

　　余撰《陳振孫之文學及其〈直齋書錄解題〉集錄考證》時，僅集中以下四項研究：一爲「陳振孫文學創作考述」、二爲「陳振孫對文學書籍之收藏、編理與識見」、三爲「《直齋書錄解題》集錄分類及其對集部書籍之評價」、四爲「《直齋書錄解題》集錄考證」，而對振孫評詩資料之輯考則未遑進行。故茲撰作本篇，庶幾有「拾遺補闕」之用意存焉。

〔註 1〕《古典文獻研究輯刊》八編第十一、十二冊，（臺灣臺北縣花木蘭文化出版社，2009 年 3 月）

〔註 2〕《古典文獻研究輯刊》二編第四、五冊，（臺灣臺北縣花木蘭文化出版社，2006 年 3 月）

〔註 3〕《古典文獻研究輯刊》三編第七、八、九冊，（臺灣臺北縣花木蘭文化出版社，2006 年 9 月）

〔註 4〕《古典文獻研究輯刊》四編第五、六、七冊，（臺灣臺北縣花木蘭文化出版社，2007 年 3 月）

〔註 5〕《古典文獻研究輯刊》十編第二、三、四、五冊，（臺灣臺北縣花木蘭文化出版社，2010 年 3 月）

陳振孫評詩資料之蒐求，竊以為最可憑藉者應為《直齋書錄解題・集錄》中〈楚辭類〉、〈總集類〉、〈別集類〉、〈詩集類〉、〈文史類〉等所著錄之相關材料。外此，則振孫所撰《白文公年譜》、〈玉臺新詠集後序〉，另如周密《齊東野語》、韋居安《梅磵詩話》中，亦有所需資料。以下即就上述著述詳予檢索，並爬梳整理，期能用分類法輯考出振孫評詩資料。

壹、《直齋書錄解題・集錄》所收振孫評詩資料〔註6〕

一、《直齋書錄解題・集錄・楚辭類》所收振孫評《楚辭》著作資料

1、《楚辭集註》八卷、《辨證》二卷，侍講建安朱熹元晦撰。以王氏、洪氏注或迂滯而遠於事情，或迫切而害於義理，遂別為之注。其訓詁文義之外，有當考訂者，則見於《辨證》，所以祛前注之蔽，而明屈子微意於千載之下，忠魂義魄，頓有生氣。其於〈九歌〉、〈九章〉，尤為明白痛快。至謂《山海經》、《淮南子》殆因〈天問〉而著書，說者反取二書以證〈天問〉，可謂高世絕識、毫髮無遺恨者矣。公為此《注》在慶元退歸之時，序文所謂「放臣棄子、怨妻去婦」，蓋有感而託者也。其生平於六經皆有訓傳，而其殫見洽聞、發露不盡者，萃見於此書。嗚呼偉矣！其篇第視舊本益賈誼二賦，而去〈諫〉、〈歎〉、〈懷〉、〈思〉。屈子所著二十五篇為《離騷》，而宋玉以下則曰《續離騷》。其言「〈七諫〉以下辭意平緩，意不深切，如無所疾痛而強為呻吟者」，尤名言也。

2、《龍岡楚辭說》五卷，永嘉林應辰渭起撰。以〈離騷〉章分段釋為二十段，〈九歌〉、〈九章〉諸篇亦隨長短分之。其推屈子不死於汨羅，比諸浮海居夷之意，其說甚新而有理。以為〈離騷〉一篇辭，雖哀痛而意則宏放，與夫直情徑行、勇於踣河者，不可同日語；且其興寄高遠，登崑崙、歷閬風、指西海、陟陞皇，皆寓言也，世儒不以為實，顧獨信其從彭咸葬魚腹以為實者，何哉？然沈湘之事，傳自司馬遷，賈誼、揚雄，皆未嘗有異說，漢去戰國未遠，決非虛語也。

按：《直齋書錄解題・集錄・楚辭類》著錄相關書籍凡9則，振孫評《楚辭》者2則。振孫評朱子《楚辭集註》，既謂其能「明屈子微意於千載之下，忠魂義魄，頓有生氣」；又謂「其生平於六經皆有訓傳，而其殫見洽聞、發露

〔註6〕以下資料均采自《直齋書錄解題》，（徐小蠻、顧美華點校，上海：上海古籍出版社，1987年12月）頁433～651。

不盡者，萃見此書。嗚呼偉矣！」則其於朱子之褒譽可謂至隆矣！至對林應辰《龍岡楚辭說》，亦稱「其說甚新而有理」；然林氏「推屈子不死於汨羅」之論，振孫則大不以爲然，乃引司馬遷、賈誼、揚雄說而反駁之，以爲「漢去戰國未遠」，故「沈湘之事」，「決非虛語」。觀此，是直齋於《楚辭》相關著作之批評，抑揚有體矣！

二、《直齋書錄解題・集錄・總集類》所收振孫評詩總集資料

1、《篋中集》一卷，唐元結次山錄沈千運、趙微明、孟雲卿、張彪、元季川、于逖、王季友七人詩二十四首，盡篋中所有次之。荆公《詩選》盡取不遺。唐中世詩高古如此，今人乃專尚季末，亦異矣。

2、《唐百家詩選》二十卷，王安石以宋次道家所有唐人詩集選爲此編。世言李、杜、韓詩不與，爲有深意，其實不然。然此集非特不及此三家，而唐名人如王右丞、韋蘇州、元、白、劉、柳、孟東野、張文昌之倫，皆不在選。意荆公所選，特世所罕見，其顯然共知者，固不待選耶？抑宋次道家獨有此一百五集，據而擇之，他不復及耶？未可以臆斷也。

3、《四家詩選》十卷，王安石所選杜、韓、歐、李詩。其置李於末，而歐反在其上，或亦謂有所抑揚云。

4、《本朝百家詩選》一百卷，太府卿曾慥端伯編。……編此所以續荆公之《詩選》，而識鑒不高，去取無法，爲小傳略無義類，議論亦凡鄙。陸放翁以比《中興間氣集》，謂相甲乙，非虛語也。

5、《江西詩派》一百三十七卷、《續派》十三卷，自黃山谷而下三十五家，又曾紘、曾思父子詩。詳見〈詩集類〉。詩派之說本出於呂居仁，前輩多有異論，觀者多自得之。

6、《唐人絕句詩集》一百卷，洪邁景盧編。七言七十五卷，五言、六言二十五卷，各百首，凡萬，上之重華宮，可謂博矣。而多有本朝人詩在其中，如李九齡、郭震、滕白、王嵒、王初之屬。其尤不深考者，梁何仲言也。

7、《唐絕句選》五卷，莆田柯夢得東海編。所選僅一百六十六首，去取甚嚴。然人之好惡，亦各隨所見耳。

8、《續百家詩選》二十卷，三衢鄭景龍伯允集，以續曾慥前《選》。凡慥所遺及在慥後者皆取之。然其率略之甚。

9、《江湖集》九卷,臨安書坊所刻本。取中興以來江湖之士以詩馳譽者。
　　而方惟深子通承平人物,晁公武子止嘗爲從官,乃亦在其中。其餘亦
　　未免玉石蘭艾,混淆雜遝。然而士之不能自暴白於世者,或賴此以有
　　傳。書坊巧爲射利,未可以責備也。

　　按:《直齋書錄解題・集錄・總集類》著錄相關書籍凡 112 則,振孫有評
論者 9 則。讀其首則乃可見振孫對唐詩固重中唐而輕晚唐者。第二則乃推尋
王安石選唐百家詩之準則及其因由。第三則言選詩者有其抑揚之意。第四則
評曾慥書之多種缺失。第五則謂呂居仁江西詩派之說,前輩多有異論。第六
則責洪邁所編《唐人絕句詩集》中,竟收及宋人詩,甚且及於蕭梁何遜詩,
殊欠深考。第七則評柯夢得選詩去取雖嚴,而好惡隨其所見,顯失客觀。第
八則評《續百家詩選》之率略。第九則評《江湖集》之自亂其例,至其餘入
選作品亦未免「玉石蘭艾,混淆雜遝」。振孫如是之評,可謂一針見血,明其
得失矣。

三、《直齋書錄解題・集錄・別集類上》所收振孫評唐人詩資料

1、《陳拾遺集》十卷,唐右拾遺射洪陳子昂伯玉撰。……子昂爲〈明堂
　　議〉、〈神鳳頌〉,納忠貢諛於孽后之朝,大節不足言矣。然其詩文在
　　唐初寔首起八代之衰者。韓退之〈薦士〉詩言「國朝盛文章,子昂始
　　高蹈」,非虛語也。

2、《沈佺期集》十卷,唐中書舍人內黃沈佺期雲卿撰。自沈約以來,始
　　以音韻、對偶爲詩,至之問、佺期,益加靡麗。學者宗之,號爲沈、
　　宋。唐律蓋本於此。

3、《王右丞集》十卷,唐尚書右丞王維摩詰撰。……維詩清逸,追逼
　　陶、謝。〈輞川別墅圖畫〉摹傳至今。嘗與裴迪同賦,各二十絕句。
　　《集》中又有與迪書,略曰:「夜登華子岡,輞水淪漣,與月上下。
　　寒山遠火,明滅林外。深巷寒犬,吠聲如豹。村墟夜舂,復與疏鐘相
　　間。此時獨坐,僮僕靜默。每思曩昔,攜手賦詩。當待春中,卉木蔓
　　發。輕鯈出水,白鷗矯翼。露濕青皋,麥雉朝雊。儻能從我遊乎?」
　　余每讀之,使人有飄然獨往之興。迪詩亦佳,然他無聞於世,蓋亦高
　　人也。

4、《杜工部集》二十卷,唐左拾遺檢校工部員外郎劍南節度參謀襄陽杜
　　甫子美撰。……世言子美詩集大成,而無韻者幾不可讀。然開、天以

前文體大略皆如此。若〈三大禮賦〉，辭氣壯偉，又非唐初餘子所能及也。

5、《吳筠集》十卷，唐嵩陽觀道士華陰吳筠貞節撰。……〈傳〉稱筠所善孔巢父、李白，歌詩相甲乙。巢父詩未之見也。筠詩固不碌碌，豈能與太白相甲乙哉！

6、《高常侍集》十卷，唐左散騎常侍渤海高適達夫撰。適年五十始為詩，即工部子美所善也。豪傑之士，亦何所往而不能哉！

7、《元氏長慶集》六十卷，唐宰相河南元稹微之撰。……稹嘗自彙其詩為十體，其末為豔詩，暈眉約鬢，匹配色澤，劇婦人之怪豔者。

8、《李文公集》十卷，唐山南東道節度使李翱習之撰。《集》中無詩，獨有〈戲贈〉一篇，拙甚，決非其作也。然《韓集‧遠遊聯句》有習之一聯，云「前之詎灼灼，此去信悠悠」，亦殊不工。他無一語，意者於詩非所長而不作耶？

9、《樊川集》二十卷、《外集》一卷，唐中書舍人京兆杜牧牧之撰。……牧才高，俊邁不羈，其詩豪而豔，有氣概，非晚唐人所能及也。

10、《一鳴集》一卷，唐兵部侍郎虞鄉司空圖表聖撰。……自有詩十卷，別行。詩格尤非晚唐諸子可望也。其論詩以「梅止於酸，鹽止於鹹，鹹酸之外，醇美乏焉」，東坡嘗以為名言。

按：《直齋書錄解題‧集錄‧別集類上》所著錄者皆唐人別集，凡 79 則。其中評及唐人詩 10 則。振孫之評，每凸顯其人風格與成就，如謂子昂詩文「首起八代之衰」，佺期詩「靡麗」，摩詰詩「清逸」，子美詩「集大成」，吳筠則未能「與太白相甲乙」，高適乃「豪傑之士」，元稹豔詩則「劇婦人之怪豔」；而李翱於「詩實非所長」，惟杜牧詩則「非晚唐人所能及」，又司空圖詩格亦「尤非晚唐諸子所可望」者。讀振孫評詩，足見其胸中自有爐錘，自具主宰。

四、《直齋書錄解題‧集錄‧別集類中、下》所收振孫評宋人詩資料

1、《宛陵集》六十卷、《外集》十卷，都官員外郎國子監直講宣城梅堯臣聖俞撰。……聖俞為詩，古澹深遠，有盛名於一時。近世少有喜者，或加毀訾，惟陸務觀重之，此可為知者道也。自世競宗江西，已看不入眼，況晚唐卑格方錮之時乎？杜少陵猶有竊議妄論者，其於

宛陵何有？

2、《華陽集》一百卷，丞相岐國文恭公龍舒王珪禹玉撰。本成都人，故稱「華陽」。……其詩號「至寶丹」，以其好爲富貴語也。

3、《伐檀集》二卷，知康州豫章黃庶亞夫撰。自爲序。庭堅，其子也。世所傳「山魈水怪著薜荔」之詩，《集》中多此體。庭堅詩律，蓋有自來也。

4、《節孝集》二十卷，楚州教授山陽徐積仲車撰。……東坡謂其詩文怪而放，如玉川子。

5、《東堂集》六卷、《詩》四卷、《書簡》二卷、《樂府》二卷，祠部郎江山毛滂澤民撰。滂爲杭州法曹，以樂府詞有佳句，受知於東坡，遂有名。……其詩文視樂府頗不逮。

6、《溪堂集》二十卷，臨川謝逸無逸撰。《竹友集》十卷，臨川謝薖幼槃撰。逸從弟也。呂居仁題其後曰：「逸詩似康樂，薖詩似玄暉。」

7、《龍雲集》三十二卷、《附錄》一卷，著作郎廬陵劉弇偉明撰。……曾慥《詩選》以比石敏若，非其倫也。

8、《箕穎集》二十卷，穎昌曹組元寵撰。組本與兄緯有聲太學，亦能詩文，而以滑稽下俚之詞行於世得名，良可惜也。

9、《李忠愍集》十二卷，吏部侍郎臨洺李若水清卿撰。……詩文雖不多，而詩有風度，文有氣概，足以知其所存矣。

10、《陵陽集》五十卷，中書舍人仙井韓駒子蒼撰。自幼能詩，黃太史稱其超軼絕塵，蘇文定以比儲光羲。

11、《後湖集》十卷，丹陽蘇庠養直撰。其父堅伯固，亦有詩名。庠以遺澤畀其子，而自放江湖間。東坡見其〈清江曲〉，大愛之，由是得名。……庠中子扶，亦工詩，有清苦之節。

12、《韋齋小集》十二卷，吏部員外郎新安朱松喬年撰。侍講文公之父也。……其詩初亦不事彫飾，而天然秀發，格律閒暇，超然有出塵寰之趣。

13、《渭南集》三十卷、《劍南詩藁》、《續藁》八十七卷，華文閣待制山陰陸游務觀撰。……游才甚高，幼爲曾吉父所賞識。詩爲中興之冠，他文亦佳，而詩最富，至萬餘篇，古今未有，故文與詩別行。「渭南」者，封渭南縣伯。

14、《誠齋集》一百三十三卷,寶謨閣學士文節公廬陵楊萬里撰。……自作〈江湖集序〉曰:「予少作有詩千餘篇,至紹興壬午皆焚之。」大概江西體也。今所存曰《江湖集》者,蓋學后山及半山及唐人者也。

15、《千巖擇藁》七卷、《外編》三卷,《續編》四卷,知峽州三山蕭德藻東夫撰。……楊誠齋序其《集》曰:「近世詩人若范石湖之清新,尤梁谿之平淡,陸放翁之敷腴,蕭千巖之工緻,皆余所畏也。」

16、《龍川集》四十卷、《外集》四卷,永康陳亮同父撰。……亮才甚高而學駁,其與朱晦翁往返書,所謂「金銀銅鐵混爲一器」者可見矣。平生不能詩,《外集》皆長短句,極不工而自負,以爲經綸之意具在是,尤不可曉也。

按:《直齋書錄解題・集錄》,其〈別集類〉中、下所著錄者皆宋人別集,凡277則,其中評及宋人詩者16則。大抵振孫於宋人詩,最推譽者乃陸放翁,故稱之爲「中興之冠」;次者則朱喬年,謂其「天然秀發,格律閒暇」,而梅聖俞亦「古澹深遠,有盛名於一時」。至謝逸、謝薖兄弟,振孫以謝康樂、謝玄暉匹之;范石湖之「清新」、尤梁谿之「平淡」、蕭千巖之「工緻」,振孫則徵引楊誠齋〈序〉語加以讚譽。至其最不以爲然者,乃爲黃亞夫、徐仲車之「怪而放」,曹元寵之「滑稽下俚」,陳同父之不能詩而「自負」;而江西體詩,振孫尤鄙棄之甚也。於此固可深悉振孫於宋詩之好惡,每因人而異者。

五、《直齋書錄解題・集錄・詩集類上》所收振孫評魏晉至唐、五代人詩資料

1、《陰鏗集》一卷,陳散騎常侍南平陰鏗子堅撰。……杜子美云:「李侯有佳句,往往似陰鏗。」今考之,未見鏗之所以似李白者。太白固未易似也,子美云爾,殆必有說。

2、《杜必簡集》一卷,唐著作郎襄陽杜審言必簡撰。工部之祖也。唐初沈、宋以來,律詩始盛行,然未以平側失眼爲忌。審言詩雖不多,句律極嚴,無一失粘者,甫之家傳有自來矣。然遂欲衒官屈、宋,則不可也。

3、《喬知之集》一卷,唐右司郎喬知之撰。天授中爲酷吏所陷死。《集》中有〈綠珠怨〉,蓋其所由以致禍也。

4、《崔顥集》一卷,唐司勳員外郎崔顥撰。開元十年進士。才俊無行,

〈黃鶴樓〉詩盛傳於世。

5、《王江寧集》一卷，唐龍標尉江寧王昌齡少伯撰。……爲詩緒密而思清。

6、《杜工部詩集注》三十六卷，蜀人郭知達所集九家注。世有稱東坡《杜詩故事》者，隨事造文，一一牽合，而皆不言其所自出。且其辭氣首末若出一口，蓋妄人依託以欺亂流俗者，書坊輒勦入《集注》中，殊敗人意，此本獨削去之。福清曾噩子肅刻板五羊漕司，最爲善本。

7、《王季友集》一卷，唐王季友撰。元結《篋中集》有季友詩二首，今此《集》有七篇，而《篋中》二首不在焉。杜詩所謂「酆城客子王季友」者，意即其人耶？

8、《李嘉祐集》一卷，唐台州刺史李嘉祐從一撰。……李肇稱其「水田飛白鷺，夏木囀黃鸝」之句，王維取之以爲七言，今按此《集》無之。

9、《錢考功集》十卷，唐考功員外郎吳興錢起撰。天寶十載進士。世所傳〈湘靈鼓瑟〉詩斷句用鬼語者，即其試作也。

10、《韓翃集》五卷，唐中書舍人韓翃君平撰。天寶十三載進士。以「春城飛花」之句受知德宗。

11、《顧況集》五卷，唐著作郎吳郡顧況逋翁撰。至德二載進士。皇甫湜作〈序〉。湜嘗言吾自爲顧況作〈序〉，未嘗許他人。況在唐蓋爲人推重也。

12、《韋蘇州集》十卷，唐韋應物，京兆人。……詩律自沈、宋以後日益靡嫚，鎪章刻句，揣合浮切，雖音韻諧婉，屬對麗密，而閑雅平淡之氣不存矣。獨應物之詩，馳驟建安以還，得其風格云。

13、《盧綸集》十卷，唐戶部郎中河東盧綸允言撰。綸與吉中孚、錢起、韓翃、司空曙、苗發、崔峒、耿湋、夏侯審、李端皆有詩名，號大曆十才子。

14、《柳宗元詩》一卷，唐柳宗元撰。子厚詩在唐與王摩詰、韋應物相上下，頗有陶、謝風氣。古律、絕句總一百四十五篇，在全集中不便於觀覽，因鈔出別行。

15、《王建集》十卷，唐陝州司馬王建仲和撰。建長於樂府，與張籍相上

下，大曆十年進士也。……尤長宮詞。

16、《盧仝集》三卷，唐處士洛陽盧仝撰。自號玉川子。其詩古怪，而〈女兒曲〉、〈小婦吟〉、〈有所思〉諸篇，輒嫵媚豔冶。

17、《劉叉集》二卷，唐處士劉叉撰。……其〈冰柱〉、〈雪車〉二詩，狂怪誠出盧仝右，然豈風人之謂哉？

18、《張碧歌詩集》一卷，唐張碧太碧撰。〈藝文志〉云貞元時人。《集》中有〈覽貫休上人詩〉，或剿入之也。

19、《賈長江集》十卷，唐長江尉范陽賈島閬仙撰。韓退之有〈送無本〉詩，即其人也。

20、《追惜遊編》三卷，唐宰相李紳公垂撰。皆平生歷官及遷謫所至，述懷紀遊之作也。余嘗書其後云：「讀此編，見其飾智矜能，誇榮殉勢，益知子陵、元亮為千古高人。」

21、《薛瑩集》一卷，唐薛瑩撰，號《洞庭集》。文宗時人，《集》中多蜀詩，其曰「壬寅歲」者，在前則為長慶四年（廣棪按：應作「二年」），後則為中和二年，未知定何年也。

22、《項斯集》一卷，唐丹徒尉江東項斯子遷撰。初受知於張籍水部，而楊敬之祭酒亦知之，有「逢人說項斯」之句。會昌四年進士。

23、《渭南集》一卷，唐渭南尉趙嘏承祐撰。壓卷有「長笛一聲人倚樓」之句，當時稱為「趙倚樓」。

24、《靈溪集》七卷，唐校書郎上饒王貞白有道撰。……詩雖多，在一時儕輩未為工也。

25、《張喬集》二卷，唐進士九華張喬撰。喬與許棠、張蠙、鄭谷、喻坦之等同時，號「十哲」。喬試京兆，〈月中桂〉詩擅場，傳於今。

26、《任藩集》一卷，唐任藩撰。或作翻。客居天台，有〈宿帢幘山〉絕句，為人所稱。今城中巾子山也。

27、《唐詩》三卷，崔道融撰。皆四言詩，述唐中世以前事實，事為一篇，篇各有小序，凡六十九篇。

28、《裴說集》一卷，唐裴說撰。天祐三年進士狀頭，唐蓋將亡矣。說後為禮部員外郎，世傳其〈寄邊衣〉古詩甚麗，此《集》無之，僅有短律而已，非全集也。其詩有「避亂一身多」之句。

29、《劉乙集》一卷，似唐末五代人。〈藝文志〉不載。其詩怪而不律，

亦不工。

按：《直齋書錄解題・集錄・詩集類上》著錄魏晉迄唐、五代人詩集，凡176 則。其中評及詩者 29 則。如謂陰鏗、李白詩不相似，杜審言欲衙官屈、宋則不可；崔司勳才俊而無行，王龍標緒密而思清；又謂沈、宋後詩日益靡嫚，閑雅平淡之氣已不存，獨韋蘇州馳騁建安，得其風格；柳柳州詩與王摩詰、韋應物相上下，頗有陶、謝之風；惟直指盧全詩古怪，而劉乂詩更出其右；至於李紳之飾智矜能，誇榮殉勢；劉乙詩怪而不律，且又不工，振孫並嚴譴之。如上所論，堪稱知言。

六、《直齋書錄解題・集錄・詩集類下》所收振孫評宋人詩資料

1、《呂文靖集》五卷，丞相許國文靖公壽春呂夷簡坦夫撰。文靖不以文鳴，而其詩清潤和雅，未易及也。

2、《藥名詩》一卷，司封郎中陳亞亞之撰。咸平五年進士。有《集》三卷，《藥名詩》特其一體爾。如「馬嘶曾到寺，犬吠乍行村」，「吏辭如賀日，民送似迎時」皆佳句，不在此《集》也。

3、《注東坡集》四十二卷、《年譜》、《目錄》各一卷，司諫吳興施元之德初與吳郡顧景蕃共爲之。元之子宿從而推廣，且爲《年譜》，以傳於世。陸放翁爲作〈序〉，頗言注之難，蓋其一時事實，既非親見，又無故老傳聞，有不能盡知者。噫，豈獨坡詩也哉！注杜詩者非不多，往往穿鑿傅會，皆臆決之過也。

4、《后山集》六卷、《外集》五卷，陳師道無忌撰。亦於正集中錄出入《詩派》。江西宗派之說，出於呂本中居仁，前輩固有議其不然者矣。后山雖曰見豫章之詩，盡棄其學而學焉。然其造詣平澹，眞趣自然，寔豫章之所缺也。

5、《注黃山谷詩》二十卷、《注后山詩》六卷，新津任淵子淵注。……大抵不獨注事而兼注意，用功爲深。

6、《劉景文集》一卷，左藏庫使知隰州劉季孫景文撰。……東坡嘗薦之。坡在杭，季孫寄詩，有「四海共知霜鬢滿，重陽曾插菊花無」之句，其詩慷慨有氣，如其爲人。

7、《方祕校集》十卷，莆田方惟深子通撰。……王荊公最愛其詩精詣警絕。……曾慥《詩選》直以爲姑蘇人者，誤也。《詩選》又言荊公愛其「春江渺渺」一絕，手書之，遂載《臨川集》，曾紆《南游記舊》

亦云。而其詩則「客帆收浦」者也。二詩皆不在今《集》中，豈以《臨川集》已收故耶？

8、《得全居士集》三卷，趙鼎元鎭撰。……陸游曰：「忠簡謫朱崖，臨終自書銘旌曰：『身騎箕尾歸天上，氣作山河壯本朝。』」嗚呼！可不謂偉人乎！

9、《柯山集》二卷，齊安潘大臨邠老撰。所謂「滿城風雨近重陽」者也。

10、《東萊集》二十卷、《外集》二卷，中書舍人呂本中居仁撰。……撰《江西宗派》者。後人亦以其詩入派中。

11、《天台集》十卷、《外集》四卷、《長短句》三卷附，臨海陳克子高撰。……詩多情致，詞尤工。

12、《簡齋集》十卷，參政洛陽陳與義去非撰。……崇、觀間尙王氏經學，風雅幾廢絕，而去非獨以詩鳴，中興後遂顯用。

13、《雪巢小集》二卷，東魯林憲景思撰。……其人高尙，詩清澹，五言四韻古句尤佳，殆逼陶、謝。……然其暮年詩似不逮其初，往往以貧爲累，不能不衰索也。

14、《白石道人集》三卷，鄱陽姜夔堯章撰。……石湖范至能尤愛其詩，楊誠齋亦愛之，嘗稱其〈歲除舟行〉十絕，以爲有裁雲縫月之妙思、敲金戛玉之奇聲。

15、《梅山詩藁》六卷、《續藁》五卷，括蒼姜特立邦傑撰。……特立詩亦驫佳，韓無咎、陸務觀皆愛之。

16、《疏寮集》三卷，四明高似孫續古撰。少有俊聲，登甲辰科，不自愛重，爲館職，〈上韓侂冑生日〉詩九首，皆暗用「錫」字，爲時清議所不齒。……其讀書以隱僻爲博，其作文以怪澀爲奇，至有甚可笑者，就中詩猶可觀也。

17、《栀林集》十卷，吳郡沈繼祖撰。……人固不足道，詩亦無足觀者。

18、《花翁集》一卷，開封孫惟信季蕃撰。在江湖中頗有標致，多見前輩，多聞舊事，善雅談，長短句尤工。

19、《女郎謝希孟集》二卷，閩人謝景山之妹，嫁陳安國，年三十三而死。其詩甚可觀，歐公爲之〈序〉，言有古淑女幽閒之風雅，非特婦女之言也。

20、《處士女王安之集》一卷，簡池王元子倉之女尚恭，字安之，年二十，未嫁而死，乾道戊子也。元自志其墓。有任公鼐者，為作〈集序〉，援歐公所序謝希孟為比，而稱其詩不傳。今余家有之，任蓋未之見也。

　　按：《直齋書錄解題・集錄・詩集類下》著錄宋人詩集，凡 132 則。其中評及宋人詩者 20 則。振孫於呂夷簡詩之「清潤和雅」、陳師道詩之「眞趣自然」、劉季孫詩之「慷慨有氣」，多予賞譽；而於姜白石詩之「裁雲縫月之妙思，敲金戞玉之奇聲」、謝希孟詩之具「古淑女幽閒之風雅，非特婦女之言」，則徵引前賢所說以讚許之。於斯可見其愛賞趨向。至其餘各家，振孫亦就其優劣，作適當之褒貶。

七、《直齋書錄解題・集錄・文史類》所收振孫評詩格、詩話資料

1、《詩格》一卷，題魏文帝，而所述詩或在沈約後，其為假託明矣。

2、《評詩格》一卷，唐李嶠撰。嶠在昌齡之前，而引昌齡《詩格》八病，亦未然也。

3、《二南密旨》一卷，唐賈島撰。凡十五門，恐亦依託。

4、《文苑詩格》一卷，稱白氏，尤非也。

5、《詩式》五卷、《詩議》一卷，唐僧皎然撰。以十九字括詩之體。

6、《擬皎然十九字》一卷，稱正字王元撰。不知何人。

7、《緣情手鑑詩格》一卷，題樵人李宏宣撰。未詳何人，當在五代前。

8、《風騷要式》一卷，徐衍述。亦未詳何人。

9、《琉璃堂墨客圖》一卷，不著名氏。

10、《雅道機要》二卷，前卷不知何人，後卷稱徐寅撰。

11、《續金針格》一卷，梅堯臣撰。大抵皆假託也。

12、《御選句圖》一卷，太宗皇帝所選楊徽之詩十聯，眞宗皇帝所撰送劉琮詩八聯。

13、《唐詩主客圖》一卷，唐張為撰。所謂「主」者，白居易、孟雲卿、李益、鮑溶、孟郊、武元衡，各有標目。餘有升堂、入室之殊，皆所謂「客」也。近世詩派之說殆出于此，要皆有未然者。

14、《文章玄妙》一卷，唐任藩撰。言作詩聲病、對偶之類。凡世所傳詩格，大率相似。余嘗書其末云：「論詩而若此，豈復有詩矣。唐末詩格汙下，其一時名人，著論傳後乃爾，欲求高尚，豈可得哉？」

15、《楊氏筆苑句圖》一卷、《續》一卷，黃鑑撰。蓋楊億大年之所嘗舉
　　者。皆時賢佳句。《續》者，不知何人，亦大年所書唐人句也，所錄
　　李義山、唐彥謙之句爲多。西崑體蓋出二家。

16、《孔中丞句圖》一卷，「中丞」，或是孔道輔耶？

17、《雜句圖》一卷，不知何人所集。皆本朝人詩也。自魏文帝《詩格》
　　而下二十七家已見《吟窗雜錄》。

18、《吟窗雜錄》三十卷，莆田蔡傳撰。君謨之孫也。取諸家詩格、詩評
　　之類集成之，又爲《吟譜》，凡魏、晉以下能詩之人，皆略具其本末，
　　總爲本書。麻沙嘗有刻本，節略不全。

19、《潛溪詩眼》一卷，范溫元實撰。祖禹之子。

20、《漁隱叢話》六十卷、《後集》四十卷，新安胡仔元任撰。待制舜陟
　　之子，居湖州，自號苕溪漁隱。

21、《續廣本事詩》五卷，聶奉先撰。雖曰廣孟棨之舊，其實集詩話耳。

22、《觀林詩話》一卷，楚東吳聿子書撰。未詳何人。

23、《賓朋宴話》三卷，太子中舍致仕貴溪丘昶孟陽撰。南唐進士，歸朝
　　宰數邑。著此書十五篇，敘唐以來詩賦源流。天禧辛酉鄧賀爲序。

　　按：《直齋書錄解題・集錄・文史類》著錄相關書籍凡 66 則，振孫評及
詩格、詩話者 23 則。其 1、2、3、4、11 五則，皆辨書之假託；其 6、7、8、
9、10、16、17、19、20、22 十則，皆考撰人；其 5、13、21 三則，乃考及書
之體裁；其餘 12、13、14、15、17、18、23 七則，又考述書之內容，並偶及
其板刻者也。大抵振孫評詩之優劣，其最下者乃困於聲病、對偶，而使「詩
格汗下」，欲求高尚而不可得。此一見地，第觀振孫所書任藩《文章玄妙》跋
語，自可洞悉究竟矣！

貳、振孫《白文公年譜》中評白居易詩資料 〔註7〕

1、「德宗貞元二年丙寅」條　公年十五，有〈江南送北客寄徐州兄弟〉
　　詩，自此始有文見於《集》。……《集》中又有〈宿桐廬館〉詩、〈避
　　難越中江樓望歸〉詩、〈除夜寄弟妹〉詩，大抵皆南遊所作，但莫能
　　考其歲月爾。蓋公自少往來江南，侍其兄官浮梁，遂以宣州解及第，

〔註 7〕　以下資料采自《四庫全書》，（上海：上海古籍出版社，1987 年 6 月出版）第
　　　　1081 冊，頁 30～50。

既第後至宣城，《集》中是以多江南詩也。

2、「貞元四年戊辰」條　有〈王昭君〉二絕，所謂「君王若問妾顏色，莫道不如宮裏時」者也。時年十七。

3、「貞元十七年辛巳」條　公及第後即遊江南，復至宣城，有〈敘德書情四十韻上宣歙崔中丞〉云：「幸穿楊遠葉，謬折桂高枝。」又云：「磨鉛重剷割，策蹇再奔馳。相馬須憐瘦，呼鷹正及飢。」當是此年所作詩，意欲求辟譽者。崔中丞名衍。

4、「貞元二十年甲申」條　〈燕子樓詩序〉云：「予爲校書郎，時遊徐、泗間。張尙書宴予，酒酣，出盼盼以佐歡，歡甚。予因贈詩云：『醉嬌勝不得，風嫋牡丹花。』」意亦在此年。燕子樓事，世傳爲張建封。按：建封死在貞元十六年，且其官爲司空，非尙書也。尙書乃其子愔，《麗情集》誤以爲爾。此雖細事，亦可以正千載傳聞之謬。

5、「憲宗元和四年己丑」條　有〈海圖屛風〉詩，時方討王承宗，公意不然，故借「巨鼇」以風。

6、「元和五年庚寅」條　〈寒食〉詩云：「忽因時節驚年歲，四十如今欠一年。」……又有〈適意〉詩云：「三年作諫官，復多尸素羞。一朝歸渭上，泛如不繫舟。」又〈隱几〉詩云：「行年三十九，歲暮日斜時。」又〈歸田〉詩云：「三十爲近臣，腰間鳴佩玉。四十爲野夫，田中學鋤穀。」蓋自小諫爲戶曹，但解諫職而已；至是則併翰苑皆解去，是必移疾求退，而史失載爾。

7、「元和十年乙未」條　六月，盜殺宰相武元衡，公首上疏請急捕賊，以雪國恥。宰相以非諫職言事，惡之。會有惡公者言其母看花墮井死，而作〈賞花〉及〈新井〉詩，貶江州刺史。中書舍人王涯言其新犯，不可復理郡，又改司馬。宰相，韋貫之、張弘靖也。……〈新井〉之事，世莫知其實，史事亦不辨其有無，獨高彥休《闕史》言之甚詳。公母有心疾，因悍妒得之。及嫠，家苦貧。公與弟不獲安居，常索米丐衣於鄰郡邑，母晝夜念之，病益甚。公隨計宣州，母因憂憤發狂，以葦刀自剄，人救之得免。後遍訪醫藥，或發或瘳，常恃二壯婢，厚給衣食，俾扶衛之。一旦稍怠，斃於坎井。時裴晉公爲三省，本廳對客，京兆府申堂狀至，四坐驚愕。薛給事存誠曰：「某所居與白鄰，聞其母久苦心疾，叫呼往往達於鄰里。」坐客意稍釋。他日，晉公獨見

夕拜，謂曰：「前時眾中之言，可謂存朝廷大體矣！」夕拜正色曰：「言其實也，非大體也。」由是晉公信其事。後除河南尹、刑部侍郎，皆晉公所擬。凡曰墜井，必恚恨也，隕穫也；凡曰看花，必怡暢也，閑適也。安有怡暢閑適之際，遽致顛沛廢墜之事。樂天長於情，無一春無詠花之什，因欲斂藻其罪；又驗〈新井〉篇，是尉盩厔時作，隔官三政，不同時矣！彥休所記大略如此。聞之東都聖善寺老僧，僧故佛光和尚弟子也。今考《集》中亦無所謂〈新井〉詩者，意其刪去。然則公母死以心疾，固人倫之大不幸，而傅致詩篇以成讒謗，則憸壬媢嫉者為之也，故刪述彥休之語，以告來者。

8、「元和十五年庚子」條　是歲正月二十八日，憲宗崩。有〈酬李相公〉詩云：「涕淚滿襟君莫怪，甘泉侍從最多時。」時初聞國哀也。

9、「穆宗長慶二年壬寅」條　七月有〈曲江感秋〉詩云：「元和二年秋，我年三十七。長慶二年秋，我年五十一。中間十四年，六年居謫黜。」是月除杭州刺史。《舊史》云：「時河朔復亂，數上書論其事。天子不能用，遂求外任。」蓋穆宗荒縱宰相王涯、蕭俛、杜元穎、崔植等，皆齷齪無遠略，宜公之不樂居朝也。

10、「長慶四年甲辰」條　至洛求分司，有〈寄牛相公及分司〉詩。始卜居履道坊，得故散騎常侍楊憑宅。有〈卜居〉詩云：「遂就無塵坊，仍求有水宅。未請中庶祿，且脫雙驂易。」注云：「買宅價不足，以兩馬償之。」又有〈移家〉詩云：「移家入新宅，罷郡有餘資。」又有〈履道新居二十韻〉。蓋公平生從仕，至是始有俸餘，於是定居於洛，以為終焉之計。《唐語林》云：「公罷杭，俸多留官庫。繼守者公用不足，則假而復填。如是五十餘年，及黃巢至郡，文籍多焚，其俸乃亡。」公自言「罷郡有餘資」，而猶有寄留官庫者，豈亦如今世有事例，而法不應得者乎？

11、「敬宗寶歷元年乙巳」條　有〈霓裳羽衣歌〉云：「玲瓏箜篌謝好箏，陳寵觱栗沈平笙。清絃脆管纖纖手，教得霓裳一曲成。」末云：「李娟張態君莫嫌，亦擬隨宜且教取。」玲瓏以下杭妓名，娟、態，蘇妓名。《唐語林》云：「官妓高玲瓏、謝好好，巧於應對，善歌舞。居易在杭，樂於蘇詩有『使君全未厭錢塘』之句。」張君房《脞說》云：「高玲瓏，餘杭歌者。樂天作郡日，賦歌與之云：『罷胡琴，掩秦瑟，

玲瓏再拜歌初畢。』末云：『玲瓏玲瓏奈老何，使君歌了汝更歌。』
元微之在越，厚幣邀至月餘，使盡歌所唱之曲。作詩送行兼寄樂天
云：『休遣玲瓏唱我詞，我詞都是寄君詩。』」多有〈西樓喜雪夜宴〉
詩。

12、「寶歷二年丙午」條　〈歲日家宴〉詩云：「歲盞復推藍尾酒，春盤
先占膠牙餳。」〈正月三日閒行〉詩云：「赤欄三百六十橋。」〈花前
歎〉云：「前歲花前五十二，今年花前五十五。」有〈百日假滿〉詩，
蓋欲移病歸洛故也。劉禹錫有〈白太守行〉云：「聞有白太守，拋官
歸舊谿。」公答云：「昨乞百日告，起吟五篇詩。去年到郡時，麥穗
黃離離。今年去郡日，稻花白霏霏。」《舊譜》云：「劉與公為代。」
非也。夢得時在和州，歲暮罷歸洛，與公相遇於揚、楚間。其為蘇州，
乃在大和六年。〈齊雲晚望〉詩云：「欲辭南國去，重上北城看。九月
全無熱，西風亦未寒。」〈河亭晚望〉詩：「郡靜官初罷，鄉遙信未回。
明朝是重九，誰勸菊花盃。」是九月猶在郡，公之去蘇，蓋在秋、冬
之交。

13、「文宗大和九年乙卯」條　十一月有〈詠史〉詩云：「彼為葅醢几上
肉，我作鸞皇天外飛。」又有〈二十日獨遊香山感事〉詩云：「當君
白首同歸日，是我青山獨往時。」時新有甘露之禍。初江州之貶，王
涯有力焉。說者因是謂公幸之。惟東坡蘇公云：「樂天豈幸人之禍者
哉！蓋悲之也。以愚觀之，其悲涯輩之禍，而幸己之不與者乎？鸞皇
蓋自況也。公又嘗有詩云：「今日憐君嶺南去，當時笑我洛中來。」
未知為何人作，亦此意也。

14、「文宗開成五年庚申」條　三月三十日有〈燕罷感事吟〉詩云：「病
與樂天相伴住，春隨樊子一時歸。」按〈不能忘情吟序〉云：「妓有
樊素者，年二十餘，綽綽有歌舞態，善唱〈楊柳曲〉，人多以曲名之。」
其辭曰：「素事主十年，凡三千有六百日。公年五十八自刑部侍郎分
司歸洛，至六十八而得疾，於是十年矣！」當是初歸洛時得之。公嘗
有〈楊柳枝〉詞八首，又有〈楊柳枝二十韻〉，自注云：「〈楊柳枝〉，
洛下新聲也。洛之小妓有善歌者，詞章音韻，聽可動人，故賦之。」
《本事集》云：「白尚書姬人樊素善歌，小蠻善舞，嘗為詩云：『櫻桃
樊素口，楊柳小蠻腰。』公年邁而小蠻方豐豔。因為〈楊柳枝〉以寄

意。曰：『一樹春風萬萬枝，嫩於金色軟於絲。永豐坊裏東南角，盡日無言屬阿誰。』」如《本事集》之說，則樊素、小蠻爲二人；以《集》考之，不見此二句，亦無所謂小蠻者，而柳枝即樊素也。《舊譜》引公詩「兩枝楊柳小樓中，嫋娜多年伴醉翁」，兩枝楊柳必非一人；又有〈九日代羅、樊二妓招舒著作〉云：「羅敷斂雙袂，楚姬獻一盃。」所謂「兩枝楊柳」者，然皆臆說，未必然也。又按劉禹錫有〈寄小蠻〉詩云：「終須買取名春草。」又〈憶春草〉詩云：「河南大尹頻出難，只得池塘十步看。府門閉後滿街月，幾處遊人草頭歇。」則「春草」似是府妓。又公〈喜見劉同州〉詩云：「應須爲春草，五馬立踟躕。」夢得答云：「今朝停五馬，不是爲羅敷。」注云：「前章所言春草，白君之舞妓也。」然則春草與柳枝，似各是一人，偶同姓樊爾，漫詳及之資雅話。公又嘗有詩云：「菱角執笙簧，谷兒抹琵琶。紅綃信手舞，紫綃隨意歌。」注云：「菱、谷、紅、紫，皆小蠻名也。」

15、「武宗會昌元年辛酉」條　是歲李程爲留守，過公，池上泛舟，話及翰林舊事。公有詩云：「同時六學士，五相一漁翁。」五相，謂李吉、裴珀、崔群及程也，與公皆元和初學士。《舊譜》以爲李逢吉，非是。考《翰林記》，逢吉未嘗爲學士。考《河南志》，其爲留守乃大和中也。

16、「會昌五年乙丑」條　三月二十一日，與前懷州司馬胡杲、衛尉卿吉皎、前右觀武軍長史鄭據，慈州刺史劉眞、御史盧貞、永州刺史張渾及公，共七人爲齒會於履道宅，詩云：「七人五百七十歲。」秘書監狄兼謩、河南尹盧貞以年未七十，雖預會而不及列，故又稱九老會。是會蓋有兩盧貞也。本朝洛中九老會，蓋倣此。而司馬公未七十預會，亦用狄監、盧尹故事云。

17、「會昌六年丙寅」條　盧尹和公〈永豐坊柳〉詩，公亦和云：「定知天象今春後，柳宿光中添兩星。」按《本事集》云：「宣宗聞唱是詞，問永豐何在，及何人所作，因東使命取兩枝植於禁中。」宣宗以是歲三月即位，藉曰於會昌爲叔父，且有宿憾，然亦不當於授受危疑之際，聞歌植柳如是其急者。盧貞爲尹在四年七月，或只是五年春武宗在位時事。以《本事集》指爲宣宗，故記之於此。

按：振孫所撰《白文公年譜》，書不經見，乃附錄於清人汪立名編《白香

山詩集》卷首，載見《四庫全書・集部二・別集類一、唐》中。汪氏曾評振孫此《譜》，以為「直齋考據精確，多詳人所不能詳，其他自不嫌疏略也」，推譽固隆矣！茲以細閱之餘，檢得其間評白詩之什較翔實者凡 17 則，迻錄如上，讀之者固可睹振孫考評白詩之心得，亦可作研治香山詩故實參考也。

參、振孫評徐陵《玉臺新詠》資料

《直齋書錄解題・集錄・總集類下》著錄：

> 《玉臺新詠》十卷，陳徐陵孝穆集。且為作〈序〉。

《解題》此條對徐陵書未作任何評論。然振孫另有〈玉臺新詠集後序〉，最早載見明趙均小宛堂覆宋本《玉臺新詠》，清陸心源《皕宋樓藏書志》卷 112、〈總集類〉1 錄之，對徐陵之書評述甚詳，斯亦振孫評詩資料也。謹擇錄如次：

> 右《玉臺新詠集》十卷，幼時至外家李氏，於廢書中得之，舊京本也。……夫詩者，情之發也。征戍之勞苦，家室之怨思，動於中而形於言，先王不能禁也。豈惟不能禁，且逆探其情而著之，〈東山〉、〈杕杜〉之詩是矣。若其他變風化雅，謂「豈無膏沐，誰適為容」、「終朝采綠，不盈一掬」之類，以此《集》揆之，語意未大異也。顧其發乎情則同，而止乎禮義者蓋鮮矣！然其間僅合者亦一二焉。其措詞託興高古，要非後世樂府所能及。自唐《花間集》已不足道，而況近代狹邪之說，號為以筆墨勸淫者乎！又自漢魏以來作者皆在焉，多蕭統《文選》所不載，覽者可以睹歷世文章盛衰之變云。〔註8〕

按：此〈後序〉於《玉臺新詠》可謂極盡褒揚之能事，既以之上況《詩經》，認為所采選者皆〈東山〉、〈杕杜〉之儔；又謂其書「措詞託興高古」，要非《花間集》所能及；至如宋詞之「以筆墨勸淫者」，更不足道也。又《玉臺新詠》所收詩，多《文選》所未載，漢魏以來作者皆在焉，振孫以為覽之「可以睹歷世文章盛衰之變」，亦推譽不絕於口矣！

肆、振孫評張維詩及其自賦詩資料

振孫此條評詩資料，載見南宋周密《齊東野語》卷 15「〈張氏十詠圖〉」

〔註8〕轉引自〔同註6〕「附錄三：陳振孫所撰序跋」，頁710。

條，茲擇錄如次：

> 先世舊藏吳興張氏〈十詠圖〉一卷，乃張子野圖其父維平生詩，有十首也。……會直齋陳振孫貳卿方修《吳興志》，討摭舊事，見之大喜，遂傳其〈圖〉，且詳考顚末，爲之跋云：「……子野爲〈十詠圖〉，當治平甲辰，……其〈圖〉爲好古博雅君子所得。會余方緝《吳興人物志》，見之如獲拱璧，因細考而詳錄之，庶幾不朽於世。其詩亦清麗閑雅，如『灘頭斜日鳧鷖隊，枕上西風鼓角聲』；又『花有秋香春不知』，皆佳句也。子野之墓在卞山多寶寺，今其後影響不存矣。此〈圖〉之獲，豈不幸哉！」……且賦詩云：「平生聞說張三影，〈十詠〉誰知有乃翁。逢世昇平百年久，與齡耆艾一家同。名賢敘述文章好，勝事流傳繪素工。遐想盛時生恨晚，恍如身在畫圖中。」〔註9〕

按：周密《齊東野語》卷 15「〈張氏十詠圖〉」條所載，不特有振孫評張維詩資料，更錄及其所自賦詩，殊爲珍貴。蓋振孫侷促南宋風雨飄搖之世，北伐無望。故撰詩云：「遐想盛時生恨晚，恍如身在畫圖中。」寄意遙深。殆或深悉盛時不再，故詩中哀怨之情，亦昭然若揭而不隱矣！

伍、振孫評沈作喆〈哀扇工〉詩資料

沈作喆撰〈哀扇工〉詩，振孫曾評及之，其事載見元韋居安《梅磵詩話》卷上，曰：

> 沈作喆字明遠，吳興人，守約丞相之姪，自號寓山。登紹興進士第，嘗爲江西漕屬。作〈哀扇工〉詩，掎怒洪帥魏道弼，捃深文劾之，坐奪三官。其後從人使虜，南澗韓無咎遺之詩曰：「但如王粲賦〈從軍〉，莫爲班姬詠〈團扇〉。」有旨哉！洪有士子與寓山往來相款洽，一日清晨來訪，寓山猶在寢，遂徑造書室，翻篋中紙，詩稿在焉，由是達魏之聽。陳直齋《吳興氏族志》云：「〈哀扇工〉詩，罵而非諷，非言之者罪也。」其詩不傳。〔註10〕

按：此文所言之《吳興氏族志》，疑即《吳興人物志》。振孫評〈哀扇工〉，謂其「罵而非諷」，殆指其敢直斥魏道弼之非也；而「非言之者罪也」者，蓋謂

〔註9〕 轉引自〔同註6〕「附錄二：關於陳振孫之生平和著述」，頁 678～680。
〔註10〕 同上註，頁 685。

沈作喆無過失，言之者固無罪也。至韋居安《梅磵詩話》謂「其詩不傳」，此說非是，清厲鶚《宋詩紀事》卷44「沈作喆」條中有〈哀扇工歌〉，其詩曰：

> 黃州竹扇名字著，織扇供官困追捕。史官開府未決旬，欲戴綸巾揮白羽。新模巧製旋剪裁，百中無一中程度。犀革鑴柄出蟲魚，麝煤熏紙生煙霧。蘄山老姥羞翰墨，漢宮佳麗掩紈素。衙內白取知何名，帳下雄挐不知數。供輸不辨箠楚頻，一朝赴水將誰訴？史君崇重了不聞，嗚呼何以慰黎庶！聞道國家賣菜翁，又說江南打魚戶。號令亟下須所無，官不與錢期限遽。歸來痛哭辭妻兒，宿昔投繯掛枯樹。一雙婉婉良家子，吏兵奪取名為顧。弟兄號叫鄰里驚，兩家吞聲喪其嫗。死者已矣可奈何，冤魂成群空號呼。（**去聲**）殺人縱欲聲位尊，貪殘無道天所怒。邦人蓄憤不敢言，君其挏馬章台路。〔註11〕（《清波別志》）

沈作喆此詩嚴屬批判統治者對百姓之敲榨，巧取豪奪，甚至不擇手段魚肉百姓，其罪惡不惟迫使黃州扇工受盡煎熬，最終赴水而死；而賣菜翁、打魚戶亦因官家須求無度，祇得「痛哭辭妻兒」，「投繯掛枯樹」。至於吏兵奪取良家子，逼死老嫗，更令天怨民怒，使人髮指。而沈作喆敢於為詩揭發統治者貪殘無道，並強烈予以叱責，振孫謂其詩「罵而非諷」，確屬的評。

結　語

振孫評詩資料，余據《直齋書錄解題·集錄》以蒐求者，計於〈楚辭類〉得2則，〈總集類〉9則，〈別集類上〉評唐人詩10則，〈別集類中、下〉評宋人詩16則，〈詩集類上〉評南朝陳至唐、五代人詩29則，〈詩集類下〉評宋人詩20則，〈文史類〉評詩格、詩話23則；另據《白文公年譜》蒐求，得評白居易詩17則；又據振孫所撰〈玉臺新詠集後序〉，得其評詩資料1則。以上計127則，皆據振孫所撰直接資料輯得者。宋人周密《齊東野語》卷15「〈張氏十詠圖〉」條，有振孫評張維詩及其自賦詩1則；另元人韋居安《梅磵詩話》卷上有振孫評沈作喆〈哀扇工〉詩1則，後2者雖為間接資料，仍應屬可靠。

〔註11〕 同註7，第1484冊，頁841。此條末附厲鶚按曰：「韋居安《梅磵詩話》云：『〈哀扇工〉詩不傳。』今從《清波別志》檢得無名子〈哀扇工歌〉一首，當即是沈詩，佚其姓名爾。陳直齋云：『〈哀扇工歌〉罵而非諷。』今讀之良然，仍以還沈。」按：無名子〈哀扇工歌〉，原見宋周輝《清波別志》卷1。

是則余所輯獲振孫評詩資料凡 129 則。

振孫雖未撰有命名「詩話」之專著，但本篇所輯者，或可作《直齋詩話》看。上世紀上海中華書局於 1980 年 9 月出版有郭紹虞《宋詩話輯佚》上、下冊，計輯得相關詩話 33 種，另附輯 3 種。〔註12〕拙文斯篇，倘得被視爲《直齋詩話》而能繼軌郭書之後，則宋詩話或可多增一種矣！〔註13〕

2010 年 9 月 18 日撰於香港樹仁大學中國語言文學系

本文宣讀於 2011 年 4 月 27～29 日香港大學中文學院主辦之「東方詩話學第七屆國際學術研討會」，原刊《東方詩話學第七屆國際學術研討會論文集》

〔註12〕郭氏之書原收入《燕京學報專號》之 14，哈佛燕京學社民國 26 年（1937）8月出版。民國 61 年（1972）4 月，臺北市文泉閣出版社再版。

〔註13〕余撰就此文未久，女弟子吳嘉慧君（香港新亞研究所碩士生）告以《宋詩話全編》收有〈陳振孫詩話〉，並檢呈影印資料俾資參考。《宋詩話全編》一書，凡 10 冊，共收宋代詩話 562 家，吳文治主編，1998 年 12 月江蘇古籍出版社第 1 版，2006 年 10 月鳳凰出版社第 2 次印刷。其〈陳振孫詩話〉，收入該書第 8 冊，頁 8177～8189，由賈文昭據徐小蠻、顧美華點校本《直齋書錄解題》輯存，共得 52 則。惜賈氏未知徵引振孫《白文公年譜》、周密《齊東野語》、韋居安《梅磵詩話》，故所搜獲殊尠，與拙文比較，相距固甚遙也。

陳振孫《易》學之研究

壹、緒　言

　　余研治陳振孫及其《直齋書錄解題》（以下簡稱《解題》）轉瞬廿載，先後印行問世之專著計有：《陳振孫之生平及其著述研究》、〔註1〕《陳振孫之經學及其〈直齋書錄解題〉經錄考證》、〔註2〕《陳振孫之史學及其〈直齋書錄解題〉史錄考證》、〔註3〕《陳振孫之子學及其〈直齋書錄解題〉子錄考證》、〔註4〕《陳振孫之文學及其〈直齋書錄解題〉集錄考證》。〔註5〕其後又續有相關論文發表，均收入拙著《碩堂文存三編》、〔註6〕《四編》、〔註7〕《五編》〔註8〕，及即將由花木蘭文化出版社印行之《六編》中。〔註9〕是次有

〔註1〕　民國82年（1993）10月，臺北：文史哲出版社印行。

〔註2〕　民國86年（1997）3月，臺北：里仁書局初版。後經修訂，2006年3月，臺北：花木蘭文化出版社再版，收入《古典文獻研究輯刊二編》。

〔註3〕　2006年9月，臺北：花木蘭文化出版社印行，收入《古典文獻研究輯刊三編》。

〔註4〕　2007年3月，臺北：花木蘭文化出版社印行，收入《古典文獻研究輯刊四編》。

〔註5〕　此書屬國家科學委員會民國87年度專題計劃，（NSC87-2411-H211-002），俟增訂完竣，仍交花木蘭文化出版社印行。

〔註6〕　《碩堂文存三編》收有〈近年來有關陳振孫及其著述研究之新探索〉。

〔註7〕　《碩堂文存四編》收有〈陳振孫生卒年新考〉、〈劉貢父「不徹薑食」、「三牛三鹿」二語考——讀《直齋書錄解題》札記〉。

〔註8〕　《碩堂文存五編》收有〈讀陳振孫《直齋書錄解題》札記〉、〈讀陳振孫《直齋書錄解題》續札〉、〈讀陳振孫《直齋書錄解題・詩類》札記〉、〈讀陳振孫《直齋書錄解題・語孟類》札記〉、〈談「虯戶銑谿體」——讀《直齋書錄解題》札記〉、〈呂昭問小考——讀《直齋書錄解題》札記〉、〈尤袤與陳振孫之學術情緣〉、〈南宋有兩「陳振孫」——讀《陳容壙志》、《陳容墓誌銘》書後〉。

幸出席「第五屆中國經學研究會國際學術研討會」，仍擬以〈陳振孫《易》學之研究〉爲題，撰成拙文，以請益於有道。以下謹就振孫之《易》學著作、《易》學淵源、《易》學特色與見地、及其對各家《易》學著作之評價等項，論說如次：

貳、本　論

一、陳振孫之《易》學著作

有關振孫著作，元人托克托《宋史·藝文志》未有著錄。清人黃虞稷、倪燦撰，盧文弨訂正之《宋史藝文志補》則僅著錄：

> 陳振孫《直齋書錄解題》五十六卷。今分二十二卷。〔註10〕

其他著作則付闕如。考宋周密《志雅堂雜鈔》卷下、〈書史〉載：

> 直齋所著書，有言《書解》一冊，《易解》、《繫辭錄》、《史鈔》。〔註11〕

據是，則振孫著作尚有《書解》、《易解》、《繫辭錄》、《史鈔》等四種。所惜《志雅堂雜鈔》所載之書，今皆散佚。檢清初朱彝尊《經義考》，其書於卷八十三、〈書〉十二僅著錄：

> 陳氏振孫《尚書說》，佚。〔註12〕

《尚書說》，疑即《書解》，〔註13〕彝尊未之見；至《易解》、《繫辭錄》二書，《經義考》均未著錄，是則振孫《易》、《書》類著作，或皆亡於朱氏撰《經義考》前矣。〔註14〕

〔註9〕《碩堂文存六編》將收〈宋匪躬四考——讀《直齋書錄解題》札記〉、〈《陳振孫之經學及其〈直齋書錄解題〉經錄考證》增訂本後記〉、〈《陳振孫之史學及其〈直齋書錄解題〉史錄考證》後記〉及本文。

〔註10〕《宋史藝文志·補·附編》（上海：商務印書館，1957年12月初版），第546頁。

〔註11〕伍崇曜編：《粵雅堂叢書》（清咸豐三年刻本），第一集，《志雅堂雜鈔》，卷下，頁13A。

〔註12〕見《四部備要·經部》，《經義考》（上海：中華書局據揚州馬氏刻本校刊本），冊十一，卷八十三，頁3A。

〔註13〕近人陳樂素撰《〈直齋書錄解題〉作者陳振孫》，發表於1946年11月20日《大公報·文史周刊》，謂《書解》與《尚書說》，「未詳是否一書」，態度甚爲矜慎。陳文轉引自徐小蠻、顧美華點校本：《直齋書錄解題》，附錄二，第695～696頁。

〔註14〕清光緒間，陸心源輯撰《宋史翼》，其書卷二十九、〈列傳〉第二十九、〈文苑〉四有〈陳振孫〉，載：「陳振孫，字伯玉，安吉人，所居號直齋，博通古今，《勞

　　《解題》原本五十六卷，清乾隆時編纂《四庫全書》已不見，其後四庫
館臣從《永樂大典》輯出，重編爲二十二卷，即今所見之《四庫全書》本。《四
庫全書》本卷一爲〈易類〉，著錄《易》學書籍凡九十種，每書下且撰有長短
不一之解題，內容富贍。是故，振孫所撰《易解》、《繫辭錄》雖亡佚，倘能
轉求諸《解題·易類》所載材料，藉作研討，庶得以考論振孫之《易》學。

二、陳振孫之《易》學淵源

　　振孫《易》學師承，固不可考；惟其《易》學淵源，或可求諸其家學。
振孫之尊翁，名字未可悉，據《解題》資料，則可考知其人頗擅於《易》。檢
《解題》卷十八、〈別集類〉下「《濟溪老人遺藁》一卷」條云：

> 通判明州濟源李迎彥將撰。永嘉周浮沚先生之壻，與先大父爲襟袂。
> 集中有送先君子赴戊子秋試詩，首句「籍甚人言《易》已東」，蓋先
> 君治《易》故也。集序周益公作。〔註15〕

斯乃振孫尊翁擅《易》之證據。考李迎，《宋史》無傳，而清黃宗羲等撰《宋
元學案》卷三十二、〈周許諸儒學案·浮沚門人〉「通守李濟溪先生迎」條亦
載迎爲周浮沚壻，〔註16〕是則迎與振孫祖父爲連襟，迎又爲振孫尊翁之姨丈，
亦振孫姨祖也。振孫父赴戊子秋試，爲宋孝宗乾道四年戊子（1168）；而迎送
詩有「籍甚人言《易》已東」句，典出班固《漢書·儒林傳》田何推譽丁寬
語，〔註17〕振孫父擅《易》，迎故引此語譽之。由上所考，知振孫父既擅《易》，
則振孫之《易》學，或淵源於父教矣！

　　振孫祖父乃周浮沚壻，則周乃振孫外曾祖父，而振孫即周之外曾孫。考

> 志》。……撫舊事輯《吳興人物志》、《野語》十五。《氏族志》、《梅磵詩話》、《書解》、
> 《易解》。《志雅堂書鈔》。」陸氏有皕宋樓，專收藏宋元舊刻，著有《皕宋樓藏
> 書志》一百二十卷、《續志》四卷，惟陸氏亦未收有振孫《易》、《書》著作，
> 文中所言《書解》、《易解》，乃僅據《志雅堂雜鈔》迻錄，皕宋樓並未收藏，
> 故推知振孫《書》、《易》類書籍均亡佚矣。

〔註15〕徐小蠻、顧美華點校本：《直齋書錄解題》（上海：上海古籍出版社，1987年
　　　　12月），第544頁。

〔註16〕《宋元學案》載：「李迎，字彥將，濟源人。累官安撫司機宜文字、通判明
　　　　州。……先生爲永嘉周浮沚先生壻，因得聞伊洛之說。……有《濟溪老人遺
　　　　稿》一卷，周益公序之，又表其墓。」（北京：中華書局，1986年12月），第
　　　　1146頁。

〔註17〕《漢書》卷八十八、〈儒林傳〉第五十八、〈丁寬〉載：「田何授《易》於丁寬，
　　　　學成，寬東歸，何謂門人曰：『《易》東矣！』」李迎詩本此。

《解題》卷十七、〈別集類〉「《浮沚先生集》十六卷、《後集》三卷」條振孫
自記其家世，並道及外曾祖宦歷、師承事，曰：

> 祕書省正字永嘉周行己恭叔撰。十七入太學，有盛名。師事程伊川。
> 元祐六年進士。爲博士太學，以親老歸，教授其鄉，再入爲館職，
> 復出作縣。永嘉學問所從出也。鄉人至今稱周博士。……先祖妣，
> 先生之第三女，先君子其自出也，故知其本末。所居謝池坊，有浮
> 沚書院。〔註18〕

觀此條所載，則行己曾師事程伊川。伊川即程頤，《解題》著錄頤有《伊川易
解》六卷，《解題》卷一、〈易類〉載：

> 《伊川易解》六卷，崇政殿說書河南程頤正叔撰。止解六十四卦，
> 不解〈大傳〉，而以〈序卦〉分置諸卦之首。蓋唐李鼎祚《集解》亦
> 然。伊川平生著述惟《易傳》爲深，而亦不解〈大傳〉。〔註19〕

此條中所記《易傳》，其與《伊川易解》，應非同一書。至謂伊川「不解〈大
傳〉」，即指未解〈繫辭傳〉、〈說卦傳〉、〈雜卦傳〉也。〔註20〕

行己既師事伊川，故亦擅《易》，曾撰《易講義》一書，今已亡佚，然此
書之〈序〉仍存《四庫全書》本《浮沚集》卷四中。茲無妨迻錄如下，以考
見行己研《易》旨趣：

> 《易》之爲書，伏羲始作八卦，文王因而重之，孔子繫之以辭，於
> 是卦、爻、彖、象之義備，而天地萬物之情見。聖人之憂天下來世
> 其至矣，先天下而開其物，後天下而成其務，是故極其數以定天下
> 之象，著其象以定天下之吉凶，六十四卦、三百八十四爻，皆所以
> 順性命之理，盡變化之道也。散而在野則有萬殊，統之在道則無二
> 致，所以易有太極，是生兩儀。太極者，道也；兩儀者，陰陽也。
> 陰陽，一道也；太極，無極也。

〔註18〕同註15，第515頁。

〔註19〕同註15，第13頁。

〔註20〕考清紀昀《四庫全書總目》卷二、〈經部〉二、〈易類〉二著錄：「《易傳》四
卷，直隸總督採進本。宋伊川程子撰。……其書但解上、下〈經〉及〈彖〉、〈象〉、
〈文言〉，用王弼注本；以〈序卦〉分置諸卦之首，用李鼎祚《周易集解》例；
惟〈繫辭傳〉、〈說卦傳〉、〈雜卦傳〉無注，董真卿謂亦從王弼。」是振孫謂
程書「不解〈大傳〉」，亦即紀昀所指「〈繫辭傳〉、〈說卦傳〉、〈雜卦傳〉無注」
也。

萬物之生，負陰而抱陽，莫不有太極，莫不有兩儀，絪縕交感，變
化無窮，形則受其生，神則發其知，情偽出焉，萬緒起焉。易之所
以定吉凶、生大業也。故易者，陰陽之道也；卦者，陰陽之物也；
爻者，陰陽之動也。卦雖不同，所同者奇耦；爻雖不同，所同者九
六；是以六十四卦，互為其體；三百八十四爻，互為其用。遠在八
荒之外，近在一身之中，暫於瞬息，微於動靜，莫不有爻之義焉。
至哉易乎！其道至大而無所繫，其用至神而無不存，時固未始有一，
而卦亦未始有定。象事固未始有窮，而爻亦未始有定位。以一時而
索卦，則拘而無變，非易也；以一事而明爻，則窒而不通，非易也；
知所謂卦、爻、象、象之義，而不知所謂卦、爻、象、象之用，亦
未為知易也。由是得之，於精神之動，心術之運，與天地同其德，
與日月合其明，與四時合其序，與鬼神合其吉凶，然後可以謂之知
易也。雖然，易之有卦，易之已然者也；卦之有爻，卦之已見者也。
已形已見者，可以言知；未形未見者，不可以名求，則所謂易者果
何如哉？此學者所以當知也。〔註21〕

讀上引〈易講義序〉，倘沈潛玩味〈序〉中「是故極其數以定天下之象，著其
象以定天下之吉凶，六十四卦、三百八十四爻，皆所以順性命之理，盡變化
之道也」諸語，則可考知行己研《易》旨趣，固在由「數」以定「象」，由
「象」以定「占」，由「卦辭」、「爻辭」以求「性命之理」，並以盡其「變化
之道」。是則行己之治《易》，其於辭、變、象、占四者未嘗偏廢，此與其師
程頤「一於言理，盡略象數」，〔註22〕固大相逕庭也。

伊川治《易》，「不解〈大傳〉」，後人固有欲以補其闕者。呂祖謙撰《繫
辭精義》是矣。《解題》卷一、〈易類〉著錄：

《繫辭精義》二卷，呂祖謙集程氏諸家之說，程《傳》不及〈繫辭〉

〔註21〕《景印文淵閣四庫全書》（臺北：臺灣商務印書館，民國 75 年），第 1123 冊，
第 628～629 頁。

〔註22〕「一於言理，盡略象數」二句，乃振孫評程頤《易傳》之語。《解題》卷一〈易
類〉著錄：「《周易玩辭》十六卷，太府卿松陽項安世平甫撰。……其〈自序〉
以為『讀程《易》三十年，此書無一字與之合，合則無用乎此書矣。世之君
子以《易傳》之理觀吾書，則本末條貫無一不本於程氏者；以《易傳》之文
觀吾書，則恐有「西河疑女」之誚』。大抵程氏一於言理，盡略象數，而此書
未嘗偏廢；程氏於小象頗欠發明，而此書爻象尤貫通。」是伊川「一於言理，
盡略象數」，振孫早已言之。

故也。〔註23〕

是呂祖謙以程頤《易傳》不及〈繫辭〉，故有是撰。由是推之，余頗疑振孫之《繫辭錄》，亦為補程《傳》而作，惜其書早亡，無由考究之矣。

綜上所述，振孫之《易》學，其師承固不可知，惟其父既以擅《易》聞；外曾祖又撰《易講義》，其書且與程頤《易傳》「一於言理，盡略象數」大相逕庭。余固疑振孫之撰《易解》、《繫辭錄》二書，固當以外曾祖及其父為椠槧，又其書於辭、變、象、占必不偏廢。〔註24〕是則振孫之《易》學，淵源家學，或可推知矣！

三、陳振孫之《易》學特色與見地

振孫之《易》學特色與見地，茲據《解題》資料考論之，可得以下四點：

（一）重視《古易》，認為有補於學者

振孫甚重《古易》，故多方蒐求。據《解題》著錄其收藏所得者，有出翰林學士王洙家《古易》十二卷、丞相呂大防所錄《周易古經》十二卷、中書舍人晁說之所錄《古周易》八卷、著作郎呂祖謙所定《古易》十二卷、國子錄吳仁傑所錄《古周易》十二卷，凡五種。至其珍重《古易》，及所藏《古易》之足珍處，振孫類能言之。《解題》卷一〈易類〉曰：

> 《古周易》十二卷，國子錄吳郡吳仁傑斗南所錄。……案漢世傳《易》者，施、孟、梁邱、京、費。費最晚出，不得立於學官。其學亡章句，惟以〈彖〉、〈象〉、〈文言〉等解上、下〈經〉。自劉向校中古文《易經》，諸家或脫「无咎悔亡」，惟費氏與古文同，東京名儒馬、鄭皆傳之。其後，諸家皆廢，而費學孤行，以至於今。其合〈彖〉、〈象〉、〈文言〉於〈經〉，蓋自康成、輔嗣以來，展轉相傳，學者遂不識古文本經。甚至今世考官命題，或連〈彖〉、〈象〉、〈文辭〉為一，對大義者，志得而已，往往穿鑿傅會，而〈經〉旨破碎極矣。

〔註23〕同註15，第21～22頁。
〔註24〕考《直齋書錄解題》卷一〈易類〉評「《梁谿易傳》九卷、《外篇》十卷」云：「丞相昭武李綱伯紀撰。……其書於辭、變、象、占無不該貫，可謂博矣。」推譽至隆。同書又評「《漢上易傳》十一卷、《叢說》一卷、《圖》三卷」云：「翰林學士荊門朱震子發撰。……蓋其學專以王弼盡去舊說、雜以莊老、專尚文辭為非是，故其於象數頗加詳焉。」上引二條雖屬振孫評李綱、朱震《易》著，惟亦可視作振孫治《易》必不偏廢辭、變、象、占之旁證。

> 凡此諸家所錄，雖頗有同異，大較〈經〉自爲〈經〉，〈傳〉自爲〈傳〉，
> 而於〈傳〉之中，〈彖〉、〈象〉、〈文言〉，亦各不相混。稍復古文之
> 舊，均有補於學者，宜並存之。〔註25〕

是《古易》之足珍，爲能保存《易經》本來面貌，至振孫所藏王洙等五家《古
易》，皆稍復古文《易》形式之舊，有補於學者，故甚可貴也。

　　職是之故，朱子撰《易本義》，用呂祖謙所定《古易》爲依據，振孫於《解
題》中一再提及之。《解題》卷一、〈易類〉著錄：

> 《古易》十二卷、《音訓》二卷，著作郎東萊呂祖謙伯恭所定。……
> 朱晦庵刻之於臨漳、會稽，……其所著《本義》，據此本也。〔註26〕

又著錄：

> 《易傳》十一卷、《本義》十二卷、《易學啓蒙》一卷，煥章閣待制
> 侍講朱熹晦庵撰。初爲《易傳》，用王弼本。復以呂氏《古易經》爲
> 《本義》，其大旨略同，而加詳焉。〔註27〕

足證振孫重視《古易》，故於朱子用呂氏《古易》事，一再論述及之。朱子「以
呂氏《古易經》爲《本義》」，足證朱熹重《古易》，《解題》謂「有補於學者」，
殆指此而言。是則振孫所撰《易解》，應亦據《古易》本也。

（二）治《易》須博采眾說而附以己見

　　振孫治《易》，倡議博采諸家。《解題》卷一、〈易類〉著錄：

> 《周易釋文》一卷，唐國子博士吳郡陸德明撰。本名元朗，以字行。
> 多援漢、魏以前諸家說，蓋唐初諸書皆在也。卦首注某宮、某世，
> 用京房說。〔註28〕

此言《周易釋文》「多援漢、魏以前諸家說」，又指出其書「卦首注某宮、某
世，用京房說」。是德明撰書，博采眾說也。

　　同書著錄：

> 《昭德易詁訓傳》十八卷，敷文閣直學士清豐晁公武子止撰。博采
> 古今諸家，附以己聞；……其議論精博，不主一家。〔註29〕

〔註25〕同註15，第3頁。
〔註26〕同註15，第2～3頁。
〔註27〕同註15，第21頁。
〔註28〕同註15，第4頁。
〔註29〕同註15，第19頁。

此則推譽公武之書「不主一家」，能「博采古今諸家」，並「附以己聞」，故「議論精博」也。

　　同書又著錄：

　　　　《易翼傳》二卷，吏部侍郎括蒼鄭汝諧舜舉撰。……大抵以程《傳》
　　　　為本，而附以己見之異。〔註30〕

　　　　《南塘易說》三卷，禮部尚書趙汝談履常撰。……其說亦多自得之
　　　　見。〔註31〕

鄭書「以程《傳》為本，而附以己見之異」，趙書「其說亦多自得之見」，振孫皆引以為優點。

　　據是以推，振孫撰《易解》、《繫辭錄》，亦必博采眾說而附以己見。

（三）注重《易》學之傳授源流

　　振孫治《易》，頗注重各家《易》學之傳授源流，《解題》中有不少如是資料。《解題》卷一、〈易類〉著錄：

　　　　《易證墜簡》二卷，毗陵從事建溪范諤昌撰。天禧中人。……世或
　　　　言劉牧之學出於諤昌，而諤昌之學亦出种放，未知信否？晁以道、
　　　　邵子文、朱子發皆云爾。〔註32〕

此條言諤昌《易學》傳自种放，而劉牧傳自諤昌，又謂此說雖未可確信，但晁、邵、朱三氏皆云爾，故亦指出以為證明。

　　又著錄：

　　　　《太極傳》六卷、《外傳》一卷、《因說》一卷，中書舍人晁說之以
　　　　道撰。其學本之邵康節。……又從其子伯溫得其遺編，始作《易傳》，
　　　　名曰《商瞿傳》。兵火後失之。晚年復為此書。〔註33〕

是條言說之始作《易傳》，戰後失之，晚復為《太極傳》，其師承乃邵康節也。亦指出晁氏之傳授源流。

　　又著錄：

　　　　《皇極經世》十二卷、《敍篇系述》二卷，處士河南邵雍堯夫撰。其
　　　　學出於李之才挺之，之才受之穆修伯長，修受之种放明逸，放受之

〔註30〕同註15，第25頁。
〔註31〕同註15，第25頁。
〔註32〕同註15，第8頁。
〔註33〕同註15，第15頁。

陳摶。蓋數學也。……其子伯溫爲之《敍系》,具載〈先天〉、〈後天〉、
〈變卦〉、〈反對〉諸圖,又爲《易學辨惑》一篇,敍傳授本末眞僞。
〔註34〕

是邵雍《易》學一派,始傳自陳摶,摶授种放,放授穆修,修授李之才,之
才授雍,雍又授其子伯溫。此條所敘邵雍一派源流固甚詳明也。

又著錄:

《沙隨易章句》十卷、《外編》一卷、《占法》一卷、《古易攷》一卷,
沙隨程迥可久撰。……迥嘗從玉泉喻樗子才學,登隆興癸未科,仕至
邑宰。及與前輩名公交游,多所見聞,故其論說頗有源流根據。〔註35〕

是條言程迥《易》學,乃師承喻樗者;又言「其論說頗有源流根據」,則振孫
《易》學注重傳授源流,與程迥相同。

綜上所述,振孫對各家《易》學之師弟傳授情況,甚爲重視,往往肆力
追尋,故言來皆如數家珍、瞭如指掌也。

(四)對所著錄之《易》書多作考論,或辨其真僞,或證其闕失

《解題》著錄《易》類書籍凡九十種,振孫多能作深入研究,或考證其眞
僞,或指正其闕失。《解題》卷一、〈易類〉著錄:

《子夏易傳》十卷,案〈隋〉、〈唐志〉有《卜商傳》二卷,殘缺。
陸德明、李鼎祚亦時稱引。攷〈漢志〉,初無此書。有孫坦者,爲《周
易析蘊》,言此漢杜子夏,未知何據。使其果然,何爲不見於〈漢志〉?
其爲依託明矣。隋、唐時止二卷,已殘缺,今安得有十卷?且其經
文,〈象〉、〈象〉、〈爻辭〉相錯,正用王弼本,決非漢世書。以陸德
明所引,求之今《傳》,則皆無之,豈惟非漢世書,亦非隋、唐所傳
書矣。其文辭淺俚,非古人語,姑存之以備一家。〔註36〕

此條考證《子夏易傳》十卷之僞,謂其既非漢世杜子夏書,亦非隋、唐所傳
之書,蓋以陸德明《經典釋文》所徵引資料,求之今本,皆無之也;且其書
文辭淺俚,非古人語。由是推知今本《子夏易傳》,乃唐後人所撰僞書。

又著錄:

《關子明易傳》一卷,後魏河東關朗子明撰。唐趙蕤注。〈隋〉、〈唐

〔註34〕同註15,第16~17頁。
〔註35〕同註15,第22頁。
〔註36〕同註15,第4頁。

　　　志〉皆不錄。或云阮逸僞作。〔註37〕

此以〈隋〉、〈唐志〉不錄爲由，疑書乃北宋人阮逸僞撰。

　　以上皆振孫辨《易》書眞僞之例。

　　《解題》另著錄：

　　　《周易注》六卷、《略例》一卷、《繫辭注》三卷，魏尚書郎王弼注
　　　上、下〈經〉，撰《略例》。……自漢以來，言《易》者多溺於象占
　　　之學，至弼始一切掃去，暢以義理。於是天下後世宗之，餘家盡廢。
　　　然王弼好老氏，魏、晉談玄，自弼輩倡之。《易》有聖人之道四焉，
　　　去三存一，於道闕矣。況其所謂辭者，又雜以異端之説乎！范甯謂
　　　其罪深於桀、紂，誠有以也。〔註38〕

此言王弼書雖暢以義理，而掃去自漢以來之象占，後世宗之。然其書之闕失，
在好老談玄，常「雜以異端之說」，「其罪深於桀、紂」矣。

　　《解題》又著錄：

　　　《乾生歸一圖》十卷，英州石汝礪撰。……有論有圖，亦頗與劉牧
　　　辨，然或雜以釋、老之學。其所謂一者，自注云：「一則靈寂。」其
　　　〈玄首〉篇論道，專以靈明【原註】「靈」字恐誤，或當作「虛」。無體無生爲
　　　主。又曰：「因靈不動，而生寂體。」豈非異端之説乎？〔註39〕

振孫視釋老爲異端，汝礪於書中言「靈寂」，言「虛明」，言「寂體」，其「雜
以釋、老之學」甚明，故振孫嚴辭拒之。斯亦孟子闢揚、墨之旨也。

　　以上皆振孫考論各家《易》書，從思想上證其闕失之例。振孫既力反前
人以老、釋研《易》，推其所著《易解》，亦必闢老、釋之學矣。

四、陳振孫對各家《易》學著作之評價

　　振孫《解題》著錄歷代《易》學著作，除作解題外，亦每寓褒貶，以見
其愛惡抑揚之意，然其所評價則多中肯綮。茲試分兩項，並略舉例述說如下：

（一）褒揚方面

　　《解題》卷一、〈易類〉著錄：

　　　《周易舉正》三卷，唐蘇州司戶參軍郭京撰。自言得王弼、韓康伯

〔註37〕同註15，第5頁。
〔註38〕同註15，第1頁。
〔註39〕同註15，第13頁。

> 手寫眞本，正其訛謬，凡一百三十五條。如〈坤〉初六〈象〉「履霜，
> 陰始凝也」，多「堅冰」二字；〈屯〉六二〈象〉「以從禽也」，闕「何」
> 字；〈頤〉「拂經」，當作「拂頤」；〈坎〉卦「習坎」上當有卦名之類，
> 皆於義爲長。〔註40〕

此褒揚郭書於王、韓《易》注有所舉正，「皆於義爲長」也。

同書著錄：

> 《易原》十卷，吏部尚書新安程大昌泰之撰。首論天地五十有五之
> 數，參之《河圖》、《洛書》大衍之異同，以爲此《易》之原也。以
> 及卦變、揲法皆有圖論，往往斷以己見，出先儒之外。〔註41〕

此褒譽程書之圖論，「往往斷以己見，出先儒之外」，謂其能發前人所未發也。

又著錄：

> 《周易玩辭》十六卷，太府卿松陽項安世平甫撰。……諸書皆有論
> 説，而《易》爲全書。……大抵程氏一於言理，盡略象數，而此書
> 未嘗偏廢；程氏於小象頗欠發明，而此書爻象尤貫通。蓋亦徧攷諸
> 家，斷以己意，精而博矣。〔註42〕

安世能徧考諸家，斷以己意，以補程頤《易傳》之闕，其書貫通爻象，精而
且博。振孫推譽各家《易》類之書，以此爲最高。

又著錄：

> 《易筆記》八卷、《總説》一卷，軍器少監新安王炎晦叔撰。……於
> 象數頗有發明。〔註43〕

王書「於象數頗有發明」，振孫亦揚譽之。

（二）貶抑方面

《解題》卷一、〈易類〉著錄：

> 《歸藏》三卷，晉太尉參軍薛貞注。案〈唐志〉十三卷，司馬膺注。
> 今惟存〈初經〉、〈本著〉、〈齊母〉三篇，錯謬不可讀，非古全書也。
> 〔註44〕

〔註40〕同註15，第 7 頁。
〔註41〕同註15，第 22 頁。
〔註42〕同註15，第 24 頁。
〔註43〕同註15，第 25 頁。
〔註44〕同註15，第 4 頁。

此書「錯謬不可讀」，又「非古全書」，故振孫貶斥之。

其書又著錄：

> 《元包》十卷，唐衛元嵩撰。……其書以八卦爲八篇首，而「一世」
> 至「歸魂」各附其下。……每卦之下，各爲數語，用意僻怪，文意
> 險澀，不可深曉。〔註45〕

此書「用意僻怪，文意陰澀」，難以深曉，故惡而貶之。

又著錄：

> 《周易意學》六卷，題齊魯後人陸秉撰。……其說多異先儒，穿鑿
> 無據。〔註46〕

此書「其說多異先儒，穿鑿無據」，亦斥責之。

又著錄：

> 《易說》三卷，丞相溫公涑水司馬光君實撰。雜說無詮次，未成書
> 也。〔註47〕

此書「雜說無詮次」，雖大賢司馬光所著，振孫亦不稍假貸而抨擊之。

參、結　語

綜上所論，則陳振孫亦擅於《易》，其《易》學著作，據周密《志雅堂
雜鈔》卷下、〈書史〉所載有《易解》、《繫辭錄》二種，惜皆亡佚；至其《解
題》卷一、〈易類〉著錄《易》學書籍九十種，均撰解題，內容富贍，且多
心得之語，固可視爲振孫研《易》之著作，故拙文研究振孫《易》學，每徵
考及之。

振孫《易》學之師承，迄無可考。然讀《解題》卷十八、〈別集類〉下
「《濟溪老人遺藁》一卷」條，振孫自記其父赴戊子秋試，李迎送詩有「籍
甚人言《易》已東」句，因悉其尊翁亦精《易》。振孫外曾祖父周行己，師
事程伊川，伊川撰《易傳》，不解〈大傳〉，行己撰《易講義》，則於辭、變、
象、占未嘗偏廢，固有以補其師之所未及。由是推知，振孫《易》學應源自
家學，其所撰《繫辭錄》，或效外曾祖所撰，亦擬補程氏《易傳》之闕耶？

振孫治《易》，若就其《解題》資料以徵求，略可考得其《易》學特色

〔註45〕同註15，第6頁。

〔註46〕同註15，第10頁。

〔註47〕同註15，第12頁。

與見地有四：重視《古易》，認爲有補於學者，一也；治《易》須博采眾說而附以己見，二也；注重《易》學之傳授源流，三也；對所著錄《易》書多作考論，或辨其眞僞，或證其闕失，四也。

　　振孫於歷代《易》學著作，其《解題》著錄中每寓褒貶，意見能深中肯綮，斯亦振孫研《易》之心得。賢如司馬溫公，所撰書「雜說無詮次」，振孫亦一秉公心，給以劣評。是則振孫於前人《易》著之抑揚，固非褒貶任聲者矣！

本文宣讀於民國九十六年（2007）十一月十七至十八日「第五屆中國經學研究會國際學術研討會」，原刊《第五屆中國經學國際學術研討會論文集》（2009 年 5 月）

陳振孫《書》學之研究

壹、緒　言

　　余攻治陳振孫及其《直齋書錄解題》用力頗勤，費時亦最久。初則探研其生平及著作，撰就並版行《陳振孫之生平及其著述研究》，〔註1〕以爲知人論世及鑽研直齋學術之根據；而近十數年來則絡繹撰作與出版《陳振孫之經學及其〈直齋書錄解題〉經錄考證》〔註2〕、《陳振孫之史學及其〈直齋書錄解題〉史錄考證》〔註3〕、《陳振孫之子學及其〈直齋書錄解題〉子錄考證》〔註4〕、《陳振孫之文學及其〈直齋書錄解題〉集錄考證》。〔註5〕其後又發表相關論文十餘篇，則收入拙著《碩堂文存三編》〔註6〕、《四編》〔註7〕、

〔註1〕　民國82年（1993）10月，臺北，文史哲出版社初版。後經修訂，2009年3月，臺北，花木蘭文化出版社再版，收入《古典文獻研究輯刊八編》。
〔註2〕　民國86年（1997）3月，臺北，里仁書局初版。後經修訂，2006年3月，臺北，花木蘭文化出版社再版，收入《古典文獻研究輯刊二編》。
〔註3〕　2006年9月，臺北，花木蘭文化出版社印行，收入《古典文獻研究輯刊三編》。
〔註4〕　2007年3月，臺北，花木蘭文化出版社印行，收入《古典文獻研究輯刊四編》。
〔註5〕　此書屬國家科學委員會民國87年度專題計劃，（NSC87-2411-H211-002），修訂完竣，將收入花木蘭文化出版社印行2010年3月印行之《古典文獻研究輯刊十編》中。
〔註6〕　《碩堂文存三編》收有〈近年來有關陳振孫及其著述研究之新探索〉。民國84年（1995）6月15日，臺北，里仁書局印行。
〔註7〕　《碩堂文存四編》收有〈陳振孫生卒年新考〉、〈劉貢父「不徹薑食」、「三牛三鹿」二語考——讀《直齋書錄解題》札記〉。民國90年（2001）元月，臺

《五編》〔註8〕、《六編》〔註9〕中。

民國九十六年（2007）十一月十七日至十八日舉行「第五屆中國經學研究會國際學術研討會」，余又以〈陳振孫《易》學之研究〉為題，謹就振孫之《易》學著作、《易》學淵源、《易》學特色與見地，及其對各家《易》學著作之評價等項撰就論文在會上宣讀。茲則略仍舊貫，下分「陳振孫之《書》學著作」、「陳振孫《書解》內容之推究」、「宋儒與陳振孫對《古文尚書》之辨偽及其淵源」、「陳振孫《書》學之特色與見地」四項，以撰作〈陳振孫《書》學之研究〉。

貳、本 論

一、陳振孫之《書》學著作

有關陳振孫著作，元人脫脫《宋史・藝文志》一無著錄，以迄清人黃虞稷、倪燦撰、盧文弨考訂之《宋史藝文志補》則僅著錄：

陳振孫《直齋書錄解題》五十六卷。今分二十二卷。〔註10〕

而其餘著作均付闕如。

關於振孫《書》學著作，宋人周密《志雅堂雜鈔》卷下、〈書史〉記載有三條，其一云：

直齋所著書有言《書解》一冊，《易解》、《繫辭錄》、《史鈔》。〔註11〕

案：周密字公謹，其父晉字明叔，與振孫過從甚密，振孫曾借閱其所藏〈張氏十詠圖〉，且跋而歸之。周密年輕時則嘗接聞振孫之道範謦欬，故對其生

北，文史哲出版社印行。

〔註8〕 《碩堂文存五編》收有〈讀陳振孫《直齋書錄解題》札記〉、〈讀陳振孫《直齋書錄解題》續札〉、〈讀陳振孫《直齋書錄解題・詩類》札記〉、〈讀陳振孫《直齋書錄解題・語孟類》札記〉、〈談「虹戶銑谿體」——讀《直齋書錄解題》札記〉、〈呂昭問小考——讀《直齋書錄解題》札記〉、〈尤袤與陳振孫之學術情緣〉、〈南宋有兩「陳振孫」——讀《陳容壙志》、《陳容墓誌銘》書後〉。民國93年（2004）9月15日，臺北，里仁書局印行。

〔註9〕 《碩堂文存六編》收有〈宋匪躬四考——讀《直齋書錄解題》札記〉、〈《陳振孫之經學及其〈直齋書錄解題〉經錄考證》增訂本後記〉、〈《陳振孫之史學及其〈直齋書錄解題〉史錄考證》後記〉。民國96年（2007）9月15日，臺北，花木蘭文化出版社印行。

〔註10〕 見《宋史藝文志・補・附編》，（上海：商務印書館，1957年12月初版），頁546。

〔註11〕 見《粵雅堂叢書》，第一集，《志雅堂雜鈔》卷下，清咸豐三年刻本，頁13A。

平及著述情事，知悉甚詳，拙著《陳振孫之生平及其著述研究》已考論及之。〔註12〕周密此條謂振孫著有《書解》一冊，所言應可信。

其二云：

> 子昂云：「高恥堂有《易說》、《詩》、《書解》之類尤好。」〔註13〕

案：此條所記之「子昂」，即趙孟頫。孟頫字子昂，湖州人，與周密同鄉里，年齒又相及。文中所言之「高恥堂」，即高斯得，《宋史》卷四百九、〈列傳〉第一百六十八有傳。其〈傳〉且載斯得有「《恥堂文集》行世」。〔註14〕至此條所云「《詩》、《書解》」，乃《詩解》、《書解》之省稱。《書解》，疑即前條所載之直齋《書解》也。

其三云：

> 姚子敬處有恥堂《易膚說》，又有《增損杜佑通典》，甚佳。其家只
> 有一本，恐難借出。又有唐仲友《兩漢精華》，有陳木齋《詩話鈔》、
> 直齋《書傳》、雪林《詩家糾繆》。〔註15〕

案：此條之「姚子敬」，《宋史》無傳，事迹無可考。惟有關高恥堂著作，《宋史》本傳寫作《詩膚說》、《增損刊正杜佑通典》。〔註16〕或恥堂既撰《易膚說》，又撰《詩膚說》；至所記有關杜佑《通典》者，則應同屬一書。又此條所載「直齋《書傳》」，疑與《書解》同，非爲二書也。

振孫《書解》亦有被稱作《尚書說》者，清人朱彝尊《經義考》卷八十三、〈書〉十二著錄：

> 陳氏振孫《尚書說》，佚。〔註17〕

《書解》、《尚書說》，二者應同屬一書。近人陳樂素撰《〈直齋書錄解題〉作者陳振孫》，謂《書解》與《尚書說》「未詳是否一書」，〔註18〕所言或過於矜

〔註12〕同注1，文史哲出版社本，第四章〈陳振孫之戚友與交游〉、第三節〈陳振孫學術上之友朋〉，頁301～306。

〔註13〕同注11，頁13B。

〔註14〕見脫脫《宋史》卷409、〈列傳〉第168〈高斯得〉，（臺北：鼎文書局，民國83年6月8版）頁12328。

〔註15〕同注11，頁14A。

〔註16〕同注14。

〔註17〕見《四部備要‧經部‧經義考》（上海：中華書局據揚州馬氏刻本校刊本），冊11，卷83，頁3A。

〔註18〕陳樂素文，發表於1946年11月20日《大公報‧文史周刊》。此處轉引自徐小蠻、顧美華點校本《直齋書錄解題》（上海：上海古籍出版社，1987年12月），附錄二，頁695～696。

愼矣！

　　據上所考，則振孫確撰有《書解》一冊，周密《志雅堂雜鈔》卷下、〈書史〉謂高恥堂、姚子敬均藏有之，其言可信。《書解》或稱《書傳》，亦稱《尚書說》，三者同書異名，否則，則書寫偶有錯誤耳。

二、陳振孫《書解》內容之推究

　　陳振孫撰《書解》一冊，南宋時猶存，元時袁桷尚得研讀之。嗣後，其書仍不絕如縷。清初朱彝尊《經義考》雖著錄有振孫《尚書說》（或即《書解》），而標明「佚」字，疑其時書已不復存此霄壤間矣！

　　振孫此書雖佚，竊以爲其書之內容似仍得以窺探端倪者。考袁桷《清容居士集》卷二十一、〈序‧龔氏四書朱陸會同序〉載：

> 《五經》專門之說不一，既定於石渠、鴻都，嗣後學者靡知有異同矣。……《書》別於今文古文，晉世相傳，馴致後宋時則有若吳棫氏、趙汝談氏、陳振孫氏疑焉，有考過千百年而能獨明者也。……至治二年八月辛未袁桷序。〔註19〕

同書卷二十八、〈墓誌銘‧劉隱君墓誌銘〉又載：

> 《五經》之學，由宋諸儒先緝續統緒，《詩》首蘇轍，成鄭樵；《易》首王洙，東萊呂祖謙氏後始定十二篇；胡宏氏辨《周官》，余廷椿乃漸次第；《書》有古文今文，陳振孫掇拾援據，確然明白，言傳心者猶依違不敢置論。〔註20〕

案：袁桷字伯宗，生於南宋度宗迄元泰定帝時，《元史》卷一百七十二、〈列傳〉第五十九有傳。其〈傳〉謂：「桷在詞林，朝廷制冊，勳臣碑多出其手。所著有《易說》、《春秋說》、《清容居士集》。泰定四年（1327）卒，年六十一。」〔註21〕是桷既善屬文，兼研治經學，其年代又距振孫匪遙，故其所考論直齋治《書》學之言必有依據，應可相信。

　　如上所推論，袁桷所言既可信，據之以推究《書解》，則振孫之書，其內容必有考證及《尚書》今、古文與其眞僞者。惟《書解》已亡，余不獲已，

〔註19〕見《景印文淵閣四庫全書》（臺北：臺灣商務印書館，民國 75 年），第 1203 冊，卷 21，頁 286～287。

〔註20〕同注 19，頁 380～381。

〔註21〕見宋濂等《元史》卷 172、〈列傳〉第 59〈袁桷〉（臺北：鼎文書局，民國 82 年 10 月 7 版），頁 4025～4026。

頗擬據《直齋書錄解題》（以下簡稱《解題》）卷二、〈書類〉所載資料以推究之，庶或可求得《書解》內容之一二。

考《解題》卷二、〈書類〉所著錄書籍，凡二十九種，欲藉之以推考《書解》內容，則以其中第一種「《尚書》十二卷、《尚書注》十三卷」條至為重要。茲不妨分段迻錄之，並試予闡說，以作推究《書解》之依據。

《解題》卷二、〈書類〉「《尚書》十二卷、《尚書注》十三卷」條〔註22〕載：

> 漢諫議大夫魯國孔安國傳。初，伏生以《書》教授，財二十九篇，以〈舜典〉合於〈堯典〉，〈益稷〉合於〈皋陶謨〉，〈盤庚〉三篇合為一，〈康王之誥〉合於〈顧命〉，實三十四篇。

案：此乃振孫考伏生《今文尚書》之篇數。謂《今文尚書》「財二十九篇」，如釋出〈舜典〉、〈益稷〉、〈康王之誥〉，則增多三篇；〈盤庚〉分為三，又多出二篇，是共增五篇。二十九加五，故《今文尚書》「實三十四篇」。

又載：

> 及安國考論魯壁所藏，始出〈舜典〉諸篇，又定其可知者，增多二十五篇，引〈序〉以冠諸篇之首，定為五十八篇。

案：此條考論魯壁所藏《古文尚書》篇數。振孫認為既經孔安國考論之《古文尚書》，其內實已有〈舜典〉、〈益稷〉、〈康王之誥〉等文，是《今文尚書》所訂三十四篇均在安國所見《古文尚書》內。惟《古文尚書》另多出《今文尚書》所闕之二十五篇，是則安國所見《古文》，合〈序〉而言，凡五十九篇。後安國引〈序〉冠每篇之首，改定為五十八篇，斯則安國考論原藏魯壁《古文尚書》實況也。

又載：

> 雖作《傳》既成，會巫蠱事作，不復以聞，故未嘗列於學官，世亦莫之見也。

案：此言孔安國據《古文尚書》以作《傳》，而遇巫蠱事，乃無以聞。其學既不列學官，所為《傳》，「世亦莫之見」。考《漢書・武帝紀》，固知巫蠱事發生於征和二年（西元前92年）秋七月，〔註23〕是安國獻《孔傳》事，在巫蠱

〔註22〕此條載見徐小蠻、顧美華點校《直齋書錄解題》，頁26～27。

〔註23〕事見班固《漢書》卷6、〈武帝紀〉第6（臺北：鼎文書局，民國84年1月8版），頁208～209。

事發前。

又載：

> 考之〈儒林傳〉，安國以《古文》授都尉朝，弟弟相承，以及塗惲、
> 桑欽；至東都，則賈逵作《訓》，馬融、鄭康成作《傳》、《注解》，
> 而逵父徽實受《書》於塗惲，逵傳父業，雖曰遠有源流，然而兩漢
> 名儒皆未嘗實見孔氏《古文》也。

案：此乃據《漢書・儒林傳》、《後漢書・儒林列傳》及孔穎達《尚書正義》
以考兩漢《古文尚書》之授受，振孫並謂其間雖「遠有源流」，然「兩漢名儒
皆未嘗實見孔氏《古文》」，蓋以其書既深藏石渠、鴻都中，即當世名儒亦莫
能得而見之矣！

又載：

> 豈惟兩漢，魏、晉猶然，凡杜征南以前所注經傳，有援〈大禹謨〉、
> 〈五子之歌〉、〈胤征〉諸篇，皆云《逸書》；其援〈泰誓〉者，則云
> 今〈泰誓〉無此文，蓋伏生《書》亡〈泰誓〉，〈泰誓〉後出。或云
> 武帝末民有獻者，或云宣帝時，河內女子得之，所載白魚火烏之祥，
> 實偽書也。然則馬、鄭所解，豈眞《古文》哉！故孔穎達謂賈、馬
> 輩惟傳孔學三十三篇，即伏生《書》也，亦未得爲孔學矣。

案：此言即魏、晉經師亦皆未得見孔氏《古文》，故凡杜預前所注《左傳》有
引古文〈大禹謨〉、〈五子之歌〉、〈胤征〉、〈泰誓〉者，恐皆爲偽書也；即賈、
馬、鄭玄所傳注，亦僅能據伏生《書》三十三篇（即《今文經》），而非孔氏
《古文》（即增多之二十五篇）。〈泰誓〉又後出，原非伏《書》所有，故其所
載「白魚火烏之祥」，實偽書也。

又載：

> 穎達又云：「王肅注《書》，始似竊見孔《傳》，故於亂其紀綱以爲。
> 太康時，皇甫謐得《古文尚書》於外弟梁柳，作《帝王世紀》往往
> 載之。蓋自太保鄭沖授鄭愉，愉授梁柳，柳授臧曹，曹授梅賾，賾
> 爲豫章內史，奏上其《書》，時已亡〈舜典〉一篇。至齊明帝時，
> 有姚方興者，得於大航頭而獻之。隋開皇中搜索遺典，始得其篇。
> 夫以孔注歷漢末無傳，晉初猶得存者，雖不列學官，而散在民間故
> 耶？」

案：振孫此處所引「穎達又云」之文，實取自穎達《尚書注疏・虞書》疏，

而內容則有刪略，文字亦多所異同。〔註 24〕是則穎達固誤以王肅所竊見之孔《傳》爲眞孔《傳》、皇甫謐所得之《古文尚書》爲眞《古文》矣！

又載：

> 然終有可疑者，余嘗辨之。

案：是振孫不信孔穎達之言，而終疑魏、晉後所流傳《古文尚書》與孔《傳》爲僞，故撰就《書解》以辨之。余嘗竊考曾得讀振孫《書解》之袁桷所撰文，其一則曰：「《書》別於今文古文，……陳振孫氏疑焉，有考過千百年而能獨明者也。」此殆袁氏推譽振孫能疑古文之僞，謂其於千百年後考之而能獨明也。其二則曰：「《書》有今文古文，陳振孫氏掇拾援據，確然明白。」此則不惟謂振孫能考《古文》之僞，且掇拾資料，援以爲據，以證《今文》之眞，而《古》、《今》文兩者之考，皆「確然明白」。由是推之，足見振孫《書解》之內容，實涵蓋考辨《尚書》今、古文及其眞僞，而非僅獨辨古文之僞而已也。

振孫已明言魏、晉後所傳《古文尚書》爲可疑，並嘗辨之。至其所撰《書解》內容有考及《今文尚書》爲眞者，斯則仍可覓取相關旁證以申說之。《解題》卷二、〈書類〉著錄：

> 《南塘書說》三卷，趙汝談撰。疑古文非眞者五條。朱文公嘗疑之，
> 而未若此之決也。然於伏生所傳諸篇亦多所掊擊觝排，則似過甚。
>
> 〔註25〕

案：此條於前既讚揚汝談疑古文非眞，謂其勇決有過於朱子者；然後半乃責其於伏生今文「多所掊擊觝排」，「則似過甚」。以是觀之，振孫於《今文尚書》之眞，固堅信不疑，且情見乎辭矣！故余謂《書解》之內容必有考論及此者。

綜上所推考，則振孫《書解》一書，內容應甚富贍，惜書既亡，故亦不可具悉。竊以爲其書必有考及今、古文之篇章與篇數、伏生《書》與孔《傳》、今、古文之授受，並著重考證僞古文與眞今文者。余據《解題》所載及袁桷《清容居士集》相關資料，以推究振孫《書解》內容如上，尚希能不遠於事實。

三、宋儒與陳振孫對《古文尚書》之辨僞及其淵源

宋儒疑《古文尚書》之僞，朱彝尊謂始於宋人吳棫。朱撰《經義考》卷八十、〈書〉九著錄：

〔註24〕見阮元《重刊宋本尚書注疏附校勘記》，（嘉慶二十年江西南昌府學開雕本）〈堯典〉第一，頁 3B。
〔註25〕同注 20，頁 34。

　　吳氏棫《書裨傳》，〈宋志〉十二卷，《授圖經》十三卷。未見。《一
　　齋書目》有之。王明清曰：「吳棫才老，舒州人。」……按：說《書》
　　疑古文者自才老始，其書《荍竹堂目》尚存。〔註26〕
是其證。《書裨傳》一書，《解題》卷二、〈書類〉著錄：
　　《書裨傳》十三卷，太常丞建安吳棫才老撰。首卷舉要曰〈總說〉，
　　曰〈書序〉，曰〈君辨〉，曰〈臣辨〉，曰〈考異〉，曰〈詁訓〉，曰
　　〈差牙〉，曰〈孔傳〉，凡八篇。考據詳博。〔註27〕
吳棫，《宋史》無傳。清陸心源《宋史翼》卷二十四、〈列傳〉第二十四、〈儒
林〉二載棫「紹興間始除太常丞」，〔註28〕則棫乃南宋高宗時人。竊疑其書
八篇中，如〈總說〉、〈書序〉、〈孔傳〉諸篇皆應考及《古文尚書》之僞者，
故振孫譽棫「考據詳博」。而朱子早於振孫，亦盛推才老書。朱子曰：「吳才
老《書解》，徽州刻之。才老於考究上極有功夫，只是義理上看得不仔細。」
又曰：「吳才老說〈胤征〉、〈康誥〉、〈梓材〉等篇，辨證極好，但已看破〈小
序〉之失，而不敢勇決，復爲〈序〉文所牽，殊覺費力耳！」〔註29〕朱子所
言才老「考究上極有功夫」，直齋與之所見同；又謂其「辨證極好，但已看
破〈小序〉之失」，蓋朱子此說，大抵多就才老辨《古文》之僞而作推譽，
惟亦嫌其「義理看得不仔細」，又「不敢勇決，復爲〈序〉文所牽」，則朱子
之分析甚翔實，所考較直齋爲細密。
　　宋人《古文尚書》辨僞工作，朱子實繼吳棫後，其所考論之成果，均見
《晦庵書說》中。此書由弟子黃士毅所集成。《解題》卷二、〈書類〉著錄：
　　《晦庵書說》七卷，朱熹門人黃士毅集其師說之遺，以爲此書。……
　　又嘗疑孔安國《傳》恐是假，《書小序》決非孔門之舊，安國〈序〉
　　決非西漢文章；至謂與《孔叢子》、《文中子》相似，則豈以其書出
　　於東晉之世故耶？非有絕識獨見不能及此。至言《今文》多艱澀，
　　《古文》多平易，伏生倍文暗誦，乃偏得其所難，而安國考定於科
　　斗古書錯亂磨滅之餘，反專得其所易，此誠有不可曉者。〔註30〕
據是，則知朱子所辨僞，既謂孔《傳》、〈書小序〉皆不可靠；安國〈尚書序〉

〔註26〕同注17，冊11，卷80，頁5B～6A。
〔註27〕同注20，頁30。
〔註28〕見陸心源《宋史翼》（北京：中華書局，1991年12月第一版），頁255。
〔註29〕同注26，「吳氏棫《書裨傳》」條引。
〔註30〕同注20，頁32。

非西漢文章；又謂《今文》艱澀，《古文》平易，伏生背誦偏得其難，安國考定古書於錯亂磨滅之餘，而反專得其所易，此誠至不可曉。是朱子識見之透徹，與立論之勇決，遠出才老之上，無怪振孫許爲「非有絕識獨見不能及此」。由是推之，則振孫撰《書解》以考究《古文》之偽，或可推遠本於吳才老，然深究其主要淵源，實導自朱文公者矣！

趙汝談字履常，號南塘。所撰《南塘書說》三卷亦辨《書》今、古文之真偽，《解題》有著錄，前已引及之，茲不再錄。汝談，宋孝宗時人。《宋史》卷四百一十三、〈列傳〉第一百七十二有傳。其〈傳〉謂「汝談天資絕人，沉思高識，自少至老，無一日去書冊。其論《易》，以爲爲占者作；《書》〈堯〉、〈舜〉二典宜合爲一，禹功只施於河洛，〈洪範〉非箕子之作；《詩》不以〈小序〉爲信；《禮記》雜出諸生之手；《周禮》宜傳會女主之書。要亦卓絕特立之見」。〔註 31〕據是，汝談固遍通群經，而尤深於《書》者。振孫譽其疑古文非真，雖朱子亦未及其勇決。袁桷亦將之與才老、直齋並稱，謂其所考《書》今、古文，皆「有考過百年而能獨明者」。〔註 32〕其後余又得讀劉後村序〈趙虛齋注莊子內篇〉，曰：「往歲水心葉公講學，析理多異先儒，《習學記言》初出，南塘趙公書抵余曰：『葉猶是同中之異，如某則真異耳！』余駭其言而未見其書也。端平初，余爲玉牒所主簿，葉爲卿，攝郡右銓，趙爲侍郎，朝夕相親，稍窺平生論著。于《書》、《易》皆出新義，雖伊、洛之說不苟隨，惟《詩》與朱子同。且語余曰：『莆人惟鄭漁仲善讀書，子可繼之，勿爲第二流人。』余謝不敢當。」〔註 33〕觀此，足證南塘治經多出新義，不肯爲第二流人。振孫撰《書解》亦在敢疑，至其求新與勇決，應亦有淵源南塘者，故趙、陳二人治《尚書》，所獲業績，亦彼此相埒也。

綜上所考，則振孫於《古文尚書》之辨偽，固與吳、朱、趙三人爲同道，而其淵源朱、趙之迹，似猶斑斑可考也。

四、陳振孫《書》學之特色與見地

陳振孫《書》學之特色，上言及其在辨偽方面已表現出敢疑、求新與勇

〔註 31〕 見脫脫《宋史》卷 413、〈列傳〉第 172〈趙汝談〉，（臺北：鼎文書局，民國83 年 6 月 8 版）頁 12396。

〔註 32〕 同注 19。

〔註 33〕 見王梓材、馮雲濠撰《宋元學案補遺》（臺北：世界書局，民國 63 年 7 月再版），卷 69，〈滄州諸儒學案補遺上・補文懿趙南塘先生汝談〉，頁 2470。

決，茲無妨再據《解題》舉例，以證成其治《書》學仍有其他特色與見地。

（一）對與《書》學相關著作之真偽表示高度懷疑

振孫治《書》敢疑，不惟體現於《古文尚書》與孔《傳》上，其對與《書》相關著作之真偽，亦多存疑，且每辨其不足信。《解題》卷二、〈書類〉著錄：

> 《汲冢周書》十卷，晉五經博士孔晁注。太康中，汲郡發魏安釐王冢所得竹簡書，此其一也。今京口刊本，以〈序〉散在諸篇，蓋以倣孔安國《尚書》。相傳以為孔子刪書所餘者，未必然也。文體與古書不類，似戰國後人依倣為之者。〔註34〕

此辨《汲冢周書》非孔子刪書所餘，以其文體與古書不類，遂疑為「似戰國後人依倣為之者」。

又著錄：

> 《古三墳書》一卷，元豐中，毛漸正仲奉使京西，得之唐州民舍。其辭詭誕不經，蓋偽書也。《三墳》之名，惟見於《左氏》右尹子革之言。蓋自孔子定書，斷自唐、虞以下，前乎唐、虞，無證不信，不復采取，於時固以影響不存，去之二千載，而其書忽出，何可信也？況皇謂之「墳」，帝謂之「典」，皆古史也，不當如毛所錄，其偽明甚。人之好奇，有如此其僻者，晁公武云張商英偽撰，以比李筌《陰符經》。〔註35〕

此辨《古三墳書》乃偽書，其辭詭誕不經，固明證矣！況孔子定書時，此書已影響不存乎？去之二千載而書忽出，何可信耶？至晁公武謂乃張商英偽撰，晁說見《郡齋讀書志》卷第四〈經解類〉「《三墳書》七卷」條，不備錄。

又著錄：

> 《尚書精義》六十卷，三山黃倫彝卿編次。或書坊所託。〔註36〕

此又疑《尚書精義》乃書坊偽託，非黃倫編次。是振孫所疑之書固不少，所辨言而有據，可昭徵信。

（二）主張治《書》須博極群書，長於考訂

《解題》卷二、〈書類〉著錄：

> 《石林書傳》十卷，尚書左丞吳郡葉夢得少蘊撰。博極群書，彊記

〔註34〕同注20，頁28。
〔註35〕同注20，頁28～29。
〔註36〕同注20，頁33。

絕人。《書》與《春秋》之學，視諸儒最爲精詳。〔註37〕

此推譽夢得「博極群書，彊記絕人」，故所撰《石林書傳》最爲精詳。

又著錄：

> 《二典義》，尚書左丞山陰陸佃農師撰。爲王氏學，長於考訂。待制
> 游，其孫也。〔註38〕

振孫每醜詆王安石，陸佃雖「爲王氏學」，然所撰《二典義》，探究〈堯典〉、
〈舜典〉義，而能「長於考訂」，振孫仍肯定之。

又著錄：

> 《書辨訛》七卷，樞密院編修官鄭樵漁仲撰。其目曰〈糾繆〉四，〈闕
> 疑〉一，〈復古〉二。樵以遺逸召用，博物洽聞，然頗迂僻。居莆之
> 夾漈。〔註39〕

漁仲治學雖迂僻，然博物洽聞，故亦稱讚之。又前引吳棫撰《書裨傳》十三
卷，其書「考據詳博」，振孫亦視之爲棫書優點也。

又著錄：

> 《無垢尚書詳說》五十卷，禮部侍郎錢塘張九成子韶撰。無垢諸經
> 解，大抵援引詳博，文義瀾翻，似乎少簡嚴，而務欲開廣後學之見
> 聞，使不墮於淺狹，故讀之者亦往往有得焉。〔註40〕

九成書「援引詳博，文義瀾翻」，雖少簡嚴，亦賞譽之，以讀其書者每有所得
也。

（三）主張治《書》須不詭隨前人傳注，惟亦不應主觀獨斷

《解題》卷二、〈書類〉著錄：

> 《禹貢論》二卷、《圖》二卷，程大昌撰。凡論五十三篇，後論八篇，
> 圖三十一。其於江、河、淮、漢、濟、黑、弱水七大川，以爲舊傳
> 失實，皆辨證之。淳熙四年上進。宇宙廣矣，遠矣，上下數千載，
> 幅員數萬里，身不親歷，耳目不親聞見，而欲決於一心，定於一說，
> 烏保其皆無牴牾？然要爲卓然不詭隨傳註者也。〔註41〕

程氏《禹貢論》，成於宋孝宗淳熙四年（1177），所著書能不詭隨前人傳註，振

〔註37〕同注20，頁30。
〔註38〕同上注。
〔註39〕同上注。
〔註40〕同注20，頁31。
〔註41〕同上注。

孫以「卓然」二字褒之。然於其治此書時，未經考察調查，而「欲決於一心，定於一說」，治學態度不免流於主觀獨斷，振孫亦大不以爲然。

以上據《解題》資料以推考振孫治《書》之特色，所得者三：即對與《書》學相關著作之眞僞表示高度存疑，一也；治《書》須博極群書，長於考訂，二也；治《書》須不詭隨前人傳注，惟亦不主觀獨斷，三也。上述三項特色，想亦爲振孫《書解》所具備。

振孫治《書》除具上述三項特色外，猶有下列若干見地，茲不妨仍據《解題》以資探研，並略申管見如下：

1. 治《書》須注重版本，並覓求善本

《解題》卷二、〈書類〉著錄：

> 《汲冢周書》十卷，晉五經博士孔晁注。……今京口刊本，以〈序〉散在諸篇，蓋以倣孔安國《尚書》。〔註42〕

此言《汲冢周書》有京口刊本，並謂其書特色乃以〈序〉散在諸篇，殆倣孔安國《古文尚書》也。

又著錄：

> 《東萊書說》十卷，呂祖謙撰。……世有別本全書者，其門人續成之，非東萊本書也。〔註43〕

此言《東萊書說》有別本全書，乃門人續成者，與此書不同。

又著錄：

> 《尚書大傳》四卷，漢濟南伏勝撰。大司農北海鄭康成注。凡八十有三篇。……印板刓缺，合更求完善本。〔註44〕

此言書「印板刓缺」，宜另求完善本。是皆振孫治《書》重視版本之證。

2. 訓釋《尚書》不可彊通

《解題》卷二、〈書類〉著錄：

> 《晦庵書說》七卷，朱熹門人黃士毅集其師說之遺，以爲此書。晦庵於《書》一經獨無訓傳，每以爲錯簡脫文處多，不可彊通。呂伯恭《書解》不可彊通者，彊欲通之。嘗以語伯恭而未能改也。〔註45〕

〔註42〕同注20，頁28。
〔註43〕同注20，頁31。
〔註44〕同注20，頁28。
〔註45〕同注20，頁32。

此條之「呂伯恭」，指呂祖謙；《書解》，即前引之《東萊書說》。伯恭解《書》，每於不可彊通處，仍彊欲通之，朱子規之而未能改。振孫最傾倒朱子，此條所載如此，固可推悉其亦不以伯恭所爲爲允也。

3. 評《書》有透露其政治主張者

《解題》卷二、〈書類〉著錄：

> 《書義》十三卷，侍講臨川王雱元澤撰。其父安石序之曰：「熙寧三年，臣安石以《尚書》入侍，遂與政。而子雱實嗣講事，有旨爲之説以進。八年，下其説太學頒焉。」雱蓋述父之學。王氏《三經義》，此其一也。初，熙寧六年，命知制誥呂惠卿充修撰經義，以安石提舉修定。又以安石子雱、惠卿弟升卿爲修撰官。八年，安石後入相，新傳乃成，雱蓋主是經者也。王氏學獨行於世者六十年，科舉之子熟於此乃合程度。前輩謂如脫墼然，案其形模而出之爾。士習膠固，更喪亂乃已。〔註46〕

振孫於王安石及其新政，深表不滿。此條記述其子王雱《書義》成書經過甚詳，惟毫不掩飾謂安石將《三經義》用於科舉，以箝制學術，膠固士習，爲禍之烈達六十年，延至高宗南渡後乃已。振孫反對王氏之政治主張固甚明顯，而抨擊之言亦至猛烈。

4. 評論《書類》書籍，亦有借題發揮，隱約批評時政者

《解題》卷二、〈書類〉著錄：

> 《東坡書傳》十三卷。其於〈胤征〉，以爲羲和貳於羿，而忠於夏；於〈康王之誥〉，以釋衰服冕爲非禮。曰：「予於《書》見聖人之所不取，而猶存者有二。」可謂卓然獨見於千載之後者。又言：「昭王南征不復，穆王初無憤恥之意，哀痛惻怛之語；平王當傾覆禍敗之極，其書與平康之世無異，有以知周德之衰，而東周之不復興也。」嗚呼！其論偉矣。〔註47〕

此條力崇東坡評〈胤征〉、〈康王之誥〉，所論至當，以爲乃「卓然獨見於千載之後者」；其後又藉東坡評昭王、穆王、平王史事，以影射靖康之難，及徽、欽二帝之北狩，暗示宋高宗「初無憤恥之意，哀痛惻怛之語」；至宋室南渡，「當傾覆禍敗之極」，統治者猶與居「平康之世無異」，乃知「宋」德之衰，

〔註46〕同注20，頁29。
〔註47〕同注20，頁29～30。

而「南宋」之不可復興也。全篇借題發揮，所批評矛頭則隱然指向高宗。

　　5.《解題》評論中，另有隱約揭露宋高宗與秦檜間不尋常關係者

《解題》卷二、〈書類〉著錄：

> 《陳博士書解》三十卷，禮部郎中陳鵬飛少南撰。秦檜子熺嘗從之
> 遊。在禮部時，熺爲侍郎，文書不應令，鵬飛輒批還之。熺浸不平。
> 鵬飛說書崇政殿，因論《春秋》母以子貴，言《公羊》說非是。檜
> 怒，謫惠州以沒。今觀其書，紹興十三年所序，於〈文侯之命〉，其
> 言驪山之禍，申侯啓之，平王感申侯之立己，而不知其德之不足以
> 償怨；鄭桓公友死於難，而武公復娶於申。君臣如此，而望其振國
> 恥，難矣。嗚呼！其得罪於檜者，豈一端而已哉！〔註48〕

此條乃藉陳鵬飛解說〈文侯之命〉之辭，隱約揭露高宗與秦檜間不尋常關係。
平王、武公者，暗喻宋高宗；申侯者，暗喻秦檜；鄭桓公者，暗喻徽、欽二帝。
高宗市恩於秦檜，置父、兄北狩之辱於腦後，優遊歲月，不振國恥。《解題》曰：
「君臣如此，而望其振國恥，難矣。」此數句雖爲陳鵬飛〈序〉中語，實乃振
孫借以抒發一己憤懣者。是則振孫憂國傷時之衷懷，固已形諸楮墨間矣！

　　6. 評《書》學著作，每寓其褒貶之見，間亦評論及撰者之為人

　　振孫對歷代《書》學著作，於《解題》書中，每有褒貶之評論，本文前已
引述及其謂蘇軾《東坡書傳》「可謂卓然獨見於千載之後者」；謂陸佃《二典義》
「視諸儒最爲精詳」；謂吳棫《書裨傳》「考據詳博」，斯皆褒譽之例也。至謂王
雱《書義》用於科舉以膠固士習，使治《書》者「如脫罫然，案其形模而出之」；
謂鄭樵《書辨訛》「頗迂僻」；謂程大昌撰《禹貢論》，「身不親歷，耳目不親聞
見，而欲決於一心，定於一說，烏保其皆無牴牾」；至趙汝談《南塘書說》，則
「於伏生所傳諸篇亦多所掊擊觝排，則似過甚」，斯又其貶斥之例也。

　　然振孫治《書》褒貶之見，於《解題》中猶有可述者。《解題》卷二、〈書
類〉著錄：

> 《尚書講義》三十卷，參政金壇張綱彥正撰。政和四年上舍及第，
> 釋褐授承事郎，以三中首選，除太學官。其仕三朝，歷蔡京、王黼、
> 秦檜三權臣，皆不爲之屈。紹興末乃預政，年八十四而終。此書爲
> 學官時作。〔註49〕

〔註48〕同注20，頁30～31。
〔註49〕同注20，頁32。

此條既考及張書乃任學官時所作，又襃譽其爲人不畏權臣也。

又著錄：

> 《書說》七卷，禮部尚書會稽黃度文叔撰。度篤學窮經，老而不倦。
> 晚年制閫江淮，著述不輟，時得新意，往往晨夜叩書塾，爲友朋道
> 之。〔註50〕

此條推譽黃文叔「篤學窮經，老而不倦」，又謂其著述不輟，「時得新意」，往往「爲友朋道之」，斯則讚美文叔能追求朋友間切磋琢磨之樂也。

又著錄：

> 《柯山書解》十六卷，柯山夏僎元肅撰。集二孔、王、蘇、陳、林、
> 程頤、張九成及諸儒之說，便於舉子。〔註51〕

此又謂元肅之書能集諸家大成，材料齊備，「便於舉子」考試參研也。

參、結　論

二年前，余既撰就〈陳振孫《易》學之研究〉，今又以〈陳振孫《書》學之研究〉爲題撰成此篇。周密《志雅堂雜鈔》卷下、〈書史〉載振孫所著書有《書解》、《易解》、《繫辭錄》，則振孫固擅《易》、《書》等經學，且有著述傳世也，其《書解》一書，高斯得、姚子堂輩猶收藏有之。惟《書解》其後不知所蹤，雖博涉群書如朱彝尊亦無緣得見，所撰《經義考》云其書已佚，是《書解》或散佚於清初前矣。

有關《書解》之內容，余據《解題‧書類》之材料，暨袁桷《清容居士集》所收〈龔氏四書朱陸會同序〉、〈劉隱君墓誌銘〉二文以作推究。大抵《書解》以考證《今文尚書》、《古文尚書》之眞僞爲主，間亦考及二書於兩漢、魏晉間之授受源流。因原書已佚，上述推究之論，亦未敢確信其無訛也。

振孫對《古文尚書》之辨僞，固上承吳棫，《解題》卷二、〈書類〉著錄才老所撰《書裨傳》十三卷，譽其「考據詳博」。惟振孫《書》學，則實淵源於朱子。《解題》中評論《晦庵書說》，認爲朱子辨僞確當，「非有絕識獨見不能及此」。至趙汝談疑古文非眞，振孫服其「勇決」，惟於汝談掊擊觝排今文，並疑其非眞，振孫則大不以爲然。

振孫《書》學仍有三點特色，如對《書》學相關著作之眞僞表示高度存

〔註50〕同注20，頁33。
〔註51〕同注20，頁33～34。

疑，一也；主張治《書》須博極群書，長於考訂，二也；又治《書》須不詭隨前人傳注，亦不應主觀獨斷，三也。

振孫治《書》尚有六點見地，如主張治《書》須注重版本，並覓求善本，一也；訓釋《尚書》不可彊通，二也；治《書》於評論間透露其政治主張，三也；評論〈書類〉書籍，借題發揮，隱約批評時政，四也；《解題》評論文詞中，隱約揭露宋高宗與秦檜間不尋常關係，五也；對歷代《書》學著作作評論，《解題》中每寓褒貶之見，間亦評論及撰者之爲人，六也。

上述有關振孫《書》學之特色與見地，拙文中均列舉例證，一一闡釋說明之。

民國九十八年（2009）四月二日撰於華梵大學東方人文思想研究所

本文 2010 年 5 月 27～28 日宣讀於香港浸會大學中國語言文學系、中央研究院中國文哲研究所合辦之「中日韓經學國際學術研討會」，後經修訂，刊載《新亞論叢》2001 年總第十一期（2010 年 8 月）

讀陳振孫《直齋書錄解題‧詩類》札記

　　余近十餘年來均致力於陳振孫及其《直齋書錄解題》（以下簡稱《解題》）之研究，先後撰就《陳振孫之生平及其著述研究》、《陳振孫之經學及其〈直齋書錄解題〉經錄考證》、《陳振孫之史學及其〈直齋書錄解題〉史錄考證》、《陳振孫之子學及其〈直齋書錄解題〉子錄考證》、《陳振孫之文學及其〈直齋書錄解題〉集錄考證》五書。其第一、二種，年前已出版面世；其後之三種，則猶待校讎補訂，以期盡善，始謀付印。

　　去歲春假以還，每於課餘重溫《解題》以遣岑寂。竟發現其間仍有不少餘義有待於深入鑽研與闡發者。爰效古人撰作讀書札記之體例，將一己心得與研究成果，陸續寫成札記。凡所撰作，自信皆足補前五書之未逮，亦有可匡正五書之舛誤及前人研治《解題》之闕失者。近日《新亞論叢》第四輯籌備出版，辱承邀稿，謹選出《解題‧詩類》札記共九則，整理成文以應所請。不賢識小，自知管見所及未盡允愜，文中瑕纇所在多有，尚祈學術界先進、目錄學同道不吝賜正。

壹、《毛詩故訓傳》非漢河間王博士趙人毛公撰，兼考毛萇即小毛公

　　陳振孫《解題》卷二〈詩類〉「《毛詩》二十卷、《毛詩故訓傳》二十卷」條云：

> 《毛詩》二十卷、《毛詩故訓傳》二十卷，漢河間王博士趙人毛公撰，
> 後漢大司農鄭康成箋。漢初，齊、魯、韓三家並行，而毛氏後出，
> 獨河間獻王好之，未得立。其後三家皆廢，而毛獨傳，故曰《毛詩》。

毛公者，有大毛公、小毛公。案：《後漢・儒林傳》稱毛萇傳《詩》，
而孔氏《正義》據鄭《譜》云：「魯人大毛公爲《詁訓傳》於其家，
河間獻王得而獻之，以小毛公爲博士。」則未知萇者大毛公歟？小
毛公歟？

案：劉宋范曄《後漢書》卷七十九下〈儒林列傳〉第六十九下稱「趙人毛萇
傳《詩》，是爲《毛詩》」；唐孔穎達《毛詩正義》「〈毛詩國風・疏〉」謂「《譜》
云：『魯人大毛公爲《詁訓傳》於其家，河間獻王得而獻之，以小毛公爲博
士。』」是爲《解題》所本。然振孫則擾攘於二者之間，竟猶豫莫決。既不敢
斷《詁訓傳》（即《毛詩故訓傳》，故與詁通）之作者確爲誰氏，而僅稱「漢
河間王博士趙人毛公」；又不敢判毛萇之究屬大毛公或小毛公，而於文中僅示
以疑詞。考清紀昀《四庫全書總目》卷十五〈經部〉十五〈詩類〉一「《毛詩
正義》四十卷」條則有較精闢之論述，足袪振孫所疑。紀氏云：「案《漢書・
藝文志》：《毛詩》二十九卷、《毛詩故訓傳》三十卷。然但稱毛公，不著其名。
《後漢書・儒林傳》始云：『趙人毛長傳《詩》，是爲《毛詩》。』其長字不從
艸。〔註1〕《隋書・經籍志》載：『《毛詩》二十卷，漢河間太守毛萇傳，鄭玄
箋。』於是《詩傳》始稱毛萇。然鄭玄《詩譜》曰：『魯人大毛公爲《訓詁傳》
〔註2〕於其家，河間獻王得而獻之，以小毛公爲博士。』陸璣《毛詩草木蟲魚
疏》並云：『孔子刪《詩》授卜商，商爲之〈序〉，以授魯人曾申，申授魏人
李克，克授魯人孟仲子，仲子授根牟子，根牟子授趙人荀卿，荀卿授魯國毛
亨，毛亨作《訓詁傳》，以授趙國毛萇。時人謂亨爲大毛公，萇爲小毛公。』
據是二書，則作《傳》者乃毛亨，非毛萇。」觀紀氏之言，則振孫所猶疑莫
決者應得其解矣。萇爲小毛公，趙國人。《毛詩故訓傳》二十卷乃大毛公所撰。
是故《解題》誤題爲「漢河間王博士趙人毛公撰」者，固應更作「魯人毛亨
撰」也。

貳、鄭玄《詩譜》舊注乃徐整、太叔裘合撰

《解題》卷二〈詩類〉「《詩譜》三卷」條云：

《詩譜》三卷，漢鄭康成撰，歐陽修補亡。其〈序〉云：「慶曆四年

〔註1〕案：臺灣商務印書館《百衲本二十四史》景印宋紹興刊本《後漢書》作「毛
萇」，其長字從艸。紀昀《四庫全書總目》此說恐誤。
〔註2〕鄭玄《詩譜》原作「《詁訓傳》」。

至絳州得之，有注而不見名氏。〈譜序〉自『周公致太平』已上皆亡
之，取孔氏《正義》所載補足之，因爲之注。自此以下即用舊注，
考《春秋》、《史記》，合以毛、鄭之說，補《譜》之亡者，於是其書
復完。」

案：《解題》此條所言〈序〉，乃指歐陽修〈詩譜補亡後序〉；所言〈譜序〉，
乃指鄭玄自撰之〈詩譜序〉。〈詩譜補亡後序〉全文，見歐陽修《居士集》卷
四十一〈序〉，《解題》乃據之隱括而成。有關鄭玄《詩譜》之舊注者爲誰？
歐陽修〈後序〉僅云「其文有注而不見名氏」，而振孫《解題》亦未嘗深究。
故《四庫全書》本《直齋書錄解題》此條後附館臣案語曰：「《宋兩朝國史志》：
歐陽修於絳州得注本，卷首殘闕，因補成進之，而不知注者乃太叔求也。」
考《宋兩朝國史志》，乃北宋仁宗、英宗兩朝之國史志，是《四庫全書》館臣
據此《志》而考出替《詩譜》作舊注者乃太叔求。至館臣下案語之目的，不
外欲證成歐陽永叔撰〈序〉之疏失，而《解題》記述亦有所忽略耳。其實記
載爲《詩譜》作舊注一事並非始自《宋兩朝國史志》，唐人陸德明《經典釋文》
卷一〈序錄〉「注解傳述人」條已載之，云：「鄭玄《詩譜》二卷，徐整暢，
太叔裘隱。」是《宋兩朝國史志》之「太叔求」，應作「太叔裘」。今人孫猛
《郡齋讀書志校證》卷第二〈詩類〉「《詩譜》一卷」條云：「《經典釋文·序
錄》有鄭玄《詩譜》二卷，云『徐整暢，太叔裘隱』。『暢』謂暢明鄭旨，『隱』
謂詮發隱義。參見盧文弨《經典釋文考證》。」據是，則孫氏參考盧文弨說以
闡釋「暢」、「隱」之義至爲明晰，而鄭玄《詩譜》，其舊注乃徐整、太叔裘合
撰，亦當曉然矣。〔註3〕

參、北宋有三劉宇

《解題》卷二〈詩類〉「《詩折衷》二十卷」條云：

《詩折衷》二十卷，皇祐中莆田劉宇撰。凡毛、鄭異義，折衷從一。
蓋倣陳岳《三傳折衷論》之例，凡一百六十八篇。

案：《宋史》無劉宇傳。《解題》著錄撰《詩折衷》之劉宇爲皇祐莆田人。皇
祐，宋仁宗年號。然檢宋梁克家《淳熙三山志》卷二十七載：「劉宇，字閎中，
侯官人，寔弟。政和二年進士，終文林郎、京畿運管。」是《淳熙三山志》

〔註3〕陸德明《經典釋文》卷一〈序錄〉載：「徐整，字文操，豫章人，吳太常卿。」
而於太叔裘則無考。

所載之劉宇，乃劉寔弟，政和侯官人。政和，徽宗年號。又檢清徐松《宋會要輯稿》第一百九十六冊〈蕃夷〉一之五載：「（太平興國四年）六月，王師親平河東。七月，下詔北征。二十日，車駕次東易州，州即戎人所立。僞刺史劉宇率官吏開門迎王師，乞降。賜以衣服、錢帛慰撫之。命宇爲左驍衛將軍。」是《宋會要輯稿》所載之劉宇，乃僞刺史，太平興國時人。太平興國，太宗年號。是則北宋間有三劉宇矣，惟撰《詩折衷》者，乃仁宗時莆田人劉宇。

肆、李樗字迂仲，又字若林

《解題》卷二〈詩類〉「《毛詩詳解》三十六卷」條云：

> 《毛詩詳解》三十六卷，長樂李樗迂仲撰。樗，閩之名儒，於林少穎爲外兄，林，李出也。

案：《解題》此條謂李樗字迂仲。然清朱彝尊《經義考》卷一百五〈詩〉八「李氏樗《毛詩詳解》」條引《閩書》則載：「樗字若林，閩縣人。受業於呂本中，後領鄉貢，有《毛詩注解》，〔註4〕學者稱迂齋先生。」是《閩書》稱樗字若林。考清黃宗羲《宋元學案》卷三十六〈紫微學案〉「鄉貢李迂齋先生樗」條載：「李樗，字迂仲，侯官人；自號迂齋，與兄楠俱有盛名，並以鄉貢不第，早卒。臨終謂林少穎曰：『空走一遭！』勉齋嘗謂之曰：『吾鄉之士，以文辭行義，爲學者宗師，若李若林，其傑然者也。』所著《毛詩解》，〔註5〕博引諸說，而以己意斷之。學者亦稱三山先生。于少穎爲外兄。林，李出也。」勉齋者，黃榦號。是《宋元學案》既謂樗字迂仲，其後又引勉齋語，稱其爲李若林。則迂仲與若林，皆樗之別字也。竊疑樗初字若林，與其名相配；其後又改字迂仲，號迂齋，學者乃稱迂齋先生。至《宋元學案》稱樗爲三山先生則顯誤。三山先生者，林少穎之號也。〔註6〕

伍、盧文弨校注《直齋書錄解題》有未盡允愜處

《解題》卷二〈詩類〉「《岷隱續讀詩記》三卷」條云：

〔註4〕《毛詩注解》，誤，應作《毛詩詳解》。

〔註5〕《毛詩解》，應作《毛詩詳解》。

〔註6〕林少穎，名之奇，學者稱三山先生，福州侯官人。《宋史》卷四百三十三〈列傳〉第一百九十二〈儒林〉三有傳。

《岷隱續讀詩記》三卷，戴溪撰。其書出於呂氏之後，謂呂氏於字訓章已悉，而篇意未貫，故以《續記》爲名。其實自述已意，亦多不用〈小序〉。

案：戴溪此書，乃續呂祖謙《呂氏家塾讀詩記》而作。《四庫全書》本《解題》此條有館臣案語曰：「『謂呂氏』以下原本脫，今校補。」是館臣所校補者乃「謂呂氏於字訓章已悉，而篇意未貫」等十四字。茲檢宋馬端臨《文獻通考》卷一百七十九〈經籍考〉六〈經詩〉「《岷隱續讀詩記》三卷」條有此十四字，館臣殆據《文獻通考》校補也。清人盧文弨有重輯本《直齋書錄解題》，其稿現藏上海圖書館。盧氏於此條有校注，云：「《四庫》館臣據《文獻通考》補『謂呂氏於字訓章已悉，而篇意未貫』十四字在『呂氏之後』下；『字訓章』三字似有訛，無此十四字，義未嘗不完也。」〔註7〕又云：「『篇意未貫』，與上段亦矛盾。」竊意盧氏此二條校注所言未盡允愜。蓋既謂『字訓章』三字似有訛」，然並未明白指出其訛處，一也；《四庫》館臣既據《文獻通考》校補出此十四字，則已有所本，不能遽以「無此十四字，義未嘗不完」爲由，而任意刪削之，否則則無事於校讎之業矣，二也；且此十四字，正戴溪撰《續記》之因由，殊爲重要，不容刪去；而其與「篇意未貫」之說，亦無矛盾。因撰文者「於字訓章已悉」，而又「篇意未貫」者，亦事之常有，殊無足怪，三也。是盧氏所言未盡允愜，明矣。

陸、葉適所撰〈黃文叔詩說序〉

《解題》卷二〈詩類〉「《黃氏詩說》三十卷」條云：

《黃氏詩說》三十卷，黃度撰。葉適正則爲之〈序〉。

案：黃度，字文叔，紹興新昌人。《宋史》卷三百九十三〈列傳〉第一百五十二有傳。其〈傳〉謂：「度志在經世，而以學爲本。作《詩》、《書》、《周禮說》。」《宋史》所言之《詩說》，應即此書也。葉適，字正則，溫州永嘉人。《宋史》卷四百三十四〈列傳〉第一百九十三〈儒林〉四有傳。其〈傳〉載：「初，韓侂胄用事，患人不附，一時小人在言路者，創爲『僞學』之名，舉海內知名士貶竄殆盡。其後侂胄亦悔，故適奏及之，具薦樓鑰、丘崈、黃度三人，悉

〔註7〕今人徐小蠻、顧美華點校本《直齋書錄解題》引盧氏校語作：「四庫館臣據《文獻通考》補『謂呂氏於字訓章已悉，而篇意未貫』十四字，在呂氏之後下『字訓章』三字，似有訛。」其句讀失誤，茲不從。

與郡。自是禁網漸解矣。」是適與度固同朝為官，且志同道合者。適此序，見《水心集》卷十二，稱〈黃文叔詩說序〉，其〈序〉略云：「公於《詩》，尊序倫紀，致忠敬遠，篤信古文，旁錄眾善。博厚慘怛，而無迂重之累；緝緒悠久，而有新美之益。仁政舉而應事膚銳，王制定而隨時張弛。然則性情不蔽，而《詩》之教可以復明，公其有志於是歟？」是度乃治《毛詩》者，至其《詩說》固深符溫柔敦厚之教也。《解題》於葉適〈序〉未嘗記一言，故特補苴如上。

柒、《王氏詩總聞》之作者及其時代

《解題》卷二〈詩類〉「《王氏詩總聞》三卷」條云：

《王氏詩總聞》三卷，不知名氏及時代。

案：《王氏詩總聞》三卷之作者乃王質。清人朱彝尊《曝書亭集》第三十四卷〈序〉一〈雪山王氏質詩總聞序〉曰：「王氏名質，字景文，汶陽人。紹興庚辰進士，召試館職，不就。歷樞密院編修官，出通判荊南府，不行。奉祠山居。有《集》四十卷。」紹興，宋高宗年號，庚辰為三十年（1160）。質，《宋史》卷三百九十五〈列傳〉第一百五十四有傳，詳記其生平行事，淳熙十五年（1188）卒。淳熙，宋孝宗年號。是則王質乃高、孝宗時人。

捌、王質入吳、入蜀之年代

《解題》卷二〈詩類〉「《王氏詩總聞》三卷」條續云：

其〈自序〉言丁丑入吳，見謝君士燮；丙戌入蜀，見陳君彥深；庚寅再入蜀，見楊君左車。所稱甲子，不著年號。而謝、陳、楊三君，亦竟莫詳為何人也，當俟知者問之。

案：據上條所考據，確知王質乃高、孝宗時人。其中進士之年，為紹興三十年庚辰（1160），則其入吳之丁丑，乃紹興二十七年（1157），其時猶未中進士。而初入蜀之丙戌，乃孝宗乾道六年（1170）；再入蜀之庚寅，乃乾道十年（1174）；惜振孫於此數事均未能詳考而得其答案也。至謝士燮、陳彥深、楊左車三人，《宋史》、《宋會要輯稿》及昌彼得等編《宋人傳記資料索引》皆無其資料，斯真「當俟知者問之」矣。

玖、錢文子事迹考

《解題》卷二〈詩類〉「《白石詩傳》二十卷」條云：

《白石詩傳》二十卷，宗正少卿樂清錢文子文季撰。所居白石巖，
以爲號。

案：錢文子，《宋史》無傳。惟此書有魏了翁、喬行簡〈序〉，均記其生平事
迹。魏〈序〉云：「錢公名文子，字文季，永嘉人。蚤以明經屬志，有聲庠序，
仕至宗正少卿，學術行誼爲士人宗仰云。」喬〈序〉云：「先生姓錢氏，諱文
子，永嘉人。入太學，以兩優解褐，仕至宗正少卿。乾、淳諸老之後，歸然
後學宗師。白石，其徒號之也。」余又考清黃宗羲《宋元學案》卷六十一〈徐
陳諸儒學案‧永嘉同調〉「少卿錢白石先生文子」條云：「錢文子，字文季，
樂清人也。乾、淳之際，永嘉諸儒林立，先生徧從之遊，而于徐忠文公宏父
尤契。入太學，有盛名。嘉定後，諸儒無一存者，先生歸然爲正學宗師，以
太學兩優釋褐，仕至宗正少卿。學者稱爲白石先生。所著有《白石詩傳》。（雲
濠案：謝山《箚記》：『《白石詩傳》二十卷。』）其門人曰喬行簡、丁黼、曹
豳、湯程。」所載較魏、喬二〈序〉爲詳。《宋元學案》所稱之徐忠文公，即
徐誼，字子宜，一字宏父，溫州平陽人，謚忠文。《宋史》卷三百九十七〈列
傳〉第一百五十六有傳。乾、淳，即乾道、淳熙，均孝宗年號；嘉定，寧宗
年號。是則錢文子乃南宋孝宗至寧宗時人。

民國九十一年（2002）三月六日，撰於華梵大學東方人文思想研究所

本文民國九十年（2001）十二月八日宣讀於中國經學研究會主辦之
「第二屆中國經學國際學術研討會」。後經修訂，刊載《新亞論叢》
2002 年第一期〔總第四期〕（2002 年 8 月）

讀陳振孫《直齋書錄解題・春秋類》札記

　　南宋陳振孫《直齋書錄解題》，爲私家目錄書籍之翹楚，原書五十六卷，後曾散佚。清乾隆時修《四庫全書》，乃據《永樂大典》重予輯理，訂成二十二卷。〈春秋類〉隸其書卷三，屬經錄。

　　余研治陳振孫及其《直齋書錄解題》歷經年所，撰成《陳振孫之經學及其〈直齋書錄解題〉經錄考證》一書，亦版行多年。及今閱之，書中猶有待發之覆。茲謹就〈春秋類〉撰成札記三則於下，蓋欲拾遺補闕於拙著，亦藉以討教同好諸君子。

壹、王鳴盛以《春秋公羊傳疏》爲北魏徐遵明撰之失當

　　陳振孫《解題》卷三〈春秋類〉「《春秋公羊傳疏》三十卷」條云：

> 《春秋公羊傳疏》三十卷，不著撰者名氏。〈唐志〉亦不載。《廣川藏書志》云：「世傳徐彥撰，不知何據。然亦不能知其定出何代，意其在貞元、長慶後也。景德中，侍講邢昺傳之。」[註1]

案：余前撰《陳振孫之經學及其〈直齋書錄解題〉經錄考證》，於此條後有案語曰：

> 廣棪案：《崇文總目》卷一〈春秋類〉著錄：「《春秋公羊疏》三十卷，原釋：『不著撰人名氏，援證淺局，出於近世，或云徐彥撰。皇朝邢昺等奉詔是正，始令太學傳授，以備《春秋》三家之旨。』見《文獻

〔註 1〕宋陳振孫撰：《直齋書錄解題》（清光緒九年八月江蘇書局刊版），卷三，頁 3下。

通考》。」錢東垣輯釋本。《郡齋讀書志》卷第三〈春秋類〉著錄:「《春秋公羊傳疏》三十卷。右不著撰人。李獻臣云:『徐彥撰,亦不詳何代人也。』《崇文總目》謂其『援證淺局,出於近世。以何氏三科九旨爲宗。』」是宋人於此書之撰者徐彥及其年代,未敢作肯定。至清乾隆時,《四庫全書》館臣始從董逌之說,定此書爲唐人徐彥撰。《四庫全書總目》卷二十六〈經部〉二十六〈春秋類〉一「《春秋公羊傳疏》二十八卷」條曰:「(徐)彥《疏》,〈唐志〉不載。《崇文總目》始著錄,稱:『不著撰人名氏,或云徐彥。』董逌《廣川藏書志》亦稱:『世傳徐彥,不知時代,意其在貞元、長慶之後。』考《疏》中『邲之戰』一條,猶及見孫炎《爾雅注》完本,知在宋以前。又『葬桓王』一條,全襲用楊士勛《穀梁傳疏》,知在貞觀之後。中多設問答,文繁語複,與邱光庭《兼明書》相近,亦唐末之文體。董逌所云不爲無理,故今從逌之說,定爲唐人焉。」然道光間,阮元撰〈春秋公羊傳注疏校勘記序〉,則據王鳴盛《十七史商搉》另立新說。阮〈序〉曰:「徐彥《疏》,〈唐志〉不載,《崇文總目》始著錄,亦無撰人名氏。宋董逌云:『世傳徐彥所作,其時代里居不可得而詳矣。』王鳴盛云:『即《北史》之徐遵明。』不爲無見也。蓋其文章似六朝人,不似唐人所爲者。」二者聚訟,及今仍多以爲唐人徐彥所作也。

〔註2〕

余前所撰此案語,於王鳴盛謂《春秋公羊傳疏》乃徐遵明作之說,未嘗深究;又以爲鳴盛之說出自《十七史商搉》,均誤也。考鳴盛之說,實見其著《蛾術篇》卷七〈說錄〉七「《公羊傳疏》」條,該條曰:

《公羊疏》必徐遵明作。常熟毛氏汲古閣板無作疏人姓名,明國子監板同。《舊唐書・經籍志》、《新唐書・藝文志》不但無作者姓名,且無此書。晁公武《郡齋讀書志》不著撰人,卻又言「李獻民云徐彥撰」。獻民,不知何人;其言,不知何據。陳振孫《書錄解題》稱:「《廣川藏書志》云:『世傳徐彥撰,不知何據。然亦不能知其定出何代,意其在貞元、長慶後也。景德中,侍講邢昺傳之。』」馬端臨云:「《公羊疏》,《崇文總目》:『不著撰人名氏,援證淺局,

---

〔註 2〕何廣棪撰:《陳振孫之經學及其〈直齋書錄解題〉經錄考證》(臺北:里仁書局,民國 86 年 3 月 15 日),第 524〜525 頁。

出于近世，或云徐彥撰。皇朝邢昺等奉詔是正，始令太學傳授，以備《春秋》三家之旨。』」愚謂：斯文未喪，漢儒之功大者四人。于經傳則鄭康成爲最，次何休，次虞翻，次服虔；于文字則許慎；若義疏則最善者《公羊》，次《毛詩》、《禮記》、《儀禮》，次《周禮》，次《左傳》，次《尚書》，若《穀梁注疏》，使爲附庸亦足矣！服與鄭齊名而居末，何也？服功在傳，不在經也。何休亦功在傳而亞於鄭，何也？無休則無《公羊》，無《公羊》則無《春秋》也。《公羊》無疏則湮滅，故以爲各疏之冠也。予所品第如此。〔註3〕

鳴盛於此條中，標榜《公羊傳疏》爲「各疏之冠」，其說或可成立；惟謂「《公羊疏》必徐遵明作」，則不特乏據，證諸史籍，亦知其不然。考遵明，北魏人。《魏書》卷八十四〈列傳〉第七十二〈儒林〉、《北史》卷八十一〈列傳〉第六十九〈儒林〉上均有傳。《魏書‧儒林》載：

徐遵明，字子判，華陰人也。……年十七，隨鄉人毛靈和等詣山東求學。至上黨，乃師屯留王聰，受《毛詩》、《尚書》、《禮記》。一年，便辭聰詣燕趙，師事張吾貴。……一年，復欲去之。……乃詣平原唐遷，納之，居於蠶舍。讀《孝經》、《論語》、《毛詩》、《尚書》、《三禮》，不出門院，凡經六年。……又知陽平館陶趙世業家有《服氏春秋》，是晉世永嘉舊本，遵明乃往讀之。復經數載，因手撰《春秋義章》，爲三十卷。〔註4〕

案：《北史‧儒林》遵明本傳所載亦同。是則據上述正史史料記載，遵明自十七歲始，轉益多師，勤苦治學十年，惟其所研習者均無與於《公羊傳》；即其於趙世業家得讀之《服氏春秋》，亦實爲服虔《春秋左氏傳解》。由是可推判遵明所「手撰《春秋義章》」三十卷，亦應屬《左傳》義章之學，與《春秋公羊傳疏》固無涉也。

再者，徐遵明既爲北魏人，據拙文前引《四庫全書總目》所考證，則《春秋公羊傳疏》書中「葬桓王」一條，全襲用唐人楊士勛《穀梁傳疏》；又其書之文體乃屬唐末文體，與唐邱光庭《兼明書》相近。統上二據，可證《春秋

〔註3〕清王鳴盛撰：《蛾術編》，收《王鳴盛讀書筆記十七種》（臺北：鼎文書局，民國 68 年 9 月），「中國學術類編」，第三冊，第 1266 頁。

〔註4〕北齊魏收撰：《魏書》（臺北：鼎文書局，民國 82 年 10 月），「中國學術類編」，第三冊，第 1855 頁。

公羊傳疏》之撰者，絕不應為徐遵明。

清道光時，迮鶴壽嘗為《蛾術編注》，其書〈凡例〉第二亦云：

> 作《易注》者王弼，造《書傳》者梅賾，固屬經中之蠹；是編（廣
> 棪案：指《蛾術編》一書）專主鄭學，無怪其冰炭不相入。然崇信徐遵
> 明為大儒，而謂《公羊疏》出其手，亦恐無據。又歷譏杜元凱剽竊
> 蔡九峰妄繆，未免出言過分。諸如此類，今為稍圓其說。〔註5〕

迮氏於《蛾術編》「《公羊傳疏》」條後所下案語又曰：

> 鶴壽案：《廣川藏書志》云：「《公羊》，世傳徐彥作。」先生以為無
> 據。今乃歸諸徐遵明，更何據邪？〔註6〕

觀是，則雖至愛重《蛾術編》之迮氏，亦不得不批評王鳴盛以徐遵明為《春
秋公羊傳疏》撰人為無據。竊意此書之撰人似仍暫歸唐徐彥為允當也。至阮
氏〈春秋公羊傳注疏校勘記序〉，謂鳴盛之說「不為無見」，則疏於考證，阮
氏之說誠難令人首肯者。

貳、「睿思殿」與「臣雯」考

《解題》卷三〈春秋類〉「《春秋加減》一卷」條云：

> 《春秋加減》一卷，稱元和十三年國子監奉敕定，不著人名。校定
> 偏旁及文多寡，若《五經文字》之類。此本作小襵冊，才十餘板。
> 前有「睿思殿書籍印」，末稱「臣雯校正」。蓋承平時禁中書也，不
> 知何為流落在此。〔註7〕

案：拙著《陳振孫之經學及其〈直齋書錄解題〉經錄考證》此條下有案語二
條，其二曰：

> 案：《解題》卷四〈別集類〉「《高氏小史》一百三十卷」條云：「此
> 書舊有杭本，今本用厚紙裝襵夾面。」與此所言「小襵冊」同。至
> 「睿思殿」及「臣雯」二項，均未能考出。〔註8〕

是余前實未能考出「睿思殿」及「臣雯」。茲先補考「睿思殿」如下：

南宋王應麟《玉海》卷第一百六十〈宮室・殿〉下「熙寧睿思殿」條載：

〔註5〕同註3，頁1166上。
〔註6〕同註3，頁1266下。
〔註7〕同註1，卷三，頁6下。
〔註8〕同註2，第547頁。

熙寧八年造睿思殿。在欽明殿西。睿思之右建延春閣。哲宗以睿思殿，先帝所建，不敢燕處，乃即睿思殿之後爲宣和殿。紹聖二年四月二日丁卯，宣和殿成。徽宗晝日不居寢殿，以睿思爲講禮進膳之所，就宣和燕息。大觀二年再葺，徽宗爲〈記〉，書之石。……（元豐）七年，童子朱天申對於睿思殿，誦《十經》通。十月十四日，賜《五經》出身。〔註9〕

綜上所載，可考得睿思殿乃宋神宗熙寧八年（1075）造成，殿在欽明殿西，右有延春閣。元豐七年（1084），童子朱天申嘗對於睿思殿，誦《十經》通。是年十月十四日，神宗賜以《五經》出身。哲宗時，以睿思殿神宗所建，不敢燕處，乃於殿後爲宣和殿。徽宗則以睿思殿爲講禮進膳之所。大觀二年（1108），殿嘗再葺，徽宗爲〈記〉，並書之石。惜徽宗所撰〈記〉已散佚，今不可得而讀之矣！

至「臣霁」爲何人？清人盧文弨重輯《直齋書錄解題》出校注曰：「疑是『雱』。」〔註10〕案：盧氏所疑不誤。考神宗之世，其臣下無名「霁」者。而「霁」、「雱」二字，形體相近，故盧氏疑爲「雱」字。神宗時，臣子名「雱」者，則僅得王安石之子「王雱」一人。王雱事蹟附見《宋史》卷三百二十七〈列傳〉第八十六〈王安石〉，載：

雱字元澤。爲人慓悍陰刻，無所顧忌。性敏甚，未冠，已著書數萬言。……雱氣豪，睥睨一世，不能作小官。作策三十餘篇，極論天下事；又作《老子訓傳》及《佛書義解》，亦數萬言。時安石執政，所用多少年，雱亦欲預選，乃與父謀曰：「執政子雖不可預事，而經筵可處。」安石欲上知而自用，乃以雱所作策及注《道德經》鏤板鬻于市，遂得達於上。鄧綰、曾布又力薦之，召見，除太子中允、崇政殿說書。神宗數留與語，受詔撰《詩》、《書義》，擢天章閣待制兼侍講。書成，遷龍圖閣直學士，以病辭不拜。〔註11〕

觀是，則王雱乃以「經筵可處」之法，數見重於神宗。此一卷本書前加蓋「睿

〔註 9〕宋・王應麟撰：《玉海》（上海：江蘇古籍出版社、上海書店聯合出版，1987年 12 月），第四冊，第 2950 頁。

〔註10〕徐小蠻、顧美華點校：《直齋書錄解題》（上海：上海古籍出版社，1987 年 12月），第 58 頁。

〔註11〕元・脫脫等撰：《宋史》（臺北：鼎文書局，民國 83 年 6 月），「中國學術類編」，第十三冊，第 10551 頁。

思殿書籍印」之《春秋加減》小襍冊，疑由神宗命雱校勘，事竣後，雱乃於書末題上「臣雱校正」，然後繳回，其事似不無可能者。是則《解題》之「臣雱」，應準盧文弨所校注，乃「臣雱」之誤。此誤或始自直齋撰《解題》時之誤判，或因《永樂大典》抄寫官之魯魚亥豕，二者皆有其可能，惜今已不能究得其實矣。再者，如上考證之結果，吾人若試據之而從睿思殿、宋神宗、王雱三者關係加以推敲，則盧文弨疑「臣雱」乃「臣雱」，而余疑「臣雱」即王雱，其所懷疑庶幾不遠於事實，應可予以接受也。

參、唐憖，《宋人傳記資料索引》誤作「唐愍」

《解題》卷三〈春秋類〉「《春秋邦典》二卷」條云：

> 《春秋邦典》二卷，唐既濟潛亨撰。案：原本脫「濟」字，今據《宋史·藝文志》增入。質肅之姪，自號真淡翁，與其子憖問答而為此書。鄒道卿為之〈序〉。〔註12〕

案：《春秋邦典》二卷之撰人乃唐既，《四庫全書》館臣誤據《宋史·藝文志》，改作唐既濟，所下案語殊失實。又此條之「鄒道卿」，乃「鄒道鄉」之誤。考鄒道鄉即鄒浩，浩有《道鄉集》，而《集》中卷二十七有〈邦典序〉。《解題》作「鄒道卿」，明顯失當，「卿」、「鄉」二字，殆形近而誤也。上述二項錯誤，拙著《陳振孫之經學及其〈直齋書錄解題〉經錄考證》案語中早予糾正。〔註13〕惟拙案續曰：

> 至既之子，《宋元學案補遺》卷八作「唐憖」，與《解題》不同，未知孰是。〔註14〕

此案語有誤。其實《宋元學案補遺》卷八亦作「唐憖」，〔註15〕不作「唐愍」；作「唐愍」者，乃昌彼得等編《宋人傳記資料索引》之誤也。昌氏等所編《索引》云：

> 唐既（1047～1100），字潛亨，又取水一火二號真淡翁，江陵人。為巴縣尉，未幾謝去。於書無所不讀，彭汝礪見之，以為弗及。通經者服其得先儒未決之秘，博古者服其貫方冊所載之詳，元符三年卒，年

〔註12〕同註1，卷三，頁9上。
〔註13〕同註2，第564～565頁。
〔註14〕同註2，第565～566頁。
〔註15〕清·王梓材、馮雲濠撰：《宋元學案補遺》（臺北：世界書局，民國63年7月），「歷代學案第二期書」，第二冊，頁905上。

五十四。有《文稿》十五卷、《邦典》二卷、《一論》三卷、《說約》
十卷。……子唐愁。《宋元學案補遺》8/82。〔註16〕（廣棪案：8/82，即卷八，頁

八十二）

《索引》將《宋元學案補遺》之「唐愁」，誤作「唐愁」；而余前作案語則誤
據《索引》，事後又未加細核《宋元學案補遺》予以勘改，故有此失。余治學
矜慎不足，甚覺愧惡，今特更正並說明如此。

2006 年 1 月 15 日何廣棪撰於華梵大學東方人文思想研究所
原刊於《經學論叢》第二輯（2006 年 3 月）

〔註16〕昌彼得等編：《宋人傳記資料索引》（臺北：鼎文書局，民國 73 年 4 月），「中
國學術類編」，第三冊，第 1776 頁。

讀陳振孫《直齋書錄解題‧語孟類》札記

　　余研治南宋目錄學家陳振孫及其《直齋書錄解題》（以下簡稱《解題》）有年，所撰專著已刊行者，計爲《陳振孫之生平及其著述研究》〔註1〕、《陳振孫之經學及其〈直齋書錄解題〉經錄考證》〔註2〕；已撰就專書而猶待修訂以備出版者，則有《陳振孫之史學及其〈直齋書錄解題〉史錄考證》〔註3〕、《陳振孫之子學及其〈直齋書錄解題〉子錄考證》〔註4〕、《陳振孫之文學及其〈直齋書錄解題〉集錄考證》。〔註5〕年來教學之暇，仍取《解題》窮讀不饜，撰成札記數十篇，皆就前著書所未及者多作補訂。所撰札記已刊見學報、期刊者，計有〈陳振孫生卒年新考〉〔註6〕、〈劉貢父「不徹薑食」、「三牛三鹿」二語考〉〔註7〕、〈《唐餘雜史》應稱《唐餘錄》〉〔註8〕、〈讀《直齋書錄

〔註1〕　《陳振孫之生平及其著述研究》，臺北，文史哲出版社，民國82年12月。
〔註2〕　《陳振孫之經學及其〈直齋書錄解題〉經錄考證》，臺北，里仁書局，民國86年3月15日。
〔註3〕　《陳振孫之史學及其〈直齋書錄解題〉史錄考證》，國科會八十五年度專題計劃，NSC 85-2475-H211-002。
〔註4〕　《陳振孫之子學及其〈直齋書錄解題〉子錄考證》，國科會八十六年度專題計劃，NSC 86-2417-H211-001。
〔註5〕　《陳振孫之文學及其〈直齋書錄解題〉集錄考證》，國科會八十七年度專題計劃，NSC 87-2411-H211-002。
〔註6〕　〈陳振孫生卒年新考〉，《新亞學報》，2000年8月，第二十卷革新號，頁197～204。
〔註7〕　〈劉貢父「不徹薑食」、「三牛三鹿」二語考〉，《大陸雜誌》，民國90年5月15日，第一百零二卷第五期，頁36～37。
〔註8〕　〈《唐餘雜史》應稱《唐餘錄》〉，《新亞研究所通訊》，2001年7月，第十三期，頁21～22。

解題・春秋類》札記二則〉〔註9〕、〈讀陳振孫《直齋書錄解題》札記〉〔註10〕、
〈談「虯戶銑谿體」〉〔註11〕、〈呂南公里籍考〉〔註12〕、〈張九成與釋宗杲交
游考〉〔註13〕、〈《百官公卿表》一百四十二卷乃李燾所續撰〉〔註14〕、〈讀
陳振孫《直齋書錄解題・詩類》札記〉〔註15〕、〈讀陳振孫《直齋書錄解題》
札記〉〔註16〕、〈傅霂事迹雜考〉〔註17〕、〈南宋有兩「陳振孫」——讀《陳
容壙志》、《陳容墓志銘》書後〉〔註18〕等。茲篇所撰,則僅擬就《解題・語
孟類》中之闕失,與前人論著有所未安處,及本人舊撰未研論之問題,寫成
新札五篇,以應研討會宣讀之用。不賢識小,凡所考論,疏略闕失知所未免,
尚乞在座高明不吝誨正。

壹、宋世設科取士《孟子》始稱經考

《解題》卷三〈語孟類〉小序曰:

> 前志《孟子》本列儒家,然趙岐固嘗以爲則象《論語》矣。自韓文
> 公稱孔子傳之孟軻,軻死,不得其傳。天下學者咸曰孔、孟。孟子
> 之書,固非荀、揚以降所可同日語也。今國家設科取士,《語》、
> 《孟》並列爲經,而程氏諸儒訓解二書,常相表裏,故今合爲一

〔註9〕 〈讀《直齋書錄解題・春秋類》札記二則〉,《書目季刊》,民國90年9月16
日,第三十五卷第二期,頁29~30。

〔註10〕 〈讀陳振孫《直齋書錄解題》札記〉,《新亞學報》,2001年11月,第二十一
卷,頁165~188。所刊札記共十二篇。

〔註11〕 〈談「虯戶銑谿體」〉,《大陸雜志》,民國90年(2001)12月15日,第一百
零三卷第六期,頁1~2。

〔註12〕 〈呂南公里籍考〉,《新國學》,2001年12月15日,第三卷,頁371~373。

〔註13〕 〈張九成與釋宗杲交游考〉,《書目季刊》,民國90年(2001)12月16日,第
三十五卷第三期,頁41~43。

〔註14〕 〈《百官公卿表》一百四十二卷乃李燾所續撰〉,《新亞研究所通訊》,2002年
3月,第十五期革新號,頁34~35。

〔註15〕 〈讀陳振孫《直齋書錄解題・詩類》札記〉,《新亞論叢》,2002年8月,第一
期(總第四期),頁184~187。所刊札記共九篇。

〔註16〕 〈讀陳振孫《直齋書錄解題》札記〉,《漢學研究會論文集》,雲林,國立雲林
科技大學,民國91年(2002)11月,頁428~442。所刊札記共五篇,與刊
見《新亞學報》第二十一卷者不同。

〔註17〕 〈傅霂事迹雜考〉,《新國學》,2002年12月,第四卷,頁189~192。

〔註18〕 〈南宋有兩「陳振孫」——讀《陳容壙志》、《陳容墓志銘》書後〉,《新亞論
叢》,2003年5月,第一期(總第五期),頁168~170。

類。〔註19〕

案：有關宋代設科取士，《孟子》始稱經究在何朝何年，《解題》未有確指。
余前撰《陳振孫之經學及其〈直齋書錄解題〉經錄考證》（以下簡稱《經錄考
證》）亦未加研考。清紀昀《四庫全書總目》卷三十五〈經部〉三十五〈四書
類〉一「《孟子音義》二卷」條末館臣案語則曰：

> 案宋《禮部韻略》所附條式，自元祐中，即以《論語》、《孟子》試
> 士。是當時已尊爲經。而晁氏《讀書志》，《孟子》仍列儒家；至陳
> 氏《書錄解題》，始與《論語》同入經部。〔註20〕

是紀氏據《禮部韻略》所附條式，謂宋哲宗元祐中（約1089）《孟子》已被尊
爲經。考《宋史》卷一百五十五〈志〉第一百八〈選舉〉一〈科目〉上載：

> （元祐）四年，乃立經義、詩賦兩科，罷試律義。凡詩賦進士，於
> 《易》、《詩》、《書》、《周禮》、《禮記》、《春秋左傳》內聽習一經。
> 初試本經義二道，《語》、《孟》各一道，次詩賦及律詩各一首，次論
> 一首，末試子、史、時務策二道。凡專經進士，須習兩經，以《詩》、
> 《禮記》、《周禮》、《左氏春秋》爲大經，《書》、《易》、《公羊》、《穀
> 梁》、《儀禮》爲中經，《左氏春秋》得兼《公羊》、《穀梁》、《書》，《周
> 禮》得兼《儀禮》或《易》，《禮記》、《詩》並兼《書》，願習二大經
> 者聽，不得偏占兩中經。初試本經義三道，《論語》義一道，次試本
> 經義三道，《孟子》義一道，次論、策，如詩賦科。〔註21〕

據是，則元祐四年（1089）經義、詩賦兩科，已規定均須兼試《語》、《孟》，
且《語》、《孟》二書皆被尊曰經。是紀氏所言，似無不當。

然宋世《孟子》之稱經，應不自哲宗朝始。上引《宋史》同篇於神宗朝
已記載：

> 神宗篤意經學，深憫貢舉之弊，且以西北人材多不在選，遂議更
> 法。……於是改法，罷詩賦、帖經、墨義，士各占《易》、《詩》、《書》、
> 《周禮》、《禮記》一經，兼《論語》、《孟子》。各試四場，初大經，
> 次兼經，大義凡十道，後改《論語》、《孟子》義各三道。次論一首，

〔註19〕徐小蠻、顧美華點校《直齋書錄解題》，上海，上海古籍出版社，1987年12月，頁72。
〔註20〕清紀昀《四庫全書總目》，北京，中華書局，1965年6月，頁292上。
〔註21〕元托克托《宋史》，臺北，鼎文書局，民國83年6月八版，頁3620～3621。

次策三道。中書撰大義式頒行，試義者須通經，有文采乃爲中格，
不但如明經墨義粗解章句而已。〔註22〕

據是，則神宗時，《語》、《孟》皆稱作「兼經」；故宋世《孟子》之受尊，實
不自哲宗始；《解題》所謂「今國家設科取士，《語》、《孟》並列爲經」云云，
其事應上溯至神宗朝。惟神宗朝確於何年《孟子》始被尊爲經？檢元馬端臨
《文獻通考》卷三十一〈選舉考〉四〈舉士〉載：

神宗熙寧二年，議更貢舉法，罷詩賦、明經諸科，以經義、論、策
試進士。……於是辛如（王）安石議。罷明經及諸科進士，罷詩賦。
各占治《詩》、《書》、《易》、《周禮》、《禮記》一經，兼以《論語》、
《孟子》。每試四場：初大經，次兼經，大義凡十道，次論一首，次
策三道。禮部試即增二道。中書撰大義式頒行，試義者須通經，有
文采乃爲中格，不但如明經墨義粗解章句而已。〔註23〕

據是，則神宗熙寧二年（1096），經群僚廷議後，始以《語》、《孟》爲兼經。
《孟子》之稱經乃自此始，而其首倡者則王荊公也。至四庫館臣謂元祐四年
《孟子》「已尊爲經」，此說應屬捨源逐流，未究本始，殊非考據家研學之善
道。故余重作考論如上，以辨正館臣立說之未安。

貳、許勃、王存考

《解題》卷三〈語孟類〉著錄：

《論語筆解》二卷，唐韓愈退之、李翱習之撰。按《館閣書目》云：
「秘書丞許勃爲之〈序〉。」今本乃王存〈序〉，云得於錢塘汪充，
而無許〈序〉。〔註24〕

案：韓愈、李翱二氏，兩《唐書》皆有傳，其生平行事，人所熟知，故《經
錄考證》未嘗費辭介紹。而此條所言之許勃，《新》、《舊唐書》均無傳。檢《全
唐文》卷六百二十二有「許勃」條，所記勃生平則僅得「勃，官秘書丞」七
字。惟《全唐文》既置勃於李冉前，冉，唐德宗時官右司郎中，則可推知勃
亦德宗時人。又《全唐文》另錄勃〈論語筆解序〉，則對理解《解題》至有幫

〔註22〕同註21，頁3616～3618。
〔註23〕元馬端臨《文獻通考》，臺北，臺灣商務印書館，民國76年12月臺一版，頁
　　　　考293上、293中。
〔註24〕同註19，頁73～74。

助，前撰《經錄考證》已全載之。〔註25〕

　　許勃爲《論語筆解》撰〈序〉，南宋王應麟《玉海》亦記其事。《玉海》卷第四十一〈藝文‧論語〉「唐《論語筆解》」條載：

　　　　《書目》：「二十卷，題韓愈撰。《唐志》：『韓愈注《論語》十卷。』皇朝許勃爲〈序〉，其間『翺曰』者，蓋李習之同與琢磨，非獨韓製此書也。」〔註26〕

《玉海》此條所引「《書目》」，乃指南宋陳騤《中興館閣書目》。陳騤稱許勃爲「皇朝」人，即指爲宋人，訛誤顯見。至騤謂此書乃韓、李合撰則不誤，振孫《解題》所著錄者即依之。

　　《玉海》此條又載：

　　　　宋咸《增注論語》十卷。〈序〉云：「韓愈注《論語》與《筆解》，大概多竊先儒義而遷易其辭。因擇二書是否，并舊注未安辯正焉。」

宋咸，字貫之，福建建陽人。宋仁宗天聖二年（1024）進士，清陸心源《宋史翼》卷二十三〈列傳〉第二十三〈儒林〉一有傳。〔註27〕據此條所記，則宋咸之評異於許勃所序，其於韓書固多有未愜於懷者。

　　《玉海》同條又載：

　　　　劉正叟謂《筆解》皆後人之學，託韓愈名以求行，徒玷前賢，悉無所取，爲《重注》十卷，以祛學者之惑。

劉正叟，《宋史》無傳；其所撰《重注論語》十卷，《宋史》卷二百二〈志〉第一百五十五〈藝文‧論語類〉一有著錄，惟撰人則作「劉正容」。〔註28〕正容，《宋史》亦無傳。清朱彝尊《經義考》卷二百十三〈論語〉三著錄：「劉氏正叟《重注論語》，〈宋志〉十卷，佚。」〔註29〕「叟」、「容」二字，字形

〔註25〕勃〈序〉曰：「昌黎文公注《筆解論語》一十卷，其間『翺曰』者，蓋李習之同與切磨。世所傳率多譌舛，始愈筆大義則示翺，翺從而交相明辨，非獨韓製此書也。噫！齊、魯之門人所記善言既有同異，漢、魏學者注集繁闊，罕造其精，今觀韓、李二學勤拳淵微，可謂窺聖人之堂奧矣，豈章句之技所可究極其旨哉！予繕校舊本數家，得其純粹，欲以廣傳，故序以發之。」茲爲行文需要，仍迻錄之。勃之生平及〈序〉，見《全唐文》（北京，中華書局，1983 年 11 月），頁 6284 下。
〔註26〕宋王應麟《玉海》，上海，江蘇古籍出版社、上海書店聯合出版，1987 年 12 月，頁 772 上。
〔註27〕清陸心源《宋史翼》，北京：中華書局，1991 年 12 月，頁 242。
〔註28〕同註21，頁 5068。
〔註29〕清朱彝尊《經義考》，卷二百十三，上海，中華書局據揚州馬氏刻本校刊《四

相近，「容」字誤，應據《玉海》與《經義考》作「正叟」爲是。正叟疑《論語筆解》乃「後人之學，託韓愈名以求行」，評其書爲「徒玷前賢，悉無所取」，見解與許勃異。然勃既屬唐德宗時人，或能接聞於韓、李，其所撰〈序〉謂「韓、李二學勤拳淵微，可謂窺聖人之堂奧」，評價至高，故其謂書乃韓、李撰，應有所據。竊以勃說爲是。

至王存，字正仲，潤州丹陽（今江蘇鎮江）人，《宋史》卷三百四十一〈列傳〉第一百有傳。存「慶曆元年（1046）登進士第，調嘉興主簿，擢上虞令」。「修潔自重，爲歐陽修、呂公著、趙槩所知」。「故與王安石厚，安石執政，數引與論事，不合，即謝不往」。「元豐元年（1078），神宗察其忠實無黨，以爲國史編修官」；「五年（1082），遷龍圖閣直學士，知開封府」。「元祐初（1086），還戶部，固辭不受。二年（1087），拜中大夫，尚書右丞。三年（1088），遷左丞」。後「召爲吏部尚書。時在廷朋黨之論浸熾，存爲哲宗言：『人臣朋黨，誠不可長，然或不察，則濫及善人。慶曆中，或指韓琦、富弼、范仲淹、歐陽修爲黨，賴仁宗聖明，不爲所惑。今日果有進此說者，願陛下察之。』由是復與任事者戾，除知大名府，改知杭州」。「紹聖初（1094），請老，提舉崇禧觀，遷右正議大夫致仕」。「建中靖國元年（1101），卒，年七十九」。「存性寬厚，平居恂恂，不爲詭激之行，至其所守，確不可奪。司馬光嘗曰：『並馳萬馬中能駐足者，其王存乎！』」〔註30〕可知其爲人。

存所撰〈序〉，據清人盧文弨《新訂直齋書錄解題》云：「余所見乃許勃〈序〉。」〔註31〕則存〈序〉，自南宋後已漸散佚，雖博涉群籍如文弨者，亦未得見，他可知矣。

《解題》本條末處提及「錢塘汪充」，宋王楙《野客叢書》卷二十八「退之注《論語》」條亦載之，〔註32〕惜其人生平事迹已不可多考矣。

部備要》，頁 8 上。
〔註30〕同註 21，頁 10871～10874。
〔註31〕同註 19，頁 74 引。
〔註32〕宋王楙《野客叢書》卷二十八「退之注《論語》」條曰：「李漢序退之《集》云：『有《論語注》十卷。』後世罕傳，然搢紳先生往往有道其三義者。近時錢塘汪充家有是本，王公存刻於會稽郡齋，目曰韓文公《論語筆解》。」上海，上海古籍出版社，1991 年 5 月，頁 406～407。是則《論語注》與《論語筆解》爲同一書。疑王存刻書約在慶曆元年（1046）擢上虞令時，蓋上虞縣屬會稽郡。

參、黃祖舜、沈大廉及其《論語》著述考

《解題》卷三〈語孟類〉著錄：

> 《五峰論語指南》一卷，監南嶽廟胡宏仁仲撰。詳論黃祖舜、沈大廉之說。宏，文定之季子也。〔註33〕

案：黃祖舜、沈大廉所撰有關《論語》著述，《解題》未有明言；黃、沈二人，振孫亦未述其仕履，余撰《經錄考證》時則缺考。是故皆須拾遺補闕，俾便學者知其梗概。

考黃祖舜，字繼道，福州福清人。《宋史》卷三百八十六〈列傳〉第一百四十五有傳。〈傳〉載其宦歷，謂：「登進士第，累任至軍器監丞。……權守尚書屯田員外郎，徙吏部員外郎，出通判泉州。……遷右司郎中，權刑部侍郎兼詳定敕令司兼侍講。」又謂：「進《論語講義》，上命金安節校勘，安節言其書詞義明粹，乃令國子監板行。」〔註34〕其生平及其著述大略如此。

祖舜所著書，《宋史》本傳作《論語講義》。惟《宋史》卷二百二〈志〉第一百五十五〈藝文・論語類〉一則著錄作「黃祖舜《解義》十卷」。〔註35〕是《講義》與《解義》應同為一書，疑作《解義》為當。

又檢王應麟《玉海》卷第四十一〈藝文・論語〉「紹興《論語解義》」條載：

> 三十二年三月己未，刑部侍郎兼侍讀黃祖舜進《論語解義》，詔給事中金安節等看詳。安節等言詞義明粹，令國子監板行，賜詔獎諭。
> 胡宏《指南》評論黃祖舜、沈大廉之說。〔註36〕

據是，則可知祖舜乃高宗時人，其書殆成於紹興三十二年（1162）三月己未前。

朱彝尊《經義考》卷二百十六〈論語〉六著錄：

> 黃氏祖舜《論語解義》，〈宋志〉十卷，佚。〔註37〕

是《論語解義》一書，《經義考》謂已佚也。

至沈大廉，《宋史》無傳。清黃宗羲《宋元學案》卷三十二〈周許諸儒學案・石經家學〉「提刑沈先生大廉」條載其生平，曰：

〔註33〕同註19，頁75。
〔註34〕同註21，頁11854～11855。
〔註35〕同註21，頁5068。
〔註36〕同註26，頁772下～773上。
〔註37〕同註29，卷二百十六，頁4上。

沈大廉，字元簡，石經先生從子也，傳其家學。紹興進士，爲樞密
院計議官。尋除監察御史，遇事敢言。給事中周葵以封駁忤，皆罷，
先生力陳其不可；俄而中書舍人凌景夏相繼復爭之，俱不報。自以
不得其言，力求外補，遂以直祕閣提刑福建。卒，王公梅溪軾之曰：
「能將一誠字，了卻百年身。」九先生之後，能世其家，推周氏、
沈氏、張氏。〔註38〕

文中之「石經先生」乃指沈躬行，字彬老，石經其號也，永嘉人，大廉之伯
叔輩。《宋元學案》同卷亦有傳。〔註39〕

　　朱彝尊《經義考》卷二百十八〈論語〉八著錄：

沈氏大廉《論語說》，佚。繆泳曰：「大廉字元簡。」〔註40〕

其實沈氏《論語說》未全佚，《經義考》所言未確也。考全祖望曾輯得該書佚
文凡七條，其中三條，載見《宋元學案》「提刑沈先生大廉」後之「《論語說》」
條，曰：

「三年無改」，黃繼道曰：「君子不忍死其親，三年之內，于父所行，
或當或否，將有所不暇議，忍改乎？」昔居先君之喪，于哀苦中得
此說，甚以爲合于人情也。

「宰予晝寢」，黃繼道引《禮記》問疾之說，以爲宰予好內而懷安。
竊以爲不然。宰予固不至是，聖人亦不察人之微至是也。但昏惰無
精進，故責之。

「如有所立卓爾」，黃繼道以爲顏子去聰明智力而後有所得。其論爲
妙。〔註41〕

上引之黃繼道即黃祖舜。沈大廉《論語說》所引者，即祖舜《論語解義》之
佚文。由此觀之，不惟沈書未全佚，即黃書亦如是也。

　　《宋元學案》卷三十四〈武夷學案·葉氏門人〉「莊定黃先生祖舜」條後
另載沈大廉《論語說》佚文四條，曰：

鄉人林德膚嘗云：「時人稱季文子三思，夫子以爲不然。曰：『如能

〔註38〕清黃宗羲《宋元學案》，北京，中華書局出版，1989 年北京第二次印刷，頁
　　　　1149。
〔註39〕同註38，頁 1137。
〔註40〕同註29，卷二百十八，頁 4 下。
〔註41〕同註38，頁 1149～1150。

　　再思可矣，何望其三乎？』如三家之強，文子殆未之思也。」

　　先儒謂犁牛指仲弓之父，非也。斥父稱子，豈聖人之意。言才德之
　　不繫于世類耳！

　　「君子義以爲質」四語，似屬立政言。若學者，則「敬以直內」乃
　　其本。

　　「君子不施其親」，不私于親也。〔註42〕

據上所引，則大廉《論語說》尙存佚文七條；又據《論語說》引及黃祖舜之
材料，則《論語解義》猶有吉光片羽者存焉。朱氏《經義考》謂二書全佚，
殆未深考耳。

肆、張九成與釋宗杲交游考

　　《解題》卷三〈語孟類〉著錄：

　　《語孟集義》三十四卷，朱熹撰。集二程、張氏及范祖禹、呂希哲、
　　呂大臨、謝良佐、游酢、楊時、侯仲良、周孚先凡十二家。初名《精
　　義》，後刻於豫章郡學，始名《集義》。其所言「外自託於程氏，而
　　竊其近似之言，以文異端之說」者，蓋指張無垢也。無垢與宗杲遊，
　　故云爾。〔註43〕

案：本條「外自託於程氏，而竊其近似之言，以文異端之說」云云，實乃朱
子《語孟集義‧自序》中抨擊張無垢之語。無垢，張九成號，《宋史》卷三百
七十四〈列傳〉第一百三十三有傳。九成有《張氏論語解》二十卷、《孟子解》
十四卷，《解題‧語孟類》均著錄之。朱子「異端」之評，固就張氏上述二書
而發。宗杲，本宣州奚氏子，《宋史》無傳。惟其生平事迹，可考諸宋人羅濬
《寶慶四明志》、潛說友《咸淳臨安志》及近人喻謙《新續高僧傳》。〔註44〕
無垢與僧宗杲游，《經錄考證》未曾詳考，殊見疏略。年前余已補撰〈張九成
與釋宗杲交游考〉一文以贖前愆，該文二千餘言，刊見民國九十年十二月十
六日《書目季刊》第三十五卷第三期，可參閱，茲不再贅。

〔註42〕同註38，頁1195～1196。
〔註43〕同註19，頁77。
〔註44〕可參考《慶寶四明志》卷九〈郡志〉九〈敘人〉中〈先賢事跡〉下、《咸淳臨
　　　　安志》卷七十〈人物〉十一〈方外僧〉、《新續高僧傳》卷第十二〈習禪篇〉
　　　　第二之二〈南宋臨安徑山寺沙門釋宗杲傳〉。

伍、陳耆卿「嘗主麗水簿」說辨正

《解題》卷三〈語孟類〉著錄:

> 《論語紀蒙》六卷、《孟子紀蒙》十四卷,國子司業臨海陳耆卿壽老
> 撰。水心葉適爲之〈序〉。耆卿,學於水心也。嘗主麗水簿,當嘉定
> 初年成此書。〔註45〕

案:耆卿,字壽老,號筼窗,《宋史》無傳。《宋元學案》卷五十五〈水心學
案〉下「水心門人‧司業陳筼牕先生耆卿」條、〔註46〕《宋史翼》卷二十九
〈列傳〉第二十九〈文苑〉四均有傳,〔註47〕然皆未載及耆卿主麗水主簿事。
余前撰《經錄考證》亦未作深考,乃僅有「至言耆卿主麗水簿,《解題》應別
有所據也」之說,所言形同虛應故事,殊未當也。〔註48〕考《四庫全書》第
一一七八冊收有耆卿《筼窗集》凡十卷,檢其集之詩文所載,耆卿均未自言
曾主麗水簿。惟該書卷四〈記〉則有〈處州平政橋記〉一篇,文末署年及其
所自署職稱,作「嘉定十一年二月既望,迪功郎、處州府青田縣主簿陳耆卿
記」。〔註49〕嘉定,乃寧宗年號;十一年,歲次戊寅,即西元 1218 年。其時
耆卿所任者爲青田縣主簿。另卷五〈書〉有〈上水心先生書〉,函首曰:「十
月五日,迪功郎、處州青田縣主簿陳耆卿謹齋沐裁書再拜,獻於崇福待制侍
郎先生閣下。」〔註50〕是耆卿乃自稱任青田縣主簿。故竊疑此函亦撰於嘉定
十一年。又檢該書卷六〈啓〉載有〈賀青田丁知縣啓〉〔註51〕、〈回青田陳監
稅啓〉〔註52〕、〈通青田李知縣啓〉〔註53〕。就上述所引資料考之,在在皆足
以證明耆卿與麗水縣無涉,反與青田關係至爲密切,故其所任者必非麗水簿,
乃青田縣主簿。又考麗水、青田二縣均隸處州,《宋史》卷八十八〈志〉第四
十一〈地理〉四〈兩浙〉載:

> 處州,……縣六……麗水,望。龍泉,望。……松陽,上。……遂

〔註45〕同註 19,頁 78。
〔註46〕同註 38,頁 1806～1807。
〔註47〕同註 27,頁 313。
〔註48〕同註 2,第五章〈《直齋書錄解題》經錄考證〉,頁 681。
〔註49〕《四庫全書》第一一七八冊《筼窗集》,頁 30 下～31 上。
〔註50〕同註 49,頁 41。
〔註51〕同註 49,頁 54。
〔註52〕同註 49,頁 58 下～59 上。
〔註53〕同註 49,頁 59 下～60 上。

昌，上。……縉雲，上。青田，中。〔註54〕

是其證。今人譚其驤《中國歷史地圖集》第六冊「宋、遼、金時期」繪有「南宋兩浙西路、兩浙東路、江南東路」圖。〔註55〕細觀其圖所示，則麗水在青田西北，青田在麗水東南，兩地由大溪相連，並循永嘉江經溫州流出大海。故疑振孫撰《解題》時，未及細核耆卿宦履，乃因麗水、青田同屬處州，兩縣相距匪遙，一時失慎，遂有耆卿「嘗主麗水簿」之訛說。前撰《經錄考證》未及辨正《解題》此失，自知疏略，特補作考證如上。

民國九十二年（2003）國慶日，撰於華梵大學東方人文思想研究所

本文民國九十二年（2003）十一月二十九日宣讀於中國經學研究會主辦之「第三屆中國經學國際學術研討會」。刊見中國經學研究會主編之《經學論叢》（2003 年 12 月）

〔註54〕同註 21，頁 2176。
〔註55〕譚其驤《中國歷史地圖集》第六冊，北京：中國地圖出版社，1982 年 10 月，頁 59～60。

讀陳振孫《直齋書錄解題》札記

余近十年均致力於陳振孫及其《直齋書錄解題》之研究，先後撰成《陳振孫之生平及其著述研究》、《陳振孫之經學及其〈直齋書錄解題〉經錄考證》、《陳振孫之史學及其〈直齋書錄解題〉史錄考證》、《陳振孫之子學及其〈直齋書錄解題〉子錄考證》、《陳振孫之文學及其〈直齋書錄解題〉集錄考證》五書。除第一、二種已出版面世外，其餘三種仍在細加增訂，以備絡繹付印。今年初春，從香江省親返台北執教，課餘重溫《直齋書錄解題》，發現其間仍有不少餘義猶有待於深入鑽研與闡發者。爰用古人撰作讀書札記之體例，將一己心得與研究成果，陸續寫就札記三十餘篇。凡所撰作，自信足補前五書之未逮，亦有可匡正五書之失者。近日《新亞學報》第二十一卷籌備出版，辱承邀稿，謹選出所撰札記十二篇以應。不賢識小，敬祈學術界先進、目錄學同道不吝賜教。

壹、「景獻」考

陳振孫《直齋書錄解題》卷一〈易類〉載：

> 《易總說》二卷，端明殿學士永嘉戴溪肖望撰。每卦爲一篇。嘉定初，爲東宮端尹，作此以授景獻。

考戴溪，《宋史》卷四百三十四〈列傳〉第一百九十三〈儒林〉四有傳。其〈傳〉載：

> 戴溪字肖望，永嘉人也。少有文名。淳熙五年，爲別頭省試第一，監潭州南嶽廟。……召爲資善堂說書。由禮部郎中凡六轉，爲太子詹事兼祕書監。景獻太子命溪講《中庸》、《大學》，溪辭以講讀非詹

事職，懼侵官。太子曰：「講退便服說書，非公禮，毋嫌也。」復命類《易》、《詩》、《書》、《春秋》、《論語》、《孟子》、《資治通鑑》，各爲說以進。權工部尚書，除華文閣學士。嘉定八年，以宣奉大夫、龍圖閣學士致仕。卒，贈特進、端明殿學士。理宗紹定間，賜諡文端。

是戴溪嘗於景獻太子時任詹事，《易總說》二卷，乃溪類《易》爲說以進，並授景獻者也。

景獻太子即趙詢。《宋史》卷二百四十六〈列傳〉第五〈宗室〉三載：

景獻太子諱詢，燕懿王後，藝祖十一世孫也。初名與願。寧宗既失夔王，從宰執京鏜等請，取與願養于宮中。年六歲，賜名曮，除福州觀察使。嘉泰二年，拜威武軍節度使，封衛國公，聽讀資善堂。……曮立爲皇太子，拜開府儀同三司，封榮王，更名憉。詔：「御朝太子侍立，宰執日赴資善堂會議。」尋用天禧故事，宰輔大臣並兼師傅、賓客。太子出居東宮，更名詢。嘉定十三年薨，年二十九，諡景獻。

是景獻乃趙詢之諡號。年前，余撰《陳振孫之經學及其〈直齋書錄解題〉經錄考證》一書，其「《易總說》二卷」條中竟誤以「景獻」爲理宗廟號，疏舛殊甚，特撰此文以糾吾過，並誌吾愆。

至《解題》此條稱戴溪所任職爲「東宮端尹」，蓋端尹乃詹事之別名。考《新唐書》卷四十九上〈志〉第三十九上〈百官〉四上「東宮官，詹事府」條載：

詹事府：太子詹事一人，正三品；少詹事一人，正四品上。……隋廢詹事府。武德初復置。龍朔二年曰端尹府，詹事曰端尹，少詹事曰少尹。

案：武德，唐高祖年號；龍朔，唐高宗年號。是振孫《解題》此條乃以唐代官職，以稱戴溪所任官。

貳、《春秋二十國年表》撰人考

《直齋書錄解題》卷三〈春秋類〉著錄：

《春秋二十國年表》一卷，不知何人作。周而下，次以魯、蔡、曹、衛、滕、晉、鄭、齊、秦、楚、宋、杞、陳、吳、邾、莒、薛、小邾。

此條《四庫全書》本《解題》館臣有案語，曰：「《解題》自周而下，所列止十八國，蓋有脫字。」余前撰《陳振孫之經學及其〈直齋書錄解題〉經錄考證》，乃據《通志堂經解》本《春秋二十國年表》所列之二十國，考出「薛」下有「許」字；則《解題》所脫者為「許」字也。

有關《春秋二十國年表》之撰人為誰？《解題》謂「不知何人作」。清朱彝尊《經義考》卷一百七十八〈春秋〉十一著錄此書，亦引《國史志》謂「不知撰人」。考南宋王應麟《玉海》卷十五〈地理·地理書〉「《春秋二十國年表》」條載：

> 《中書書目》：「《左氏春秋二十國年表》一卷，紹興中，環中撰。由周、魯而下二十國。」

案：《玉海》所引之《中書書目》，應為《中興書目》之筆誤。《中興書目》即《中興館閣書目》之省稱。是則《春秋二十國年表》一書，《中興館閣書目》著錄作環中撰。

然環中此人，《宋史》及相關史籍均無其傳，《中國人名大辭典》亦無其條目。故頗疑環中者，乃自號「環中居士」之胡垫，《中興館閣書目》著錄時或脫其姓氏。清黃宗羲《宋元學案》卷三〈高平學案〉有「孫氏門人·教授胡環中先生垫」條載其生平曰：

> 胡垫字德林，寧都人也。孫介夫弟子。方雅好古，端凝介特，講學于長春谷，藏書萬卷，自號環中居士。以八行薦，成政和八年進士，累官婺州教授。睦寇至，官吏遁去，先生嘆曰：「先世以勇顯，吾以八行起，豈可上負朝廷，下慚先世！」城陷不降，舉家死之。事聞，官其從子二人。所著有諸經講義。

案：婺州，今浙江金華；睦州，今浙江建德縣。金人之寇睦，在宋高宗紹興時。是則垫之殉國，亦必在紹興年間。垫為孫介夫弟子，介夫名立節，經學深醇，著有《春秋傳》，其生平亦見《宋元學案》卷三〈高平學案〉。如環中即胡垫，則其所撰之《春秋二十國年表》，正傳承其師孫介夫《春秋》經學者也。《中興館閣書目》謂《春秋二十國年表》「紹興中」撰，應為約計之詞，胡環中之撰成此書，必在其從容就義前也。是垫固深悉《春秋》君臣大義，故其踐履國難能如此之堅決。

以上據《玉海》所引《中興館閣書目》，考出《春秋二十國年表》之撰人為環中。余又頗疑環中即胡垫。所惜文獻仍不足徵，鄙論未必稱精鑿。姑存

此疑，以俟續考。〔註1〕

參、任貫小考

《直齋書錄解題》卷三〈春秋類〉著錄：

> 《春秋會義》二十六卷，鄉貢進士江陽杜諤獻可撰。自《三傳》及
> 啖、趙諸儒迄於孫氏《經社》，凡三十餘家，集而繫之，時述以己意。
> 有任貫者爲之〈序〉，嘉祐中人也。

任貫，《宋史》、《宋史新編》、《宋史翼》、《四十七種宋代傳記綜合引得》均無
其傳記資料，余前撰《陳振孫之經學及其〈直齋書錄解題〉經錄考證》亦未
能考得其生平出處。近檢清徐松《宋會要輯稿》，於第一百七冊〈選舉〉二之
九查出任貫資料一條，迻錄如左：

> （嘉祐）六年四月二十二日，以新及第進士第一人王俊民，爲大理
> 評事，僉書武軍節度判官公事；第二人陳睦，兩使幕職官；第三人
> 廳將作監主簿王陟臣，爲太常寺奉禮郎，簽書高郵軍判官廳公事；
> 第四人任貫、第五人黃履，並爲試銜知縣；第六人已下，明九經及
> 第，並爲試銜大郡判司、大縣主簿尉。第二甲至第四甲，並爲銜判
> 司、簿尉。第五甲并諸科同出身，並守選。

是則任貫於嘉祐六年考選一甲第四人，得任試銜知縣。《解題》謂任貫「嘉祐
中人」，與此正可相參證。所惜貫所爲〈序〉未之見，不悉四川大學古籍整理
研究所編《全宋文》已輯得之否？

肆、張九成與釋宗杲交游考

《直齋書錄解題》卷三〈語孟類〉著錄：

> 《語孟集義》三十四卷，朱熹撰。集二程、張氏及范祖禹、呂希哲、
> 呂大臨、謝良佐、游酢、楊時、侯仲良、周孚先，凡十二家。初名
> 《精義》，後刻於豫章郡學，始名《集義》。其所言「外自託於程氏，
> 而竊其近似之言，以文異端之說」者，蓋指張無垢也。無垢與僧宗
> 杲遊，故云爾。

案：《解題》此條所言「張無垢」，即張九成。九成自號無垢居士，有《張氏

〔註1〕 此則連同〈任貫小考〉，曾以〈讀《直齋書錄解題·春秋類》札記二則〉爲篇
名，刊於《中國書目季刊》第三十五卷第二期。（2001 年 6 月）

論語解》二十卷、《孟子解》十四卷，《解題》同卷〈語孟類〉已著錄，《宋史》卷三百七十四〈列傳〉第一百三十三有傳。九成與宗杲遊，前撰《陳振孫之經學及其〈直齋書錄解題〉經錄考證》未嘗考及其事，特補苴如下：

《宋史・張九成傳》載：

張九成字子韶，其先開封人，徙居錢塘。游京師，從楊時學。……先是，徑山僧宗杲善談禪理，從游者眾，九成時往來其間。（秦）檜恐其議己，令司諫詹大方論其與宗杲謗訕朝政，謫居南安軍。……九成研思經學，多有訓解，然早與學佛者游，故其議論多偏。

《宋史・張九成傳》所載此段文字，足與《解題》相參證。《解題》引朱子言，稱九成解《論》、《孟》爲「異端之說」，《宋史》亦評九成「早與學佛者游，故其議論多偏」；兩者所論，固相一致。

宗杲，《宋史》無傳，而宋人羅濬《寶慶四明志》及宋潛說友《咸淳臨安志》與近人喻謙《新續高僧傳》則有傳。《寶慶四明志》卷九〈郡志〉九〈敘人〉中〈先賢事跡〉下載：

僧宗杲，賜號佛日大師，自稱妙喜庵。紹興辛酉忤秦檜，勒返初服，竄南中。丙子，檜死，被旨北歸，還其僧祴，乃受請〔註2〕住育王。參學之人，數常千百，叢林之盛，無與爲比。

紹興辛酉，爲紹興十一年（1141）；丙子，爲紹興二十六年（1156）。宗杲之忤秦檜，返初服，竄南中，其後被旨北歸，得還僧祴，即在此十六年間。是則詹大方論九成「與宗杲謗訕朝政，謫居南安軍」，其年應在紹興辛酉（1141）。《寶慶四明志》所記，足補《宋史・張九成傳》之未備。

潛說友《咸淳臨安志》卷七十〈人物〉十一〈方外僧〉載：

宗杲字曇晦，本姓奚。丞相張浚命主徑山法席，學徒一千七百人，來者猶未已，敞千僧閣以居之，號臨濟中興。張九成與爲方外交，秦檜疑其議己，言者論其誹謗朝政，動搖軍情，九成唱之，宗杲和之。紹興十一年五月，詔毀僧牒，置衡州。二十二年，移海州，四方衲子忘軀命往從之。二十五年，特恩許自便。明年，復僧伽梨，奉朝旨往阿育山。逾年，復居山。

《咸淳臨安志》所載宗杲事跡，實較《寶慶四明志》爲詳贍。

喻謙《新續高僧傳》卷第十二〈習禪篇〉第二之二〈南宋臨安徑山寺沙

〔註 2〕「受請」疑應作「受詔」。「請」、「詔」二字形近致誤。

門釋宗杲傳〉載：

> 釋宗杲字大慧，因居妙喜庵，又稱妙喜，宣州奚氏子，或云即雲峰
> 悅之後身也。……（紹興）十一年五月，秦檜以杲爲張九成黨，毀
> 其衣牒，竄衡州。二十六年十月，詔移梅陽，不久復其形服，放還；
> 十一月，詔住阿育王。二十八年，令再住徑山，大宏圓悟宗旨。辛
> 巳春，退居明月堂，……委然而逝世，壽七十有五，坐五十八。夏，
> 諡曰普覺，塔名寶光。

據是，則宗杲之竄衡州，乃因「張九成黨」被牽連。其「奉朝旨住阿育山」，
在紹興二十六年（1156）十一月。又「逾年，復居山」者，即指二十八年（1158）
再住徑山寺。《新續高僧傳》所記，與《咸淳臨安志》所述，恰可相互補證。
《新續高僧傳》謂宗杲卒於辛巳，壽七十五。辛巳，爲紹興三十一年（1161）。
由是上溯，則宗杲生於哲宗二年丁卯（1087）。

九成與宗杲交游，忤秦檜，《宋史》卷四百七十三〈列傳〉第二百三十二
〈姦臣〉三〈秦檜傳〉亦記其事，謂：

> 張九成以鼓唱浮言貶，累及僧宗杲編配，皆以語忤檜也。

然〈秦檜傳〉將此事繫於紹興十三年（1143），則所記顯誤。

清厲鶚《宋詩紀事》卷九十三「宗杲」條，有宗杲小傳，另載其〈寄無
垢居士〉一詩。其小傳曰：

> 宗杲字曇晦，宣城奚氏子。住臨安徑山。與張子韶爲友，觸秦檜怒，
> 流衡州，後放還。示寂，孝宗賜號大慧禪師。

《宋詩紀事》謂宗杲賜號大慧禪師，與《寶慶四明志》謂「賜號佛日大師」
不同。據《新續高僧傳》所記，「大慧」乃宗杲別字，非賜號，厲鶚誤；否則，
鶚或另有所本也。

至〈寄無垢居士〉一詩則曰：

> 上苑玉池方解凍，人間楊柳又垂春。山堂盡日焚香坐，常憶毘邪杜
> 口人。《徑山志》。

此詩采自《徑山志》，揣首、二句詩意，約可推知其詩寫成於紹興二十七年（1157）
春間。蓋其時秦檜已死，而九成、宗杲遇赦，得以放還未久。是故「玉池方
解凍」、「楊柳又垂春」云云，皆象徵比況語，暗指遇赦放還，殊非單純寫景
之句。末句之「毘邪杜口人」，即指張九成無垢居士。毗邪，或譯作毘耶，乃
城名，維摩詰所居之地。考後秦僧肇《肇論》有句云：「釋迦掩室於摩竭，淨

名杜口於毘耶。」斯即本詩末句所本。淨名乃毘摩羅詰之意譯,一譯作無垢,
即維摩詰居士。宗杲有意將九成比作維摩詰,則其用典之圓融無礙,已達天
衣無縫之上乘境界。

以上略徵引《宋史》、《寶慶四明志》、《咸淳臨安志》、《新續高僧傳》、《宋
詩紀事》諸書,考證九成與宗杲之交游,用補拙著之未備。然爲文獻不足所
囿,所考容有未周之處,他日若獲新資料,當續考論之。〔註3〕

伍、王長孺、王俅父子事迹小考

《直齋書錄解題》卷三〈小學類〉著錄:

> 《嘯堂集古錄》二卷,王俅子弁撰。李邴漢老序之,稱故人長孺之
> 子,未詳何王氏也。皆錄古彝器欵識,自商迄秦凡數百章,以今文
> 釋之,疑者闕焉。

案:王俅與其尊翁長孺,《宋史》、《宋史新編》、《宋史翼》均無傳,而爲俅書
撰〈序〉之李邴,其傳則見《宋史》卷三百七十五〈列傳〉第一百三十四。〈李
邴傳〉略謂:

> 李邴字漢老,濟州任城縣人。中崇寧五年進士,累官爲起居舍人,
> 試中書舍人。……欽宗即位,除徽猷閣待制。……高宗即位,……
> 四月,拜尚書右丞,未幾,改參知政事。……紹興五年,詔問宰執
> 方略,邴條上戰陣、守備、措畫、綏懷各五事,……不報。邴閒居
> 十有七年,薨于泉州,年六十二,謚文敏。有《草堂集》一百卷。

據是,則邴乃徽、欽、高朝人。從紹興五年(1135)下移十七載,即爲紹興二
十一年(1151),是歲邴卒,年六十二。由是上推,則邴之生歲乃哲宗元祐五
年(1090)。

邴所撰〈嘯堂集古錄序〉,全文俱存,據之可略考長孺父子生平事迹。前
撰《陳振孫之經學及其〈直齋書錄解題〉經錄考證》未嘗徵引,茲不吝辭費,
迻錄如次,俾便參證。其〈序〉曰:

> 秦李斯以新意變古科斗書,後世相沿,益復精好。自漢、唐以來,
> 能者不可概舉,唯鍾鼎文間見於士大夫家,謂如〈洗玉池銘〉、〈讀
> 書堂帖〉,字既不多,往往後人依倣爲之,殆無古意。青社趙公、東
> 平劉公、盧陵歐陽公三家,收金石遺文,最號詳備,獨鼎器欵識絕

〔註3〕此則後刊於《中國書目季刊》第三十五卷第三期。(2001年12月)

少，字畫復多漫滅，不可考證；及得呂大臨、趙九成二家《考古圖》，雖略有典刑，辨釋不容無舛。晚見《宣和博古圖》，然後愛玩不能釋手，蓋其欵識雖自鼎器移為墨本，無毫髮差，然流傳人間者，纔一二見而已。近年好事者亦刻鼎文于右，重而辨釋，字既失真，而立說疎略，殊可怪笑。予方恨近時字學不修，秦、漢書法尤為壞散，人皆出意增損，取美一時，略無古人渾厚之氣。一日，予故人開國長孫之子王俅子弁見過，出書二巨編，皆類鍾鼎字甚富，名《嘯堂集古錄》。且謂予曰：「俅不揆，留意於此久矣！自幼至今，每得一器欵識，必模本而投之篋。積三十餘年，凡得數篋，則又芟夷剪截，獨留善編次之，其志猶以謂未足也。他日再獲古文奇字，即續於卷末，將示子孫，永為家寶。」予與長孫同師、同舍、同鄉關，又為同年進士，兩家契故甚密。子弁幼警悟，不類常兒；長年，好學工文，鄉先生皆稱異之；又精於古字，四方人士以絹素相求者，門無虛日。予既喜故人之有子，復熟觀此二編，大慰平昔所願欲而不得者。子弁欲予文傳信將來，予欣然為敘卷首而歸其書云。雲龕小隱李邴漢老序。

據邴〈序〉，則長孫父子為濟州任城（今山東濟寧縣）人，長孫中進士亦在崇寧五年（1106），李、王兩家「契故甚密」也。至王俅則「幼警悟」，及長「好學工文」，又「精於古字」，四方來求者，「門無虛日」。而其所撰《嘯堂集古錄》，「類鍾鼎字甚富」，讀之大慰平生。俅嘗求序於邴，邴「欣然為敘卷首而歸」之。

王俅事迹，另見曾機所撰〈嘯堂集古錄序〉。機字伯虞，號靜庵，吉水人。《宋史》無傳，清黃宗羲《宋元學案》卷二十八〈兼山學案・艮齋門人〉有傳。機〈序〉曰：

武王〈戒書〉、〈鑑〉、〈矛〉等銘，凡十有四，規警備至，成書具在，乃知古人一械一物必有欵識，非特文字刻書之為諒也。呂、劉相嬗，日超便簡，器用淪圮，更百千載，如嶧山、火泐、石鼓、泥蟠，何可勝紀。先正歐陽文忠先生始集名碑遺篆而錄之，蓋精力斯盡，而所著無幾。逮元祐以後，地不愛寶，頹堤、廢墓、埋鼎、藏敦，所觸呈露，由是《考古》、《博古》之書生焉。蓋盈編鱗次，而包羅莫究。王君子弁《嘯堂集古》最為後出，然而奇文名蹟，自商及秦，

　　纍纍凡數百章，尤為精彩，初不曉其前晦而今見。意者天地之氣運
　　必有與立於此，否則中原故物將有不得揖讓其間之歎者，此尤君子
　　所深感也。余因得其鋟板，試摘所藏邵康節〈秦權篆銘〉較之，毫
　　髮不舛，益信子弁裒類之不妄，敬書于後，且擬古人所為觸物存戒
　　之意以告之，庶幾不徒字畫之泥，而古意之未忘也。淳熙丙申六月
　　既望，盧陵曾機伯虞謹識。

據是，則知曾幾於俅之《嘯堂集古錄》推崇備至。既稱其所收富贍且精，「奇
文名蹟，自商及秦，纍纍凡數百章，尤為精彩」，比之歐陽修《集古錄》「所
著無幾」，應夐乎遠矣；又謂其書「裒類之不妄」，持較機所自藏邵康節〈秦
權篆銘〉，竟「毫髮不舛」。是故俅之書雖「最為後出」，若與呂大臨《考古圖》、
黃伯思《博古圖說》相角，亦未遑多讓。

　　俅之《嘯堂集古錄》，北京圖書館藏有宋刻本。《北京圖書館古籍善本書
目・史部・金石類》著錄：

　　《嘯堂集古錄》二卷，宋王俅撰。宋刻本。于文傳、翁方綱、阮元、
　　黃紹箕、朱文鈞跋，滕用亨題欵。四冊，白口左右雙邊。

是則曾機作〈序〉，所謂「得其鋟板」；與陳振孫《直齋書錄解題》所著錄《嘯
堂集古錄》二卷，應同於北圖所藏之宋刻本。

　　至長孺事迹，清徐松《宋會要輯稿》第一百八十九冊〈方域〉七之二七
曾記一事，前撰《陳振孫之經學及其〈直齋書錄解題〉經錄考證》未考及之，
茲謹錄如下，以識疏略。《輯稿》曰：

　　（大觀）三年正月二十四日，詔胡耳西道蠻面慕納土，福〔註4〕員
　　千里，宜有以鎮撫其俗，今令王子武同王長孺度地之要，據其腹心，
　　建置一州，仍令長孺知州事。

大觀，徽宗年號；三年，歲次己丑，乃西元 1109 年。是則長孺於崇寧五年丙
戌（1106）既中進士，三載以後即有「度地」及「知州事」之任命，斯固有功
於宋室者；至其子俅又能著書傳世，立言以垂不朽；是則王氏喬梓二人，亦
可謂無忝所生矣。

陸、呂南公里籍考

　　《直齋書錄解題》卷四〈正史類〉著錄：

〔註4〕「福」應作「幅」，筆誤。

《三國志》六十五卷，晉治書侍御史巴西陳壽承祚撰，宋中書侍郎
裴松之世期注。……大抵本書固率略，而注又繁蕪，要當會通裁定，
以成一家，而未有奮然以爲己任者。豐、祐間，南豐呂南公銳意爲
之，題其齋曰「袞斧」，書垂成而死，遂弗傳。

是《解題》以呂南公爲南豐人。

然《宋史》四百四十四〈列傳〉第二百三〈文苑〉六〈呂南公〉載：

呂南公字次儒，建昌南城人。

則《宋史》本傳以南公爲南城人。

南公另有《灌園集》三十卷，《解題》卷十七〈別集類〉著錄云：

《灌園集》三十卷，鄉貢進士呂南公次儒撰。熙寧初，試禮部不利，
會以《新經》取士，遂罷舉。欲修《三國志》，題其齋曰「袞斧」，
書將成而死，其書亦不傳。

《解題》著錄此條，與〈正史類〉「《三國志》六十五卷」條所載呂南公事，
可相互參證。

南公《灌園集》，宋人南豐符行中嘗序之，曰：

劉夢得嘗稱瀟、湘間無土山，無濁水，民乘是氣，往往清慧而文。
吾鄉麻源地氣殊異，江山炳靈，視瀟、湘間爲不足道。近時人物磊
落相望，其位於朝，光顯者固多；而隱於韋布，卓立傑出如灌園先
生者，世未必知之。曾子固獨愛重其文，謂「麻姑秀氣，世不乏人」，
豈虛言哉！

〈序〉末署「南豐符行中序」，是則符氏於此處固視南公爲同鄉，爲南豐人
矣。

然符〈序〉又曰：

元祐中，在朝諸公交口稱薦，欲命以官，而先生不幸蚤世，咸用盡
傷。余先君昔與之遊，備知其賢，每嘆南城豪傑之士，如李泰伯、
王補之及先生，其才皆有大過人者，而所享皆不永。泰伯、補之雖
得卑位，則旋而死；先生且未及仕，造物者何奪之速，殆難以理推，
蓋命也。

據是，則符氏又稱南公爲南城人，似前後所言頗不一致，易令人疑惘。

考今人譚其驤主編《中國歷史地圖集》第六冊，頁 26「北宋・江南西路
圖」，南城與南豐均隸建昌軍，南豐在南城之南，盱水流通兩地，而南城則建

昌軍軍治所在地也。故南豐之與南城，顯非同爲一地。

檢《灌園集》卷十七〈雜著〉，有呂南公自撰〈呂氏家系〉，其文曰：

> 開寶八年，王師加金陵，兵官樊若水至城下，晚請於帥以燔民盧，而吾家毀焉。曾祖王父君搶攘，挾其二子輕齎南遁。至江州，遇其故人有祿者，教以直走南豐，於是從之。明年，復遣次子返省金陵，且謀復舊居，而舍阯、券籍皆灰蕩不可理辯，遂定計爲南豐人。有屋于縣郭之東，逐土宜爲生。居二年，曾祖王父君卒，其長子是爲大父。大父有二子，其季，先人也。先人生於祥符戊申，是歲大父君卒，先人生纔十月，家貧不能自存，大母棲以襁褓，挈而嫁南城人傅可忠。故先人養于傅氏，長因家焉。嘉祐九年正月丁巳，先君卒，有四子云。

據是，則南公之先爲金陵人。開寶八年（975），王師加金陵，走南豐，乃爲南豐人。其後，大父卒，大母挈其父更嫁南城傅可忠，其父「養于傅氏」，乃爲南城人。是故，南公之里籍，以祖籍計可稱金陵人。入宋後，以寄籍計，其初可稱南豐人，其後可稱南城人。陳振孫稱「南豐呂南公」，溯其寄籍之先也；《宋史》本傳稱「建昌南城人」，言其後也。至符行中撰〈序〉，或言南豐，或言南城，亦非前後不一致，得讀呂南公〈呂氏家系〉，則可深悉行中所言之究竟矣。〔註5〕

柒、蕭子顯非齊豫章王蕭嶷之孫辨

《直齋書錄解題》卷四〈正史類〉著錄：

> 《齊書》五十九卷，梁吳興太守蕭子顯景陽撰。本傳稱六十卷。子顯者，齊豫章王嶷之孫也。

按：蕭子顯，《梁書》卷三十五〈列傳〉第二十九附其兄〈蕭子恪傳〉。〈蕭子恪傳〉載：

> 蕭子恪字景沖，蘭陵人，齊豫章文獻王嶷第二子也。

又載：

> 子顯字景陽，子恪第八弟也。幼聰慧，文獻王異之，愛過諸子。

文獻王，即豫章文獻王蕭嶷，《解題》省稱作豫章王。考《南史》卷四十二〈列

〔註5〕此則後刊於《新國學》第三卷。（2001 年 12 月）

傳〉第三十二〈齊高帝諸子〉上〈豫章文獻王嶷子子廉、子恪、子操、子範、子範子乾、子範弟子顯、子雲〉載：

> 豫章文獻王嶷字宣儼，高帝第二子也。

又載：

> 子顯字景陽，子範弟也。幼聰慧，嶷偏愛之。

綜上所引《梁書》、《南史》資料，則悉子顯乃子恪、子範之弟，豫章文獻王蕭嶷之第八子。《解題》謂：「子顯者，齊豫章王嶷之孫也。」直齋以子作孫，顯誤。

捌、《唐餘雜史》應稱《唐餘錄》

《直齋書錄解題》卷四〈正史類〉著錄：

> 《新五代史》七十四卷，歐陽修撰。……然不爲韓瞠眼立傳，識者有以見作史之難。案韓通之死，太祖猶未踐極也，其當在〈周臣傳〉，明矣。惟王皞《唐餘雜史》以入〈忠義傳〉云。

案：王皞，即王子融，王曾弟。《宋史》卷三百一十〈列傳〉第六十九附〈王曾傳〉。其〈傳〉載：

> 子融字熙仲。初以曾奏，爲將作監主簿。祥符進士及第，累遷太常丞，同知禮院。獻所爲文，召試，直集賢院。嘗論次國朝以來典禮因革，爲《禮閣新編》上之，以其書藏太常。……又集五代事，爲《唐餘錄》六十卷以獻。……本名皞，字子融。元昊反，請以字爲名。

據是，則皞本字子融，後以字爲名。其所著書稱《唐餘錄》，凡六十卷。本傳所記，與《解題》稱《唐餘雜史》異。

《唐餘錄》一書，宋人晁公武《郡齋讀書志》、王應麟《玉海》及《宋史·藝文志》均有著錄。《郡齋讀書志》卷第六〈雜史類〉著錄：

> 《唐餘錄》六十卷，右皇朝王皞奉詔撰。皞芟《五代舊史》繁雜之文，采諸家之說，倣裴松之體附注之。以本朝當承漢、唐之盛，五代則閏也，故名之曰《唐餘錄》。寶元二年上之。溫公修《通鑑》，間亦采之。

蓋皞以五代爲「閏」，故稱五代爲「唐餘」，其書實效裴松之注《三國志》而注薛居正《舊五代史》者。寶元，宋仁宗年號，二年（1039），歲次己卯，其

時歐陽修《新五代史》猶未出也。

《玉海》卷第四十七〈藝文・雜史〉「《唐餘錄》」條著錄：

> 寶元二年十一月戊子朔，尚書刑部郎、直集賢院王皡上，六十卷。
> 詔獎諭。五代，閏也，故名《唐餘錄》，《通鑑》間亦采之。《書目》：
> 「六十卷，王皡芟《五代舊史》，旁採諸家小說，傚裴松之《國志》
> 附見于注。」

《玉海》所引之《書目》，即南宋陳騤《中興館閣書目》。《中興館閣書目》此
條所記，多據《郡齋讀書志》。

《宋史》卷二百三〈志〉第一百五十六〈藝文〉二〈別史類〉著錄：

> 王皡《唐餘錄》六十卷。

又《宋史・藝文志・傳記類》著錄同。

綜上所考，則《郡齋讀書志》、《玉海》、《宋史・藝文志》著錄王皡之書，
均稱《唐餘錄》，作六十卷，與《解題・正史類》稱「王皡《唐餘雜史》」不
同。

考《解題》卷四〈別史類〉亦著錄王皡此書，云：

> 《唐餘錄史》三十卷，直集賢院益都王皡子融撰。寶元二年上。是
> 時惟有薛居正《五代舊史》，歐陽修書未出。此書有紀，有志，有傳，
> 又博采諸家小說，傚裴松之《三國志注》，附其下方，蓋五代別史也。
> 其書列韓通於〈忠義傳〉，且表出本朝褒贈之典，《新》、《舊史》皆
> 不及此。《館閣書目》以入〈雜傳類〉，非是。皡，曾之弟，後以元
> 昊反，乞以字爲名，仕至集賢院學士。

振孫《解題・別史類》著錄此書，其資料雖較《郡齋讀書志》、《玉海》、《宋
史・藝文志》爲詳贍，惟又稱此書爲《唐餘錄史》，作三十卷，與《讀書志》
諸書不同，恐均誤也。〔註6〕

玖、《百官公卿表》一百四十二卷乃李燾所續撰考

《直齋書錄解題》卷四〈編年類〉著錄：

> 《百官公卿表》十五卷，司馬光撰。……本入〈職官類〉，以〈稽古
> 錄序〉所謂「建隆接于熙寧，臣又著之於《百官表》」，即謂此書，

〔註6〕 此則曾刊於《新亞研究所通訊》第十三期。（2001 年 7 月）

蓋與《通鑑》相爲表裏，故著之於此。案晁氏《讀書志》有一百四
十二卷，未詳。

案：此《表》應入〈職官類〉，惟振孫以其與《資治通鑑》相爲表裏，故著錄
之〈編年類〉。宋晁公武《郡齋讀書志》卷七著錄此書，即歸之〈職官類〉。《讀
書志》云：

《百官公卿表》一百四十二卷，右皇朝司馬光君實等撰。熙寧中，
光以翰林學士兼史館修撰，建議欲據國史，旁采異聞，敘宋興以來
百官除拜，效《漢書》作表，以便御覽。詔許之。光請宋敏求同修，
及敏求卒，又請趙彥若繼之，歷十二年，書成奏御。

是《解題》謂「晁氏《讀書志》有一百四十二卷，未詳」者，即指此書。

《讀書志》所著錄《百官公卿表》一百四十二卷，究其實，乃李燾所續
撰，燾有〈續百官公卿表自序〉云：

司馬光以熙寧二年建議請撰《宋興以來百官公卿表》，元豐四年
《表》成，凡十卷，詔送編修院，世莫知其書何如也。按《光集》
有〈百官公卿表總序〉，文官知雜御史以上、武臣閤門使以上、內臣
押班以上，其遷出咸表見之。初不紀其卷第，某家藏舊書有所謂《百
官公卿表》者七卷：宰相、參知政事、樞密使、副爲一卷，三師、
三公、左右僕射、東宮三師、三少、賓客爲一卷，使相宜徽節度、
留後、觀察爲一卷，尚書丞、郎、給諫、常侍爲一卷，知開封府、
三司使、學士、舍人、御史中丞爲一卷，觀文、資政、端明、樞密
侍講讀學士爲一卷，十二衛、上將軍、六軍統軍爲一卷。他官皆止
天禧，惟宰相、執政盡熙寧，疑此《表》則光等所修也。然卷第此
實錄所載尚缺其三，倫類往往顛倒紛錯，而〈總序〉所稱閤門使，
及押班以上皆絕不見，豈三卷所缺即此《表》者，而傳寫偶失之歟？
若然，則他官除拜俱當以元豐爲限矣，不應自天禧以來遽絕筆，但
詳於宰相、執政也。且當時修此《表》歷十二年乃成，其久如是，
其疎略顧如是，是必不然，當某家舊藏不得其純全耳。某能薄，不
堪世用，頗願盡力於史學，而本朝故事尤切欣慕。某既不自料，故
追繼光作，將以昭明祖宗之盛德大業，使眾說咸會於一，不敢鑿空
架虛，熒惑視聽，固當事事謹其月日，如古《春秋》，乃可傳信。彼
百官沿革、公卿除拜，皆事之最大者也，年表又安可缺。因取舊七

卷盍整治之，續編其年至宣和止，元符以前皆從實錄，治平而上又
參諸正史，元符以後不免憑所傳聞。國書既非人間通有，辛苦求得
之，脫簡誤字絕無他本可校，於先後次序諒多抵牾；但憑所傳聞，
則宣和距元符二十五、六年，茲不詳，此皆某之罪也。改而正諸，
必有所待。《年表》舊止七卷，卷第不均，今釐析之，與某所續編者，
總一百四十二卷。凡所增益倫類，具之目錄。其故事當別見續紀，
此不重列。

按燾此〈自序〉所記，則光所撰《百官公卿表》本僅十卷，燾家舊藏者爲七
卷，缺三卷。其後燾續有所編，合舊之七卷，共成一百四十二卷。是則《讀
書志》所著錄之一百四十二卷，乃燾所續撰，此事固較然著明者矣。陳振孫
《解題》謂「未詳」，晁公武《讀書志》稱其書乃「司馬君實等撰」，兩者均
有所失考矣。

　　司馬光等所撰《百官公卿表》，《解題》著錄作十五卷，李燾〈續百官公
卿表自序〉則云十卷，然《玉海》卷一百十九〈官制・官名〉「《熙寧百官公
卿表》」條引《中興館閣書目》，及《宋史》卷二百三〈志〉第一百五十六〈藝
文〉二〈職官類〉所著錄此《表》均作十五卷，與《解題》同，則《解題》
所著錄未必誤也。又蘇軾《東坡七集・正集》卷三十六〈司馬光行狀〉，云此
書凡六卷。是則此書之分卷，蓋有六卷、十卷、十五卷三種，至三種內容是
否有多寡之別，已不可知。馬端臨《文獻通考》卷二百二〈經籍考〉二十九
〈史・職官〉亦著錄此書，則作一百四十五卷，馬氏自注：「《直齋書錄解題》
作十五卷。」惟馬書之著錄，應爲一百四十二卷之誤。馬氏並引李燾所撰〈自
序〉，後有按語曰：

　　按此〈序〉，則溫公本書止十卷，巽岩〔註7〕續編推而廣之，爲一百
四十二卷，晁氏所言乃巽岩續書，非溫公本書也。陳氏以爲未詳
者，是未見巽岩之書；然又以溫公之書爲十五卷，則不知其何所本
也。

是端臨以一百四十二卷《百官公卿表》爲燾所續編，此說不誤；惟謂《解題》
著錄作十五卷乃「不知其何所本」，則馬氏殆未檢《中興館閣書目》耳，此即
《解題》所本也。〔註8〕

〔註7〕巽岩，李燾字。
〔註8〕此則曾刊於《新亞研究所通訊》第十五期。（2002年3月）

拾、范祖禹乞賜劉恕家《資治通鑑》考

《直齋書錄解題》卷四〈編年類〉著錄：

> 《通鑑外紀》十卷、《目錄》三卷，祕書丞高安劉恕道原撰。司馬公修歷代君臣事迹，辟恕為屬。嘗謂《史記》不及庖犧、神農，今歷代書不及威烈之前，欲為《前紀》，而本朝為《後紀》，將俟書成請於公。會道原病廢，絕意《後紀》，迺改《前紀》為《外紀》云。《通鑑》書成，恕已亡，范淳父奏恕於此書用力最多，援黃鑑、梅堯臣例，官其子，且以書賜其家。

案：有關范祖禹乞賜劉恕家《資治通鑑》事，余前撰《陳振孫之史學及其〈直齋書錄解題〉史錄考證》僅謂：「范淳父即祖禹，《宋史》卷三百三十七〈列傳〉第九十六附其從祖〈范鎮傳〉，然未記及上奏乞賜恕家《通鑑》事。」所考殊疎略，深覺愧怍，特重考如下：

檢范祖禹《范太史集》卷二十四、四川大學古籍整理研究所編之《全宋文》卷二一三九「范祖禹」二五有〈乞賜故修書官《資治通鑑》箚子〉，該文署年為「元祐八年正月二十一日」。其文曰：

> 臣先與故秘書丞劉恕同編修《資治通鑑》，恕在職十餘年。臣昨受詔校定板本，奏御頒行，校對官皆蒙賜書。恕有子前池州華容縣尉義仲，見丁母憂，有書與臣，以不被賜為其先人之辱，欲臣奏請，義不可抑。臣檢會故中書舍人劉攽及恕皆自英宗朝開置書局即預編修，不幸亡歿，不及受賜。伏望聖慈特降指揮下國子監，印造《資治通鑑》并《目錄》、《考異》二部，賜其家子孫，則澤及淵泉，存歿榮感，他人亦難以援例。取進止。

據是，則祖禹確於宋哲宗元祐八年（1093）正月二十一日上箚子，為劉恕家子孫乞賜《資治通鑑》并《目錄》、《考異》，《解題》「范淳父奏恕於此書用力最多」，「且以書賜其家」云云固不誤。然祖禹於其《箚子》中，則絕未言及「援黃鑑、梅堯臣例，官其子」事，頗擬《解題》所記或有舛誤失實之處。

考司馬光《司馬公文集》卷五十三、《全宋文》卷一二〇六「司馬光」三五有〈乞官劉恕一子箚子〉一文，該文署年為「元祐元年上」。溫公〈箚子〉云：

> 臣伏覩秘書少監劉攽等奏，故秘書丞劉恕同編修《資治通鑑》，功力最多。比及書成，編修屬官皆蒙甄錄，惟恕身亡，其家獨未霑恩。

門戶單露，子孫并無人食祿，乞依黃鑑、梅堯臣例，官其一子。臣
往歲初受敕編修《資治通鑑》，首先奏舉恕同修。恕博聞強記，尤精
史學，舉世少及。臣修上件書，其討論編次，多出於恕。至於十國
五代之際，群雄競逐，九土分裂，傳記譌謬，簡編缺落，歲月交互，
事迹差舛，非恕精博，它人莫能整治。所以放等以眾共推先，以爲
功力最多。不幸早夭，不見書成。未死之前，未嘗一日捨書不修。
今書成奏御，臣等皆蒙天恩，褒賞甚厚，獨恕一人不得霑預，降爲
編戶，良可矜閔。欲乞如放等所奏，用黃鑑、梅堯臣例，除一子官，
使其平生苦心竭力不爲虛設。取進止。

觀是，「乞依黃鑑、梅堯臣例」官劉恕一子事，乃見司馬光所上〈箚子〉及〈箚
子〉所引劉放奏言，其事在元祐元年（1086），《解題》以爲祖禹所奏，乃振
孫之失察也。

　　據《宋史》卷四百四十四〈列傳〉第二百三〈文苑〉六〈劉恕〉所載，
恕有二子，長羲仲，次和仲。其〈傳〉曰：

　　　　（恕）死後七年，《通鑑》成，追錄其勞，官其子羲仲爲郊社齋郎。
　　　　次子和仲，有超軼材，作詩清奧刻厲，欲自成家，爲文慕石介，有
　　　　俠氣，亦早死。

是所官劉恕之子乃羲仲。羲仲初爲郊社齋郎，在元祐元年；至祖禹元祐八年
上〈箚子〉前，已改任池州華容縣尉。羲仲亦具史才，有《太初曆》、《通鑑
問疑》行世。

　　官羲仲事，司馬光〈箚子〉及《解題》均言及「援黃鑑、梅堯臣例」，考
黃鑑，《宋史》卷四百四十二〈列傳〉第二百一〈文苑〉四有傳。其〈傳〉略
謂：

　　　　黃鑑字唐卿，……少敏慧過人。舉進士，補桂陽監判官，爲國子監
　　　　直講。……累遷太常博士，爲國史院編修官。……國史成，擢直集
　　　　賢院。以母老，出通判蘇州，卒。

《宋史·黃鑑傳》雖未載有官子事，然證以溫公〈箚子〉所言，似可推知鑑
以撰成國史，其卒後亦必官其一子。是則溫公〈箚子〉「乞依黃鑑、梅堯臣例，
官其一子」云云，足補《宋史·黃鑑傳》之闕略。

　　至梅堯臣，《宋史》卷四百四十三〈列傳〉第二百二〈文苑〉五有傳。其
〈傳〉曰：

> 梅堯臣字聖俞，宣州宣城人，侍讀學士詢從子也。……用詢蔭爲河
> 南主簿，……歷德興縣令，知建德、襄城縣，監湖州稅，簽書忠武、
> 鎮安判官，監永豐倉。大臣屢薦宜在館閣，召試，賜進士出身，爲
> 國子監直講，累遷尚書都官員外郎。預修《唐書》，成，未奏而卒，
> 錄其子一人。

據是，則堯臣亦以預修《唐書》，書成未奏而卒，因得錄其一子。溫公〈箚子〉
所謂「依梅堯臣例」，即指此事。

綜上所述，余徵引《范太史集》卷二十四〈乞賜故修書官《資治通鑑》
箚子〉一文，考出范祖禹於元祐八年正月二十一日，嘗上箚子乞賜劉恕家《資
治通鑑》，此考足補拙撰《陳振孫之史學及其〈直齋書錄解題〉史錄考證》之
疏略。惟《解題》以「援黃鑑、梅堯臣例，官其子」語乃祖禹〈箚子〉所言，
則至爲謬舛，余不獲已，特揭載司馬光〈乞官劉恕一子箚子〉以證其誤，陳
振孫於此處實未免有張冠李戴之失。至「援黃鑑、梅堯臣例，官其子」云云，
余亦引《宋史》之〈黃鑑傳〉與〈梅堯臣傳〉以證成其事。然〈黃鑑傳〉未
明載官子事，溫公〈箚子〉所言，則足補《宋史》之未及。

拾壹、何烈事迹續考

《直齋書錄解題》卷五〈雜史類〉著錄：

> 《靖康拾遺錄》一卷，何烈撰。又名《草史》。

案：有關何烈生平事迹，余前撰《陳振孫之史學及其〈直齋書錄解題〉史錄
考證》僅云：

> 廣棪案：烈，《宋史》無傳。《宋史》卷三百七十八〈列傳〉第一百
> 三十七〈衛膚敏〉載：「會膚敏知貢舉，有進士何烈對省試策，謬稱
> 『臣』，諫官李處遜乞正考官鹵莽之罪，以集英殿提舉洞霄宮。或謂
> 膚敏在俊省論事，爲黃潛善、汪伯彥所惡，故因事斥之。」烈之事
> 迹，可考者僅此。

其實，何烈事迹，仍另有可考者。近檢清人徐松《宋會要輯稿》，所記何烈事
迹資料共兩條，迻錄如次：

《宋會要輯稿》第一百冊〈職官〉七○之六載：

> （高宗建炎二年二月）十八日，中書舍人汪藻、滕康、衛膚敏並罷。
> 以中書後省試四方薦士，策第二名何烈乃用廷試體稱「臣」，藻、康、

　　膚敏坐考試鹵莽，故有是命。

同書第一百九冊〈選舉〉六之四二載：

　　高宗建炎元年追復祖宗故事，於科舉之外，有文武傑特者，試而官
　　之。時郡國薦士四人適至，命中書省各試策一道。何烈對策依廷試
　　禮稱「臣」，上以其寒遠，一體推恩。既而有言其疎者，於是降充末
　　名，補下州文學。考官汪藻等坐黜。

據上引資料，則何烈對省試策事在建炎元年（1127），其後以鹵莽罪被罷之考
官，除衛膚敏外，並有汪藻與滕康二人。汪等三人之坐黜，在建炎二年（1128）
二月十八日。

　　考汪藻字彥章，饒州德興人。《宋史》卷四百四十五〈例傳〉第二百四〈文
苑〉七有傳。其〈傳〉載：

　　高宗踐祚，召試中書舍人。時次揚州，藻多論奏，宰相黃潛善惡之，
　　遂假他事，免為集英殿修撰，提舉太平觀。

此處所謂「遂假他事」者，即指何烈對策坐考官疎失事也。

　　至滕康，字子濟，應天府宋城人。《宋史》卷三百七十五〈列傳〉第一百
三十四有傳。其〈傳〉載：

　　知江州陳彥文用劉光世奏，錄其守城功，遷龍圖閣待制。康以光世
　　所上彥文功狀前後牴牾，閣而未下。宰相力主彥文，趣康行詞，康
　　論不已，宰相銜之。會布衣省試卷子不合式，康以其文取之，諫官
　　李處遯論奏，遂以集英殿修撰，提舉杭州洞霄宮。

按：其時宰相即黃潛善。「會布衣省試卷子不合式」云云者，乃指何烈事也。
其餘所記，與〈汪藻〉、〈衛膚敏〉二傳足相參證。

　　綜上所考，則知何烈於建炎元年對策省試，初列名第二，後以策中錯用
廷試體，謬自稱「臣」，乃為諫官李處遯論奏，降充末名，補下州文學。處遯
固宰相黃潛善黨，考官汪藻、滕康、衛膚敏因是坐鹵莽罪黜官。汪，免為集
英殿修撰，提舉太平觀；滕、衛，則均以集英殿修撰，提舉杭州洞霄宮。余
續考何烈事迹，所得僅如此。

拾貳、臧梓小考

　　《直齋書錄解題》卷五〈雜史類〉著錄：

　　《呂忠穆勤王記》一卷，左宣教郎臧梓撰。記建炎復辟事。

案：有關臧梓其人，前撰《陳振孫之史學及其〈直齋書錄解題〉史錄考證》僅云：

撰人臧梓，事蹟無可考。

其實不然，茲撰小考如下：

清徐松《宋會要輯稿》，第九十五冊〈職官〉六〇之二九載：

（紹興）五年五月十八日詔：「嚴州壽昌縣令臧梓，特與改合入宮，候任滿日再任。」以治績顯著，民惜其去，故有是命。

是臧梓紹興五年（1135）五月十八日前仍任嚴州壽昌縣令。嚴州壽昌，今浙江省壽昌縣。

同書第八十冊〈職官〉四〇之八載：

（紹興六年）四月四日，荊湖南路安撫制置大使兼知潭州呂頤浩言：「乞置參謀、參議、主管機宜文字各一員，幹辦公事五員，並從本司舉辟。今乞辟左朝奉郎、提舉洪州玉隆觀傅崧卿充參謀官，降授左朝請郎、主管台州崇道觀王次翁充參議官，左朝奉大夫、主管台州崇道觀范醇充主管機宜文字，右朝散郎、主管台州崇道觀王治，左宣教郎、知嚴州壽昌縣臧梓，武顯大夫、閤門宣贊舍人王繪並充幹辦公事。」從之。

是紹興六年（1136），臧梓以左宣教郎、知嚴州壽昌縣，改充呂頤浩幹辦公事。頤浩諡忠穆，梓有《呂忠穆勤王記》一書，正爲頤浩撰也。頤浩，《宋史》卷三百六十三〈列傳〉第一百二十一有傳，謂卒於紹興九年（1139），是則梓之書，必撰成於頤浩賜諡之後。

同書第一百冊〈職官〉七〇之二七載：

（紹興十二年十二月）二日，直祕閣、前知秀州方滋落職。以臣僚言：「滋爲江東茶鹽提舉，所部縣宰臧梓姦贓，爲監司所發，滋獨蔽之。嘉興知縣不法，有越訴於臺者，滋不容不知；知而縱之，實又蔽之。」故有是命。

是梓於紹興六年（1136）充頤浩幹辦公事，未幾則有嘉興知縣之調任，然以姦贓爲監司所發，則梓殆非廉吏矣。惟其前治壽昌縣則以「治績顯著」聞，橘踰淮北而爲枳，何其遷變之速也。嘉興，即今浙江省嘉興縣。至方滋，字務德，桐廬人。《宋史》無傳。宋韓元吉《南澗甲乙稿》卷二十一〈墓誌銘〉有〈方公墓誌銘〉，記其生平事迹頗詳，足以知人論世。

　　《宋史》卷二百三〈志〉第一百五十六〈藝文〉二〈史類・故事類〉著錄：

　　　　臧梓《呂丞相勤王記》一卷。

其與《解題・雜史類》所著錄者應同屬一書。

民國九十年（2001）端午節，撰於華梵大學東方人文思想研究所

原刊《新亞學報》第二十一卷（2001 年 11 月）

讀陳振孫《直齋書錄解題》續札 [註1]

　　余近十餘年來均致力於南宋著名目錄學家陳振孫及其《直齋書錄解題》之研究，先後已撰就《陳振孫之生平及其著述研究》、《陳振孫之經學及其〈直齋書錄解題〉經錄考證》、《陳振孫之史學及其〈直齋書錄解題〉史錄考證》、《陳振孫之子學及其〈直齋書錄解題〉子錄考證》、《陳振孫之文學及其〈直齋書錄解題〉集錄考證》等五書。其第一、二兩種，年前已出版面世，頗獲學壇垂注；其後三種，則猶待校讎補訂，以期盡善，方謀付印。

　　年來於課餘之暇，仍溫尋《解題》以遣岑寂。發現其間頗多餘義有待深入鑽研闡發者。爰遵顧亭林《日知錄》體例，將一己研究成果，標列題目，撰成札記數十篇。凡所撰作，自信皆足補前所撰書之未逮，亦有可匡正五書舛譌，及前人與時賢研治《解題》未安者。近國立雲林科技大學擬舉辦「漢學研究國際學術研討會」，辱承邀稿，乃選取札記五篇整理成文以應。不賢識小，自知管窺蠡測所及或未盡允愜，文中瑕纇所在多有，敬乞學術界先進、目錄學同道不吝賜正。

壹、張弧及其著作小考

　　《直齋書錄解題》卷一〈易類〉著錄：

　　　　《子夏易傳》十卷，案《隋》、《唐志》有《卜商傳》二卷，殘缺。
　　　　陸德明、李鼎祚亦時稱引。攷《漢志》初無此書。有孫坦者，爲《周
　　　　易析蘊》，言此漢杜子夏也。未知何據。使其果然，何爲不見於《漢

─────────────────

〔註 1〕本文原題〈讀陳振孫《直齋書錄解題》札記〉，茲改今名。

志》？其爲僞託明矣。隋、唐時止二卷，已殘缺，今安得有十卷？
且其經文，〈彖〉、〈象〉、〈文辭〉相錯，正用王弼本，決非漢世書。
以陸德明所引，求之今傳則皆無之。豈惟非漢世書，亦非隋、唐所
傳書矣。其文辭淺俚，非古人語，姑存之以備一家。案晁以道〈傳
易堂記〉曰：「古今咸謂子夏受於孔子而爲之《傳》，然太史公、劉
向父子、班固皆不論著。唐劉子玄知其僞矣，書不傳於今；今號爲
《子夏傳》者，《崇文總目》知其爲僞，而不知其所作之人。予知其
爲唐張弧之《易》也。」晁之言云爾。張弧有《王道小疏》五卷，
見《館閣書目》，云唐大理評事，亦不詳何時人。

案：振孫《解題》此條考《子夏易傳》非卜商撰，謂其書既非漢世書，亦非
隋、唐所傳書。後引宋晁說之以道〈傳易堂記〉，以此書爲張弧撰。晁氏〈傳
易堂記〉一文，見以道《嵩山文集》卷十五。至謂以道稱《子夏易傳》乃張
弧僞撰，斯則宋晁公武亦記及之，《郡齋讀書志》卷第一〈易類〉著錄：

> 《卜子夏易》十卷，右舊題卜子夏傳。《漢藝文志》子夏書已亡，今
> 此書約王弼注爲之者，止〈雜卦〉。景迂云：「張弧僞作。」

景迂，以道號。惟宋尤袤《遂初堂書目‧周易類》著錄有張弧解《卜子夏易
傳》，不著卷數，則尤氏固不以此書爲弧僞撰，而以爲弧所解；振孫《解題》
謂「晁之言云爾」，揣其語意，亦不盡信以道之言也。

張弧著作，《解題》謂有《王道小疏》五卷，見《館閣書目》。《館閣書目》
即《中興館閣書目》，宋孝宗淳熙五年（1178）陳騤撰，已佚。近人趙士煒有
《中興館閣書目輯考》，其書〈經部，易類〉著錄：

> 《王道小疏》五卷，唐張弧。《書錄解題》一。

士煒此條所輯考，殆據振孫《解題》也。

考清納蘭容若《通志堂經解》收有《子夏易傳》。容若撰〈序〉，曰：

> 《漢藝文志》，《易》十三家，無所謂《子夏傳》者。《隋》、《唐志》
> 始有《卜商傳》二卷，云已殘缺。……《崇文總目》雖疑之，而未
> 能確指爲何人。晁景迂始以爲唐張弧作。弧嘗著《易王道小疏》，或
> 即此書，未可知也。

是容若疑《王道小疏》與《子夏易傳》爲同一書。其實《解題》已明言《子
夏易傳》爲十卷，弧另有《王道小疏》五卷。兩者書名、卷數皆迥殊，容若
之疑爲無當矣。清朱彝尊《經義考》卷十四〈易〉十三著錄：

張氏弧《周易王道小疏》，《宋志》五卷，《中興書目》十卷。佚。按：
世所傳卜子夏《易》，晁景迂謂是張弧僞作。而弧自有《王道小疏》，
惜其書不傳，無從辨其辭旨之異同也。

案：《宋史・藝文志》並無著錄《王道小疏》一書，朱氏誤。惟彝尊以《王道
小疏》既佚，故無從辨其辭旨與《子夏易傳》之異同。朱氏所造論，則較容
若爲矜愼。

張弧所著書，尚有《素履子》一種，宋王應麟《玉海》卷第五十三〈藝
文・諸子〉著錄：

《素履子》，《國史志・儒家》：「張弧，一卷。」

《玉海》所言《國史志》，即《宋國史藝文志》。近人趙士煒《宋國史藝文志
輯本・子部・儒家》著錄：

張弧《素履子》一卷，《玉海》五三。

士煒「張弧」作「張孤」，乃字形相近而誤。至其所輯此條則據《玉海》也。

宋鄭樵《通志》卷六十六〈藝文略〉第四〈儒術〉著錄：

《素履子》一卷，張弘撰。

《通志》「弧」字又誤作「弘」。

《宋史》卷二百五〈志〉第一百五十八〈藝文〉四〈儒家類〉亦著錄：

張弧《素履子》一卷。

是弧確撰有此書。考《全唐文》卷八百二十八有「張弧」條，載：

弧，將仕郎，試大理評事。

又載其〈素履子序〉曰：

夫《素履子》者，取《周易・履卦》「初九，素履，往无咎」。以純
素爲本，履〔註2〕以履行爲先。雖布衣，素須履先王之政教。故取
天地之始，乾坤之初，聖人設教之規，賢哲行道之迹。夫禍福之端，
生於所履。是以聖人以德履帝位，而不疾光明者也。士庶履能辨上
下，定民志。輒修一十四篇，號曰《素履子》，以爲箴誡而已。

是《素履子》凡十四篇。前引朱彝尊《經義考》卷十四〈易〉十三「張氏弧
《周易王道小疏》」條曰：

弧，未詳何時人。所著《素履子》三卷，題曰：「唐將仕郎，試大理

〔註2〕此「履」字疑衍。此數句或應作「以純素爲本，以履行爲先。雖布衣，履素，
須履先王之政教」。

寺評事。」考《子夏易傳》，開元中即詔儒官詳定，而資州李氏《集解》屢引之。意其爲唐初人乎？

彝尊謂《素履子》三卷，與前引《玉海》、《通志‧藝文略》、《宋史‧藝文志》等所著錄作一卷者不同。考清紀昀《四庫全書總目》卷九十一〈子部‧儒家類〉著錄：

> 《素履子》三卷，兩淮馬裕家藏本。唐張弧撰。以〈履道〉、〈履德〉、〈履忠〉、〈履孝〉等名分目，凡十四篇。其書《新唐書‧藝文志》、晁公武《讀書志》、陳振孫《書錄解題》、尤袤《遂初堂書目》皆未著錄，惟鄭樵〈藝文略〉、《宋史‧藝文志》有之。蓋其詞義平近，出於後代，不能與漢魏諸子抗衡，故自宋以來不甚顯於世，宋濂作《諸子辨》亦未之及。然其援引經史，根據理道，要皆本聖賢垂訓之旨，而歸之於正，蓋亦儒家者流也。弧，《唐書》無傳，宋晁說之〈傳易堂記〉謂世所傳《子夏易傳》乃弧僞作。舊題其官爲大理評事，而里貫已不可考。〈藝文略〉、《宋志》皆作一卷，今本三卷，殆後人所分析歟？

是《素履子》今本作三卷，朱、紀二氏所見者皆今本。

綜上所考，張弧乃唐初人，以將仕郎試大理寺評事。其所著書計有解《子夏易傳》十卷（通志堂本作十一卷）、《周易王道小疏》五卷（或作十卷）、《素履子》一卷（今本作三卷）。是弧殆儒家者流，而譖於《易》者。

貳、武珪、趙至忠生平小考

陳振孫《直齋書錄解題》卷五〈僞史類〉著錄：

> 《燕北雜錄》五卷，〈西征寨地圖〉附，思卿武珪記。嘉祐六年，宮苑使知雄州趙□進於朝。珪自契丹逃歸，事見《國史傳》。

案：有關《解題》著錄此條，余前撰《陳振孫之史學及其〈直齋書錄解題〉史錄考證》僅曰：

> 廣棪案：《宋史》卷二百三〈志〉第一百六十五〈藝文〉二〈史類‧傳記類〉著錄：「《燕北雜錄》一卷，並不知作者。」所著錄卷數與《解題》不同，又不言及武珪記。珪，《宋史》無傳，其生平事迹無法多考。

及今觀之，前之考證頗覺疏略，其實有關武珪及趙□之生平，應仍有可考者。

武珪，清徐松《宋會要輯稿》中即有其資料。該書第一百九十六冊〈蕃夷〉二之一九載：

> （嘉祐）六年三月，以北人武珪爲下班殿侍，以上所畫〈契丹廣平淀受禮圖〉。武珪本鎮州，陷虜多年，頗知虜中事。爲沿邊安撫司指使，至是因獻〈圖〉，特錄之。

嘉祐，宋仁宗年號。是武珪陷虜多年來歸，初爲「沿邊安撫司指使」，嘉祐六年（1061）三月以獻〈圖〉，特錄爲「下班殿侍」。則《宋會要輯稿》此條所記，不惟可補武珪生平事迹，其與《解題》所述，亦恰可相互參證。

至趙囗，《四庫全書》本《解題》於「趙」字下有館臣案語曰：「此處原本闕一字。」檢宋馬端臨《文獻通考》卷二百〈經籍考〉二十七〈史僞史霸史〉所引《解題》，此句著錄作「宮苑使知雄州趙某進於朝」，是則《四庫》館臣所謂闕一字者，乃「某」字也。

《解題》著錄之「趙某」，究屬何人？宋、元以來治《解題》者，似未有考論及之。惟余則頗疑「趙某」乃趙至忠。至忠，《宋史》無傳，《宋會要輯稿》記其生平資料則甚詳，其中且多述及其獻契丹書、圖事，與《解題》所記載者若合符契。茲無妨按年月先後爲次，將資料逐錄，俾便覆按。

《宋會要輯稿》第五十六冊〈崇儒〉五之二四載：

> （嘉祐）二年四月二十六日，通判黃州趙至忠言：「陷蕃年深，異類之種皆耳目所覩，今偶錄其事，纂成三冊，并〈北庭建國以來僭位之人子孫圖〉一本。」詔：「許進入，仍轉官，移通判陳州。」

同書第一百九十六冊〈蕃夷〉二之一九載：

> （嘉祐）三年二月，殿中丞趙至忠上《契丹國俗官稱儀物錄》。至忠，本虜人，熟知其國中事。

同書第五十六冊〈崇儒〉五之二五載：

> （嘉祐）五年五月，國子博士趙至忠獻《契丹蕃漢兵馬機密事》十冊，并《契丹出獵圖》。詔：「賜銀絹一百疋兩。」

同書第九十三冊〈職官〉五七之三九載：

> （熙寧）二年七月六日，陳州通判、虞部郎中趙至忠守本官致仕。
> 詔：「至忠自契丹歸明人，特與支見錢俸。」

同書第一百八十冊〈兵〉一七之二載：

> （熙寧）二年十月二十九日，虞部郎中致仕趙至忠言：「本北來歸明

之人，自歷任並支實俸，致仕亦蒙特恩。今三司以祿令特減一半，欲乞全給。又昨致仕，乞親堂姪長慶恩澤，未蒙允許。」詔：「特支全俸見錢。」

據《宋會要輯稿》所載，是趙至忠自契丹歸宋，從嘉祐二年（1057）至五年（1060），前後三度獻上與遼國相關之圖籍，仁、神二宗待之至厚，每多嘉貺。而《解題》所載之宮苑使知雄州趙某，亦於嘉祐六年（1061）將武珪所記之《燕北雜錄》五卷等圖書進於朝，其事與至忠同，且珪亦自契丹逃歸者。故頗疑《解題》之趙某，即趙至忠。倘所疑不誤，則《解題》所載至忠事，正足補《宋會要輯稿》之未及。

檢《宋史》卷二百五〈志〉第一百五十八〈藝文〉四〈子類・雜家類〉著錄：

趙志忠《大遼事迹》十卷。

余疑此書為「趙至忠」而非「趙志忠」所撰。考趙志忠，《宋史》無傳，《宋會要輯稿》則載其生平資料，凡四條。茲亦依年月先後為次，迻錄如下：

《宋會要輯稿》第三十六冊〈禮〉四九之三六載：

（乾道六年十一月）二十一日，詔尚書右僕射虞允文書撰〈太上皇帝冊文〉，兼禮儀使；參知政事梁克家書撰〈太上皇后冊文〉，兼篆寶；入內內侍省押班趙志忠為主管。同日，上帥文武百僚詣德壽宮上表，恭請加上「光堯壽聖太上皇帝」尊號。

同書第六十六冊〈職官〉一一之四六載：

（乾道七年）十二月二日詔：「武略大夫、忠州防禦使、帶禦器械趙志忠，昨寄資日於紹興二十三年三月磨勘轉敦武郎。後來磨勘，特依徐伸等前後例，自轉授日起理。磨勘外餘剩月日，仍許接續收使。」

同書第七十五冊〈職官〉三〇之四載：

（乾道）八年三月十三日詔：「修內司自乾道元年四月至今，將及七年，造納過軍器一百五十三萬餘件，並各精緻。提舉官趙志忠特與轉景福殿使，提轄官特與轉行兩官，幹辦官二員各時轉行一官，使臣六人各減三年磨勘。」

同書第五十冊〈儀制〉一〇之四〇載：

（乾道八年）九月十二日詔：「入內內侍省副都知趙志忠妻令人陳氏，可特封淑人。」

據是，則趙志忠乃南宋初高、孝宗時人，其時遼國國祚早絕，〔註3〕而志忠所任職亦非史官，故《大遼事跡》一書，疑應為「陷蕃年深」而熟知遼事之趙至忠所撰。《宋史·藝文志》誤標作趙志忠撰，殆以兩人姓名相近而致訛耶？前引《宋會要輯稿》第五十六冊〈崇儒〉五之二四，謂至忠陷契丹，「異類之種皆耳目所覩」，因錄其事，纂成書籍三冊。至忠所纂成者，或即此《大遼事迹》十卷耶？姑存此疑，以待續考。

參、傅雱事迹雜考

陳振孫《直齋書錄解題》卷五〈雜史類〉著錄：

《建炎通問錄》一卷，宣教郎傅雱撰。建炎初，李丞相綱所進。

案：清紀昀《四庫全書總目》卷五十二〈史部〉八〈雜史類存目〉一著錄：

《建炎通問錄》一卷，浙江范懋柱家天一閣藏本。宋傅雱撰。雱，始末未詳。考李心傳《建炎以來繫年要錄》載：「建炎元年六月，宣議郎雱遷宣教郎，充大金通問使。」此《錄》即所述奉使之事。

蓋傅雱，《宋史》無傳，故曉嵐云「始末未詳」。

考清王梓材等所輯《宋元學案補遺》卷二十五〈龜山學案補遺·梁溪同調〉「傅先生雱」條載：

傅雱，浦江人。多膽略，遇事有為，與李忠定、宗忠簡游。建炎元年，金兵始退，黃潛善力主和議，白上遣先生為祈請使，自宣議郎遷宣教郎以優異之。未行，朝論遣重臣以取信，命周望為通問使。上用忠定言，乃命忠定草二帝表，付先生以行。獻二帝衣各一襲，且致書于粘罕。先生與王倫俱留軍中，久之乃歸。官至工部侍郎。《金華府志》。

讀之，頗悉傅雱充大金通問使始末。文中之李忠定即李綱，宗忠簡即宗澤，梁溪則李綱號也。是雱之書由李綱所進，其因由亦可揣悉矣。

傅雱之事迹，另散見於清徐松《宋會要輯稿》。徐書第九十冊〈職官〉五一之一○載：

（高宗建炎元年五月）九日詔：「從事郎傅雱特授宣義郎，假工部侍郎充金國通和使，武功大臣趙哲副之；修職郎王倫特授朝奉郎，假刑部侍郎充金國通問使，進士朱弁補修武郎副之。」已而輔臣黃潛

〔註3〕遼亡於天祚帝二十五年，即北宋徽宗宣和七年（1125）。

善、汪伯彥請遣祈請使，改傅雱爲祈請使，馬識遠副之。其已降遣
兵約束，且令馬忠、薛廣等駐箚大河之南，候遣使先行，別聽進止。

是傅雱於建炎元年（1127）六月，以宣議郎遷宣教郎，充大金通問使之前，曾
有通和使、祈請使之委任。「宣義」、「宣議」，通。

同書第八十一冊〈職官〉四一之二一載：

（建炎四年）九月十一日，三省言：「昨降指揮宣撫處置使司，許便
宜行事，係爲宣撫處置使有合措置事件，方許從便宜一面施行。訪
聞本司差委官屬幹辦事務，如李允文、傅雱之屬，所至專輒行事，
皆稱係依本司所得便宜指揮，州縣莫敢違戾。其宣撫使司所差官，
如有合行從權措置事務，自合申稟本司，聽候指揮。若許將本司所
得便宜指揮，自己一面施行，則凡係本司差委官吏，盡得便宜行事，
顯見侵紊。」詔：「今後除宣撫處置使依已降指揮，許便宜行事外，
其差委官屬並不許輒用便宜指揮，如違，重寘典憲。」

是建炎四年（1130）九月，傅雱時任宣撫處置使司幹辦公事，嘗專輒行事於州
縣，顯爲侵紊瀆職。

同書第一百七十八冊〈兵〉一三之六載：

（建炎四年）十二月詔：「湖南北路捉殺使孔彥舟除利州觀察使，尚
書考功員外郎、宣撫處置使司主管機宜文字傅雱特轉兩官。」以旌
勤滅叛賊鍾相之勞故也。相，本鼎州百姓，父子挾左道惑眾，占據
州縣，於建炎四年二月二十一日，徒黨冊立僭號，改年天戰，文移
皆稱聖旨，差補官屬皆用黃牒，侵占荊、岳、鼎、澧四州，勢甚猖
獗。先是，宣撫處置使司遣本司統領和安等掃蕩，其勢愈熾；至是，
遣彥舟救援。自三月一日到州，日與賊戰。二十六日辰時，遂破巢
穴，生擒僞楚王鍾相，僞太子鍾昂、鍾全、鍾緒，僞皇后伊氏，及
僞將相等。除殺死以次首領斬首號令外，其相父子并妻伊氏，檻送
行在。彥舟已論賞外，有詔賜戰袍、金束帶、銀纏捍槍、團牌，并
細葉金裝甲一副。

是傅雱於建炎四年（1130）十二月，助孔彥舟勤滅鍾相有功，特轉兩官，以示
旌賞。

今人陳樂素《三朝北盟會編考》九〈引用雜書考〉亦考及傅雱生平宦歷，
云：

據《繫年要錄》，雱爲清江人，（見建炎元年五月）奉使歸後，于建
炎三年七月以考功員外郎主管機宜文字，隨張浚入陝；建炎四年三
月，權湖北制置使。後以孔彥舟叛，坐久在彥舟軍中，責監興化軍
商稅；至紹興二年八月停官，英州羈管。流竄幾七年，至紹興九年
正月乃許自便。紹興二十六年正月，自左朝散大夫遷知韶州；二十
七年五月罷；二十八年十月卒。

是陳樂素所考，乃據宋李心傳《建炎以來繫年要錄》，然頗有漏略。而余之所
考，恰可與陳氏互補有無。

肆、羅畸生平事迹雜考

陳振孫《直齋書錄解題》卷六〈職官類〉著錄：

《蓬山志》五卷，祕書少監劍川羅畸疇老撰。凡十五門，崇寧四年
序。

案：據是則知羅畸字疇老，劍川（今浙江龍泉縣）人，官祕書少監，此書凡
五卷，徽宗崇寧四年（1105）序，書亦應寫成於其時。

羅畸，《宋史》無傳，自清以來記載其生平事迹者凡四家。清人陸心源《宋
詩紀事補遺》卷之二十七「羅畸」條載：

羅畸字疇老，劍川人。元祐初爲滁州刺史。崇寧間祕書少監，撰《蓬
山志》五卷。

近人吳廷燮《北宋經撫年表》卷四載：

（大觀）三年（1109）六月，羅畸知（福州），以集賢殿修撰。

今人昌彼得等編《宋人傳記資料索引》載：

羅畸字疇老，劍川人。元祐初爲滁州刺史。崇寧間除祕書少監。辟
雍成，命詞臣賦詩頌，畸頌居第一。以右文殿修撰出知廬州、福州
卒。撰《蓬山志》五卷。

今人劉兆祐《宋史藝文志史部佚籍考》上編〈已佚而無輯本者〉（五）〈故事
類〉載：

《蓬山志》五卷，宋羅畸撰。畸字疇老，沙縣人，熙寧進士，坐忤
使者，投檄歸。紹聖間，歷兵部郎中，祕書少監。崇寧中，辟雍成，
命詞臣賦詩頌，畸頌居第一。以右文殿修撰出知廬州、福州卒。著
有《文海》、《道山集》、《祕閣祕錄》等。事迹具《北宋經撫年表》。

按蓬山即翰林學士院也，說見《職官分紀》。

以上四家所記羅畸宦歷與事迹，堪稱富贍，然均未用及清徐松《宋會要輯稿》一書資料。茲試就徐書，將相關資料一一檢出，並依歲月先後排比如次，用相參證，亦足以補四家所載之未逮。

《宋會要輯稿》第一百十二冊〈選舉〉一二之四載：

> （哲宗紹聖二年三月）二十四日，三省言：「試宏詞，衡州司法參軍黃符、滁州司法參軍羅畸、開封縣主簿高茂華、眞定府戶曹參軍趙鼎臣、瀛州防禦推官知鄂崇陽縣事慕容彥達，題曰：〈欹器銘〉、〈誠論〉、〈三省樞密院修舉先朝政事〉、〈邇英閣《無逸》《孝經》圖後序〉、〈代嗣高麗國進貢表〉。考入次等，各循一資。」

據是，則紹聖二年（1095）三月二十四日前，羅畸所任之官為滁州司法參軍，考宏詞試後得次等，循升一資。陸心源《宋詩紀事補遺》謂畸「元祐初為滁州刺史」，顯誤。

同書第十八冊〈禮〉一九之八載：

> （徽宗崇寧三年）四月十三日，太常博士羅畸言：「臣聞九宮者，天之貴神，主風雨、霜雹、疾疫、盜賊之事。《唐志》祀九宮貴神用牲牢、玉幣，類于天地，明皇、肅宗嘗親祠之。國朝亦秩為大祀，可謂重矣！臣嘗與九官祠事，竊見諸神位並無禮神玉，詢之有司，皆云自來惟用燔玉。臣竊見燔玉，以民〔註4〕為之，制度狹小。按國朝祀儀，祀五帝之類，禮則以玉，燔則以珉，蓋近世以玉為難繼，不可燔也，是以用珉代之。《漢書》云：『天神貴者太一，佐曰五帝。』所謂九宮者，太一蓋其一也。今祀九宮宜有禮神玉，祀天神之貴者則闕之。臣愚竊謂九宮宜用禮神玉，少倣其幣之色，薦之神坐。其燔玉，自從舊制。」從之。

同書第十八冊〈禮〉一九之十四載：

> （徽宗崇寧三年）四月十三日，太常博士羅畸言：「仰惟國家乘火德之運，以王天下，臣謹按五行之精，在天為陽星，而熒惑者，至陽之精，天之使也。朝廷比者就國之陽，特開琳館以妥其靈，固宜倣太一宮遣官薦獻，或立壇於南郊，如祀靈星、壽星之儀，著之禮典，以時舉之，庶幾上稱陛下嚴奉眞靈之意。」從之。

〔註4〕案：「民」應作「珉」。

據上二條所載，則畸崇寧三年（1104）任太常博士，四月十三日二度上言，皆蒙徽宗采納。羅畸爲太常博士事，陸心源等四家均未記及之。

同書第一百十五冊〈選舉〉一九之二一載：

> （徽宗崇寧五年）正月五日，以兵部尚書朱諤知貢舉。起居郎侯綬，起居舍人李圖南考試官。宗正少卿姚堯仁，祕書少監羅畸，辟廱司業余深、何昌言，禮部員外郎李夔，祠部員外郎畢漸，太常博士葉唐稽，著作郎王孝迪，祕書省校書郎翟汝文參詳官。辟廱博士謝孚、俞栗、趙資道，太學博士劉安上、路瓊、閭旦、曾梀檢試卷官。」

據是，則畸於崇寧五年（1106）前已任祕書少監，﹝註5﹞而於當年正月五日則被委派爲參詳官。陸心源等四家於畸任祕書少監，未嘗考出其確年；於任參詳官一事，更付之闕如。

同書第一百二十冊〈選舉〉三三之二五載：

> （大觀二年）四月七日，朝奉郎羅畸爲集賢院修撰，知廬州。

據是，則畸於大觀二年（1108）年前已任朝奉郎，陸心源等四家均未記及。又畸於當年四月七日爲集賢殿修撰，知廬州，而昌彼得等及劉兆祐均謂「以右文殿修撰出知廬州」。考徽宗政和六年（1116）始改集賢殿修撰爲右文殿修撰，大觀二年時仍未有此職稱，昌、劉二氏不惟未考及畸知廬州之確年，即其書中「右文殿修撰」之稱謂，亦未符史實。

綜上陸心源四家所記，兼取余所考訂者，針對羅畸生平事迹，稍作截長補短，相互參證，則可依年經月緯爲序，列述如下：

> 羅畸字疇老，劍川（今浙江龍泉縣）人。神宗熙寧進士，後坐忤使者，投檄歸。哲宗紹聖二年（1095）三月二十四日，以滁州司法參軍考宏詞，入次等，循升一資。後歷兵部郎中。徽宗崇寧三年（1104）四月十三日，以太常博士上言奏祀九宮及熒惑事，備蒙采納。崇寧四年（1105），任祕書少監，撰《蓬山志》五卷並序。時辟雍成，徽宗命詞臣賦詩頌，畸頌居第一。崇寧五年（1106）正月五日，兵部尚書朱諤知貢舉，畸以祕書少監委任爲參詳官。大觀二年（1108）四月七日，以朝奉郎爲集賢殿修撰，知廬州。大觀三年（1109）六月，以集賢殿修撰知福州。卒。畸尚著有《文海》、《道山集》、《祕閣祕錄》等書。

﹝註5﹞據《解題》著錄，畸於崇寧四年（1105年）序《蓬山志》時，已稱祕書少監。

羅畸亦能詩，《宋詩紀事補遺》卷之二十七引宋王象之《輿地紀勝》載其〈福州〉一詩云：

> 山圍碧玉神仙島，地湧黃金宰相沙。丹荔熟時堆錦繡，翠榕空裏起龍蛇。

此七絕四句二偶，不惟屬對工整，辭采華茂，其描景寫物，皆堪允善。此詩應是大觀三年六月知福州後所撰。

伍、宋匡躬小考

陳振孫《直齋書錄解題》卷六〈職官類〉著錄：

> 《皇宋館閣錄》五卷，不著名氏所記，止於元祐。《中興館閣書目》云：「祕閣校理宋匡躬撰。」又云：「共八門，原十五卷，存十一卷。」今本止五卷，不見門類，前三卷又混而爲一，意未必全書也。

案：據南宋陳騤《中興館閣書目》所著錄，則《皇宋館閣錄》乃宋匡躬撰，原十五卷，南宋孝宗時存十一卷，惟振孫所藏者僅爲五卷之本，確非全書。

十一卷本《皇宋館閣錄》，南宋王應麟《玉海》及《宋史·藝文志》均有著錄。《玉海》卷第一百六十五〈宮室·館〉「四館」條載：

> 《書目》：「《館閣錄》十一卷，祕閣校理宋匡射載興國記元祐中館閣故事，共八門。元十五卷，今存十一卷。」

《玉海》所言《書目》，即《中興館閣書目》；文中之「宋匡射」，乃「宋匡躬」之訛。匡躬一名，出《周易·蹇》卦：「六二，王臣蹇蹇，匡躬之故。」作匡射，則無義矣。

《宋史》卷二百三〈志〉第一百五十六〈藝文〉二〈史類·故事類〉著錄：

> 宋匡躬《館閣錄》十一卷。

是此書原名爲《館閣錄》，《解題》著錄作《皇宋館閣錄》者，疑後人所增改。

宋匡躬，《宋史》無傳，其生平多不可考。惟清徐松《宋會要輯稿》，載其資料一條，殊爲珍貴。徐書第一百二十冊〈選舉〉三三之一八載：

> （元祐）七年正月十一日，左朝散郎、祕書省正字宋匡躬爲祕閣校理。

據此資料可推知者三事：匡躬任祕閣校理，始自哲宗元祐七年（1092）正月十一日，一也；其出任祕閣校理前，所任者乃左朝散郎、祕書省正字，二也；

《皇宋館閣錄》一書，必撰成於元祐七年後匡躬爲祕閣校理時，三也。文獻不足徵，聖人爲之浩歎，茲所考得宋匡躬時代、宦歷與著作等情事，僅此而已。

民國九十一年（2002）五月二十四日，撰於華梵大學東方人文思想研究所
本文宣讀於國立雲林科技大學主辦之「漢學研究國際學術研討會」
（民國九十一年十一月二十九日至三十日）
原刊《二〇〇二年漢學研究國際學術研討會論文集》
（民國九十二年十一月）

陳振孫子學目錄學考論

　　《直齋書錄解題》作者陳振孫乃南宋目錄學名家，與撰《郡齋讀書志》之晁公武齊名。有關陳振孫於宋代目錄學史上之地位，《解題》之體制、《解題》經錄之分類、《解題》經錄著錄書名之方式、《解題》經錄撰寫解題之義例各項，余前撰作《陳振孫之經學及其〈直齋書錄解題〉經錄考證》第四章〈陳振孫之經學目錄學〉已考論及之。繼後，余又於《陳振孫之史學及其〈直齋書錄解題〉史錄考證》第四章〈陳振孫之史學目錄學〉中，考論及《解題》史錄之分類、《解題》史錄著錄書名之方式、《解題》史錄撰寫解題之義例三項。本文則考論振孫之子學目錄學，擬就《解題》子錄之分類、《解題》子錄著錄書名之方式、《解題》子錄撰寫解題之義例三項予以闡述。

壹、《解題》子錄之分類

　　吾國目錄書籍以四部分類法著錄群書，肇始於晉荀勗因魏鄭默《中經》而撰之《中經新簿》。惟荀氏《中經新簿》之四部分類，乃以經、子、史、集為序。至東晉李充撰《晉元帝四部書目》始有所更定，錢大昕〈補元史藝文志序〉曰：

> 晉荀勗撰《中經簿》，始分甲、乙、丙、丁四部，而子猶先於史。至
> 李充為著作郎，重分四部。五經為甲部，史記為乙部，諸子為丙部，
> 詩賦為丁部，而經、史、子、集之次始定。

是李充更定荀《簿》後，乃以經、史、子、集為四部分類之序也。

　　振孫《解題》一書，分經、史、子、集四錄著錄群書，其書雖不稱「部」而改稱「錄」，然其分類方法，實以李充分類為椎輪。振孫之前，恪守四部分

類法以著錄群書之目錄書籍，現存者計有《隋書・經籍志》、《舊唐書・經籍志》、《新唐書・藝文志》、《崇文總目》、《郡齋讀書志》等五種。茲謹將《解題》子錄分類，與上述五書子部之分類，列表以作比較，藉觀《解題》子錄分類法傳承與獨創之所在，及此六種目錄書籍於子部分類上彼此分合異同與正誤得失。

	隋　志	舊唐志	新唐志	崇文總目	讀書志	解　題
子	1 儒家類	1 儒家類	1 儒家類	1 儒家類	1 儒家類	1 儒家類
	2 道家類	2 道家類	2 道家類	2 道家類	2 道家類	2 道家類
部	3 法家類	3 法家類	3 法家類	3 法家類	3 法家類	3 法家類
	4 名家類	4 名家類	4 名家類	4 名家類	4 名家類	4 名家類
	5 墨家類	5 墨家類	5 墨家類	5 墨家類	5 墨家類	5 墨家類
	6 縱橫家類	6 縱橫家類	6 縱橫家類	6 縱橫家類	6 縱橫家類	6 縱橫家類
	7 雜家類	7 雜家類	7 雜家類	7 雜家類	7 雜家類	8 雜家類
	8 農家類	8 農家類	8 農家類	8 農家類	8 農家類	7 農家類
	9 小說類	9 小說類	9 小說類	9 小說類	9 小說類	9 小說類
	10 兵家類	12 兵書類	12 兵書類	10 兵家類	13 兵家類	12 兵書類
	11 天文類	10 天文類	10 天文占數類	16 天文占數類	10 天文類	13 曆象類
分	12 曆數類	11 曆算類	11 曆算類	17 曆數類	11 星曆類	
				12 算術類		
	13 五行類	13 五行類	13 五行類	18 五行類	12 五行類	14 陰陽家類
				15 卜筮類		15 卜筮類
						16 形法類
	14 醫方類	17 醫術類	17 醫術類	14 醫書類	16 醫書類	17 醫書類
		16 經脈類	16 明堂經脈類			
類						18 音樂類
		14 雜藝術類	14 雜藝術類	13 藝術類	15 藝術類	19 雜藝類
		15 事　類	15 類書類	11 類書類	14 類書類	20 類書類
				19 道書類	17 神仙類	10 神仙類
				20 釋書類	18 釋書類	11 釋氏類

綜觀上表所列，是〈儒家〉、〈道家〉、〈法家〉、〈名家〉、〈墨家〉、〈縱橫家〉、〈雜家〉、〈農家〉八類皆六書所共有，其稱謂亦相同，而排列次第則僅《解題》將〈農家〉移至〈雜家〉之前。《解題》於〈農家類〉有小序，曰：

> 農家者流，本於農稷之官，勤耕桑以足衣食。神農之言，許行學之。漢世《野老》之書，不傳於後。而《唐志》著錄，雜以歲時、月令及相牛馬諸書，是猶薄有關於農者。至於錢譜、相貝、鷹、鶴之屬，於農何與焉？今既各從其類。而花果栽植之事，猶以農、圃一體，附見於此，其實則浮末之病本者也。

是則《解題》之〈農家類〉，其所著錄有異於兩《唐志》者，乃其於「歲時、

月令及相牛馬諸書」，與及「錢譜、相貝、鷹、鶴之屬」，皆不見收也。

〈小說家類〉，兩《唐志》、《崇文總目》、《讀書志》皆稱〈小說類〉。〈兵書類〉，《隋志》、《崇文總目》、《讀書志》皆稱〈兵家類〉。〈曆象類〉，《隋志》、《崇文總目》稱〈曆數類〉，兩《唐志》稱〈曆算類〉，《讀書志》稱〈星曆類〉。〈天文類〉，《新唐志》、《崇文總目》稱〈天文占數類〉。〈天文〉、〈五行〉兩類乃《解題》所獨闕，惟《解題》之〈陰陽家類〉、〈形法類〉，則為其餘五家所無。另有〈卜筮類〉，亦《崇文總目》與《解題》所僅存，餘四家均已闕載。《解題》於〈陰陽家類〉有小序，曰：

> 自司馬氏論九流，其後劉歆《七略》、班固《藝文志》，皆著陰陽家。而〈天文〉、〈曆譜〉、〈五行〉、〈卜筮〉、〈形法〉之屬，別為〈數術略〉。其論陰陽家者流，蓋出於羲和之官，欽若昊天，曆象日月星辰。拘者為之，則牽於禁忌，泥於小數。至其論數術，則又以為羲和、卜史之流。而所謂《司星子韋》三篇，不列於〈天文〉，而著於陰陽家之首。然則陰陽之與數術，亦未有以大異也，不知當時何以別之。豈此論其理，彼具其術耶？今《志》所載二十一家之書皆不存，無所考究，而《隋》、《唐》以來子部，遂闕陰陽一家。至董逌《藏書志》始以「星占」、「五行」書為〈陰陽類〉。今稍增損之，以「時日」、「祿命」、「遁甲」等備陰陽一家之闕，而其他數術，各自為類。

是振孫以為《七略》、班《志》既著陰陽家於〈諸子略〉，又別為〈數術略〉，而二者「未有以大異」；惟陰陽家，「《隋》、《唐》以來子部」已闕；至董逌《廣川藏書志》始以星占、五行書為〈陰陽類〉。是故振孫亦於《解題》特闢〈陰陽家類〉，以著錄星占、五行、時日、祿命、遁甲之書，又另闢〈曆象〉、〈卜筮〉、〈形法〉，「各自為類」，以載數術書籍。

〈算術類〉為《崇文總目》所僅有，其餘五書均從闕。惟《解題》實著錄有夏侯陽撰《算經》三卷、張丘建撰《算經》三卷、蔣舜元撰《應用算法》一卷，惟皆收歸〈雜藝類〉。疑振孫以其數量殊尟，故不另闢〈算術類〉，而將此三書歸之於〈雜藝類〉。

〈醫書類〉，《隋志》稱〈醫方類〉，兩《唐志》稱〈醫術類〉。惟《舊唐書》另出〈經脈類〉，《新唐書》另出〈明堂經脈類〉，則似為餘四家所無。其實《解題》著錄有《黃帝內經素問》二十四卷、《難經》二卷、《脈訣機要》三卷、《脈要新括》一卷於〈醫學類〉，則經脈類書籍已在其中，或亦以此類

書籍數量殊少，故不另出一類以著錄之。

〈音樂類〉乃振孫所獨創，其餘五書均無此類。《解題》於〈音樂類〉有小序，曰：

> 劉歆、班固雖以《禮》、《樂》著之〈六藝略〉，要皆非孔氏之舊也。然《三禮》至今行於世，猶是先秦舊傳。而所謂《樂》六家者，影響不復存矣。竇公之〈大司樂章〉既已見於《周禮》，河間獻王之〈樂記〉亦已錄於《小戴》，則古樂已不復有書。而前《志》相承，迺取樂府、教坊、瑟琶、羯鼓之類，以充〈樂類〉，與聖經並列，不亦悖乎！晚得鄭子敬氏《書目》獨不然，其爲說曰：「儀注、編年，各自爲類，不得附於《禮》、《春秋》，則後之樂書，固不得列於〈六藝〉。」今從之，而著於〈子錄・雜藝〉之前。

案：其餘五書獨闕〈音樂類〉之故，蓋其將樂府、教坊、瑟琶、羯鼓等俗樂書籍，仍收歸〈經部・樂類〉項下，「與聖經並列」；惟如此歸類，殊屬不倫，故振孫批評之爲「不亦悖乎」！振孫乃依鄭寅《鄭氏書目》之說，獨創〈音樂類〉，以收「後之樂書」，列之〈雜藝錄〉前。考清紀昀《四庫全書總目》卷一百十三〈子部〉二十三〈藝術類〉二有案語，曰：

> 案《羯鼓錄》、《樂府雜錄》，《新唐書・志》皆入〈經部・樂類〉，雅鄭不分，殊無條理。今以類入之於〈藝術〉，庶各得其倫。

是紀氏亦批評《新唐志》爲「雅鄭不分，殊無條理」，所見與振孫同。惟《四庫全書總目》因未設〈音樂類〉，故不得已乃將俗樂之書盡歸〈藝術類〉。

至〈雜藝類〉，《隋志》無，兩《唐志》稱〈雜藝術類〉，《崇文總目》、《讀書志》稱〈藝術類〉。〈類書類〉，《隋志》無，《舊唐志》稱〈事類〉，餘書均稱〈類書類〉。〈神仙類〉，《隋志》、兩《唐志》均無，《崇文總目》稱〈道書類〉，《讀書志》、《解題》稱〈神仙類〉。〈釋氏類〉，《隋志》、兩《唐志》亦無，《崇文總目》、《讀書志》則稱〈釋書類〉。

綜上所述，《解題》子錄所獨創者爲〈音樂類〉。振孫獨創此類以收樂府、教坊、瑟琶、羯鼓等俗樂，俾上述諸書不「與聖經並列」，由是雅鄭分途，各得其倫。是其分類見地殊卓絕於《隋志》等五書。至《解題》於〈農家類〉不收歲時、月令、相牛馬、錢譜、相貝、鷹、鶴諸書；又一反《隋》、《唐志》以來子部不闢陰陽家之舊習，仍設〈陰陽家類〉以收星占、五行、時日、祿

命、遁甲之書籍，在在均顯示振孫目錄分類學有其一己之見地，絕不盲從前人，故乃或依書歸類，或另闢新途，實事求是予以處理。是以《解題·子錄》所著錄之書，其所隸類，多較《隋志》等五書為合宜。

貳、《解題》子錄著錄書名之方式

《解題》經錄著錄書名之方式凡四種，史錄著錄書名之方式凡九種，余嘗考之詳矣。〔註1〕至子錄著錄書名之方式，固有同於經、史二錄者，亦有溢出二錄之外者，今依式舉例，詳述如後：

甲、 先著錄書名，後著錄卷數，如：

《孔子家語》十卷（見〈儒家類〉）

《老子道德經》二卷（見〈道家類〉）

《管子》二十四卷（見〈法家類〉）

乙、 一書中如包含兩種以上之內容，或有其他附錄材料者，則一併著錄，如：

《程氏遺書》二十五卷、《附錄》一卷、《外書》十三卷（見〈儒家類〉）

《玉泉筆端》三卷，又別一卷（見〈小說家類〉）

《楊公遺訣曜金歌》并《三十六象圖》一卷（見〈形法類〉）

丙、 一書兼包兩種以上不同部分，惟撰者同屬一人，其著錄方式如：

《演蕃露》十四卷、《續》六卷（見〈雜家類〉）案：此書程大昌撰。《演蕃露》與《續》，乃一書之兩部分。

《源髓歌》六卷、《後集》三卷（見〈陰陽家類〉）案：此書沈芝撰。《源髓歌》與《後集》，乃一書之兩部分。

《選奇方》十卷、《後集》一卷（見〈醫書類〉）案：此書余綱撰。《選奇方》與《後集》，乃一書之兩部分。

丁、 同條著錄兩書以上，而撰人同屬一人。其方式為：

《周子通書》一卷、《太極圖說》一卷，廣東提刑舂陵周敦頤茂叔撰。

〔註 1〕 請參考拙著《陳振孫之經學及其〈直齋書錄解題〉經錄考證》第四章〈陳振孫之經學目錄學〉一〈有關《解題》之體制〉，及《陳振孫之史學及其〈直齋書錄解題〉史錄考證》第四章〈陳振孫之史學目錄學〉二《《解題》史錄著錄書名之方式〉。

（見〈儒家類〉）案：二書同屬周敦頤撰。

《開禧曆》三卷、《立成》一卷，大理評事鮑澣之撰進，時開禧三年。
（見〈曆象類〉）案：二書同屬鮑澣之撰。

《本草節要》三卷、《明堂鍼灸經》二卷、《膏肓灸法》二卷，清源
莊綽季裕集。（見〈醫書類〉）案：以上三書同屬莊綽集。

戊、同條著錄兩書，而撰者分屬兩人者。其方式為：

《世說新語》三卷、《敘錄》二卷，宋臨川王劉義慶撰，梁劉峻孝標
注。《敘錄》者，近世學士新安汪藻彥章所為也。（見〈小說家類〉）
案：《世說》，劉義慶撰；《敘錄》，汪藻撰。

己、同條著錄五書，而卷數則合為一卷者。其方式為：

《弟子職等五書》一卷（見〈雜家類〉）案：此條所著錄之五書為：《管子·
弟子職》、班氏《女誡》、呂氏《鄉約》、《鄉禮》及司馬氏《居家雜儀》。

參、《解題》子錄撰寫解題之義例

《解題》子錄撰寫解題之義例，有因襲經、史二錄之法者，亦有因應書
籍內容不同，而作創新者。茲各予考論，並略舉例說明如下：

甲、著錄撰人之義例

1. 每書必著錄撰人之時代、宦歷、籍貫、姓名、別字，亦有增記諡號者。
如撰人有別號亦記之。惟上述任何一項有不能詳悉者，則付之闕如。
撰人為本朝人，一律不著錄其時代。撰人為重見者，則僅著其時代及
姓名；本朝人則僅著姓名。

《鹽鐵論》十卷，漢廬江太守丞汝南桓寬次公撰。（見〈儒家類〉）案：
此條乃著錄撰人時代、宦歷、籍貫、姓名、別字之例。

《老子道德經》二卷，周柱下史李耳伯陽撰。昔人言諡曰「聃」，故世
稱老聃。（見〈道家類〉）案：此條乃增記諡號之例。

《糖霜譜》一卷，遂寧王灼晦叔撰。……灼自號頤堂。（見〈農家類〉）
案：此條乃記別號之例。

《呂氏春秋》二十六卷，秦相呂不韋撰。（見〈雜家類〉）案：此條乃闕籍
貫、別字之例。

《劉子》五卷，劉晝孔昭撰。（見〈雜家類〉）案：此條乃闕時代、宦歷、籍
貫之例。

《北齊還冤志》二卷，顏之推撰。（見〈小說家類〉）案：此條所著「顏之
推」，乃時代、宦歷、籍貫、別字均闕之例。

《熙寧收復熙河陣法》三卷，觀文殿學士九江王韶子純撰。（見〈兵書
類〉）案：王韶，北宋人，故不著其時代。

《歷代名畫記》十卷，唐張彥遠撰。（見〈雜藝類〉）案：撰人重見，僅著
錄其時代及姓名。

《皇祐樂府奏議》一卷，胡瑗撰。（見〈音樂類〉）案：胡瑗，重見，本朝
人，僅著其姓名。

2. 其書撰者不止一人，則詳舉各人姓名，或稱某某等撰。如撰者不可考，
   則云無名氏，不知何人所錄，不知何人所集，不知作者，不知名氏，
   不知何人撰，不著名氏。亦有既知撰人姓名矣，而不知其生平事蹟者，
   則云未詳何人，未知何時人，不知何人。撰人疑而未可信者，則云稱
   某某，不知何人；題某某，不知何人；或稱某某，而不著名。

《皇祐新樂圖記》三卷，屯田員外郎阮逸、光祿寺丞胡瑗撰。（見〈音
樂類〉）

《修文殿御覽》三百六十卷，北齊尚書左僕射范陽祖珽孝徵等撰。（見
〈類書類〉）案：以上二條均撰者不止一人之例。

《荔枝故事》一卷，無名氏。（見〈農家類〉）

《龜山別錄》二卷，不知何人所錄。（見〈儒家類〉）

《諸儒鳴道集》七十二卷，不知何人所集。（見〈儒家類〉）

《灌畦暇語》一卷，不知作者。（見〈雜家類〉）

《墨客揮犀》十卷、《續》十卷，不知名氏。（見〈雜家類〉）

《製瑟法》一卷，不知何人撰。（見〈音樂類〉）

《無能子》三卷，不著名氏。（見〈道家類〉）案：以上七條均撰人不可考之
例。

《莊子十論》，題李士表撰，未詳何人。（見〈道家類〉）

《開顏集》三卷，校書郎周文規撰，未知何時人。（見〈雜家類〉）

《天經》十九卷，同州進士王及甫撰進，不知何人。（見〈曆象類〉）案：
以上三條均知撰者姓名而不知其時代或生平之例。

《山齋愚見十書》一卷，稱灌圃耐得翁，不知何人。（見〈小說家類〉）

《參同契解》一卷，題紫陽先生，不知何人。（見〈神仙類〉）

《萱堂香譜》一卷，稱侯氏萱堂，而不著名。（見〈雜藝類〉）案：以上
三條均撰人疑莫能明之例。

3. 其書著錄撰人，亦有兼及撰人身分、職業、及其所交師友、門人者。

《孔子家語》十卷，孔子二十二世孫猛所傳。（見〈儒家類〉）

《玄眞子外篇》三卷，唐隱士金華張志和撰。（見〈道家類〉）

《桐譜》一卷，銅陵逸民陳翥撰。（見〈農家類〉）

《女誡》一卷，漢曹世叔妻班昭，固之妹也。（見〈雜家類〉）

《天文考異》二十五卷，昭武布衣鄒淮撰。（見〈曆象類〉）

《千金方》三十卷，唐處士京兆孫思邈撰。（見〈醫書類〉）

《琴義》一卷，稱野人劉籍撰。（見〈音樂類〉）

《浸銅要略》一卷，張甲撰。……甲，參政子公之祖。（見〈雜藝類〉）

案：以上八條均記撰人身分之例。

《莊子疏》三十卷，唐道士西華法師陝郡成玄英子實撰。（見〈道家類〉）

《筍譜》一卷，僧贊甯撰。（見〈農家類〉）

《小兒醫方妙選》三卷，成安大夫惠州團練使張渙撰。（見《醫書類》）

案：以上三條均記撰人職業之例。

《胡子知言》一卷，五峰胡宏仁仲撰。文定公安國之季子，張南軒從
之遊。（見〈儒家類〉）

《花譜》二卷，滎陽張峋子堅撰。……峋與其弟嶧子望同登進士第。
嶧嘗從邵康節學。（見〈農家類〉）案：以上二條均記撰人從師之例。考峋亦
從康節學，疑「嶧」字乃「峋」之訛。

《正蒙書》十卷，崇文校書長安張載子厚撰。凡十九篇。范育、呂大
臨、蘇昞爲〈前〉、〈後序〉，皆其門人也。（見〈儒家類〉）

《觀物外篇》六卷，康節門人太常寺簿張嶧子望記其言，雖十纔一二，
而足以發明成書。（見〈儒家類〉）案：以上二條均記門人之例。

4. 其書於撰人、撰人之家世、家學、宦歷、遭遇等，皆有所記述，如有
疑問或必要時，並作考證。

《槁簡贅筆》二卷，承議郎章淵伯深撰。始得此書於程文簡氏，不知
何人作，文簡題其後，以其中稱「先丞相申公」，知其爲章子厚子孫
也。余又以其書考之，言「先祖光祿，元祐三年省試，東坡知舉。
擢爲第一」，則又知其爲援之孫也。後以問諸章，始得其名字。其人

博學有文，以場屋待士薄，如防寇盜，用蔭入仕，遂不就舉。居長興，故〈序〉稱若溪草堂。淵自號懲窒子。（見〈小說家類〉）案：此條考證撰人之例。

《劉先生談錄》一卷，知秀州韓瓘德全撰。瓘，億之曾孫，緬之孫。（見〈儒家類〉）

《圖書見聞志》六卷，太原郭若虛撰。元豐中〈自序〉稱「大父司徒公」，未知何人。郭氏在國初無顯人，但有郭承祐耳。（見〈雜藝類〉）案：以上二條均考撰人家世之例。

《道山青話》一卷，〈跋〉語稱：「大父國史在館閣久，多識前輩，著《館秘錄》、《曝書記》，與此而三，兵火散失。」（見〈小說家類〉）

《法帖要錄》十卷，唐大理卿河東張彥遠愛賓撰。彥遠，宏靖之孫。三世相門。其父文規嘗刺湖州，著《吳興雜錄》。（見〈雜藝錄〉）案：以上二條均考撰人家學之例。

《曲洧舊聞》一卷、《雜書》一卷、《骫骳說》一卷，直秘閣新安朱弁少章撰。弁於晦庵爲從父，建炎丁未使金，留十七年，既歸而卒。（見〈小說家類〉）案：此條記撰人宦歷之例。

《鄧析子》二卷，鄭人鄧析。《左氏傳》：「鄭駟歂嗣子太叔爲政，殺鄧析，而用其竹刑。」即此人也。《列子》、《荀子》以爲子產所殺，顏師古辨之矣。（見〈名家類〉）

《摭言》十五卷，唐王定保撰。……定保，光化三年進士，爲吳融子華壻，喪亂後入湖南，棄其妻弗顧，士論不齒。（見〈小說家類〉）案：以上二條均考撰人遭遇之例。

5. 其他有關撰人卒年、子孫、志節、治學、初仕、封號、賜名、避諱改姓氏，外此之著述、親屬及其誌墓者，亦兼考論之。

《耄智餘書》三卷，太子少保致仕澶淵晁迥德遠撰。迥善養生，兼通釋、老書，年至八十四，子孫多聞人。（見〈雜家類〉）案：此條記撰人卒年、子孫之例。

《義林》一卷，眉山程厚子山撰。其上世東坡外家也。子山爲人凶險，與眉守邵溥有隙，以匹絹爲匿名書，誣以罪狀，抵帥蕭振。……子山之居極壯麗，一夕燼於火。後附秦檜，至右史，後復得罪，謫知安遠縣以沒。（見〈雜家類〉）案：此條記撰人志節之例。

《法書撮要》十卷，吳興蔡崇山父撰。以書家事實分門條類，亦無所
發明。淳熙中人，云紹聖御史之孫，吾鄉不聞有此人也，當攷。然
其名崇而字山父，「崇」者，物之初生，從「屮」，不從「山」也。
偏旁之未審，何取其為法書？余於小學家，黜書法於〈雜藝〉，有以
也。（見〈雜藝類〉）案：此條記撰人治學之例。

《元城語錄》三卷，右朝散郎維揚馬永卿大年撰。永卿初仕亳州永城
主簿。（見〈儒家類〉）案：此條乃記撰人初仕之例。

《商子》五卷，秦相衛公孫鞅撰。或稱商君者，其封邑也。（見〈法家
類〉）

《後六帖》三十卷，知撫州孔傳世文撰。……傳襲封衍聖公。（見〈類
書類〉）案：以上二條均記撰人封號之例。

《柏臺雜著》一卷，石公弼撰。……公弼本名公輔，改賜今名。（見〈小
說家類〉）案：此條乃記撰人賜名之例。

《殷芸小說》十卷，宋殷芸撰。……或稱商芸者，宣祖廟未祧時避諱
也。（見〈小說家類〉）案：此條乃記撰人避諱改姓氏之例。

《蘭亭博議》十五卷，淮海桑世昌澤卿撰。……又嘗為《西湖記逸》，
考林逋遺事甚詳。（見〈雜藝類〉）案：此條記撰人外此著述之例。

《耕織圖》一卷，於潛令鄞樓璹壽玉撰。攻媿參政之伯父也。（見〈農
家類〉）

《農器譜》三卷、《續》二卷，耒陽令曾之謹撰。安止之姪孫也。（見
〈農家類〉）案：以上二條均記撰人親屬之例。

《禾譜》五卷，宣德郎溫陵曾安止移忠撰。……右丞黃履安中誌其墓。
（見〈農家類〉）案：此條記誌墓之例。

乙、著錄書籍之義例

《解題》子錄著錄書籍之義例，與經錄、史錄有所異同。茲亦予以考論，
並舉例說明如下：

1. 於所錄之書名，如遇隱晦難曉者則解說之，同書異名亦作闡說，偶亦
   記及其書之篇目。

   《甘澤謠》一卷，唐刑部郎中袁郊撰。……以其春雨澤應，故有甘澤
   成謠之語，遂以名其書。（見〈小說家類〉）案：此條乃解說書名之例。

   《聱隅子》二卷，蜀人黃晞撰。聱隅，其自號也。……書名《歔欷瑣

微論》，凡十篇。（見〈雜家類〉）

《尚書故實》一卷，唐李綽撰。又名《尚書談錄》。（見〈小說家類〉）

案：以上二條均闡說同書異名之例。

《小學書》四卷，朱熹所集古聖格言至論，以教學者，皆成童幼志進
學之序也。〈內篇〉曰〈立教〉、〈明倫〉、〈敬身〉、〈稽古〉，〈外篇〉
曰〈嘉言〉、〈善行〉。（見〈儒家類〉）

《藝苑雌黃》二十卷，建安嚴有翼撰。大抵辨正訛謬，故曰「雌黃」。
其目：〈子史〉、〈傳注〉、〈詩詞〉、〈時序〉、〈名數〉、〈聲畫〉、〈器用〉、
〈地理〉、〈動植〉、〈神怪〉、〈雜事〉。（見〈雜家類〉）案：以上二條均
記篇目之例。

2. 從不同角度以論說書籍之內容，間亦考及著者撰書之目的。

《潛虛》一卷，司馬光撰。言萬物皆祖於虛，〈玄〉以準〈易〉，〈虛〉
以準〈玄〉。（見〈儒家類〉）案：此據撰書主旨言其書內容之例。

《兼山遺學》六卷，河南郭雍錄其父忠孝之遺書。前二卷為〈易蓍卦〉，
次為〈九圖〉，又次〈說春秋〉，又次為〈性說〉三篇，末卷問答、
雜說。（見〈儒家類〉）案：此據每卷所述以言其書內容之例。

《參同契分章通真義》三卷、《明鏡圖訣》一卷，真一子彭曉秀川撰。……
〈序〉稱：「廣政丁未，以《參同契》分十九章而為之注，且為圖八
環，謂之《明鏡圖》。」（見〈神仙類〉）案：此條乃引〈序〉以論說書籍內
容之例。

《尊孟辨》七卷，建安余允文隱之撰。以司馬光有《疑孟》，及李遘泰
伯《常語》、鄭厚叔友《折衷》，皆有非孟之言，故辨之，為五卷。
後二卷則王充《論衡・刺孟》，及東坡《論語說》中與《孟子》異者，
亦辨焉。（見〈儒家類〉）案：此條言撰書目的之例。

3. 既論說書籍之內容矣，亦有兼考及其書之學術源流，及記述學術上之
紛爭者。

《皇極經世書》十二卷，邵雍堯夫撰。其學出於李之才挺之，之才受
之穆脩伯長，脩受之种放明逸，放受之陳摶，蓋數學也。（見〈儒家
類〉）案：此條乃考究學術源流之例。

《慈湖遺書》三卷，楊簡撰。……慈湖之學，專主乎心之精神，是謂
聖一。語其誨人，惟欲發明本心而有所覺。然其稱學者之覺，亦頗

輕於印可。蓋其用功偏於上達，受人之欺而不疑。竊嘗謂誠明一理，焉有誠而不明者乎？當淳熙中，象山陸九淵之學盛行於江西，朱侍講不然之。朱公於前輩不肯張無垢，於同流不肯陸象山，爲其本源未純故也。象山之後，一傳而慈湖，遂如此。甚矣，道之不明，賢知者過之也！（見〈儒家類〉）案：此條記學術紛爭之例。

4. 亦有引用史志、公私書目及相關書籍以說明問題者，惟上述所引書籍如有錯誤，則訂正之。

《啓顏錄》八卷，不知作者。雜記詼諧調笑事。《唐志》有侯白《啓顏錄》十卷，未必是此書，然亦多有侯白語，但訛謬極多。（見〈小說家類〉）案：此條引史志以說明問題之例。

《愼子》一卷，趙人愼到撰。《漢志》四十二篇，先於申、韓〔註2〕稱之。……《崇文總目》言三十七篇。（見〈法家類〉）案：此條引公家書目以說明問題之例。

《紀聞譚》三卷，蜀潘遠撰。《館閣書目》按：「李淑作潘遺。」今考《邯鄲書目》亦作潘遠，其曰「遺」者，本誤也。（見〈小說家類〉）案：此條引私家書目以說明問題之例。

《忘筌書》二書，浦城潘植子醇撰。多言《易》，亦涉異端，凡五十一篇。此書載《鳴道集》，爲九十二篇，附見者又十有三，而《館閣書目》又稱七十七篇，皆未詳。（見〈儒家類〉）案：此條引相關書籍以說明問題之例。

《乘異記》三卷，南陽張君房撰。……君房又有《脞說》，家偶無之。晁公武《讀書志》以《脞說》爲張唐英君房撰。又言君房著《名臣傳》、《蜀檮杌》、《雲笈七籤》，行於世。按君房，祥符、天禧以前人，楊大年改〈閑忙令〉，所謂「紫微失卻張君房」者，即其人也。嘗爲御史屬，坐鞫獄貶秩，因編修《七籤》，得著作郎。〈七籤序〉自言君房蓋其名，非字也。唐英字次功，熙、豐間人，丞相商英天覺之兄，作《名臣傳》、《蜀檮杌》者，與君房了不相涉，不知晁何以合爲一人也。其誤明矣。（見〈小說家類〉）案：此條訂正書目錯誤之例。

5. 於其書體、卷數、書後所附材料均有所考論，有時並述及作注者、輯

〔註2〕盧文弨校本《解題》「申韓」下重「申韓」二字。并注曰：「當重『申、韓』二字，《通考》亦脫。」盧校是。

書者，間亦考及同書名而不同撰人之問題。

《傳奇》六卷，唐裴鉶撰。高駢從事也。尹師魯初見范文正〈岳陽樓記〉，曰：「傳奇體爾。」然文體隨時，要之理勝爲貴，文正豈可與傳奇同語哉！蓋一時戲笑之談耳。（見〈小說家類〉）案：此條考論書體之例。

《三朝經武聖略》十五卷，天章閣侍講王洙撰。……《中興書目》云十卷，李淑《書目》十五卷。今本與《邯鄲》卷數同。（見〈兵書類〉）案：此條考論卷數之例。

《烏臺詩話》十三卷，蜀人朋九萬錄東坡下御史獄公案，附以初舉發章疏及謫官後表章、書啓、詩詞等。（見〈小說家類〉）案：此條考論書後所附材料之例。

《曾子》二卷，凡十篇，具《大戴禮》，後人從其中錄出別行。慈谿楊簡注。（見〈儒家類〉）案：此條記作注者之例。

《石林過庭錄》二十七卷，葉夢得與諸子講說者，其中子模編輯之。（見〈雜家類〉）案：此條記輯書者之例。

《菊譜》一卷，彭城劉蒙撰。凡三十五品。（見〈農家類〉）

《菊譜》一卷，史正志志道撰。孝廟朝爲發運使者也。（見〈農家類〉）案：上述二條記同書名不同撰人之例。

6. 於編書過程、成書之法、書之作年、撰序之年、表上之年均有所考述，間亦考及撰序、跋者。

《呂氏讀書記》七卷，呂祖謙撰。乾道癸巳、淳熙乙未家居日閱之書，隨意手筆，或數字，或全篇。蓋偶有所感發，或以備遺忘者。（見〈儒家類〉）案：此考述編書過程之例。

《晞顏錄》一卷，張栻取經傳中凡言及顏子者，錄爲一編。（見〈儒家類〉）案：此條考述成書方法之例。

《石林燕語》十五卷，葉夢得少蘊撰。宣和五年所作也。（見〈小說家類〉）案：此條記撰書年歲之例。

《桐譜》一卷，銅陵逸民陳翥撰。皇祐元年序。（見〈農家類〉）案：此條記撰序年歲之例。

《匡謬正俗》八卷，唐秘書監琅邪顏籀師古撰。其子符璽郎楊庭永徽二年表上之。（見〈雜家類〉）案：此條記表上年歲之例。

《劉子》五卷，劉畫孔昭撰。播州錄事參軍袁孝政為〈序〉。（見〈雜家類〉）案：此條記撰序者之例。

《中說注》十卷，正議大夫淄川龔鼎臣輔之撰。……李格非〈跋〉云：「龔自謂明道間得唐本於齊州李冠，比阮本改正二百餘處。」（見〈儒家類〉）案：此條記撰跋者之例。

7. 於著錄之書多作評論，或抑或揚，或抑揚兼備，間亦有指出其書之特點者。

《老子新解》二卷，蘇轍撰。東坡〈跋〉曰：「使戰國有此書，則無商鞅、韓非；使漢初有此書，則孔、老為一；使晉、宋間有此書，則佛、老不為二。」（見〈道家類〉）案：此褒譽之例。

《冷齋夜話》十卷，僧惠洪撰。所言多誕妄。（見〈小說家類〉）案：此貶抑之例。

《洛陽貴尚錄》一卷，殿中丞新安丘濬道源撰。專為牡丹作也。其書援引該博，而迂怪不經。（見〈農家類〉）案：此抑揚兼備之例。

《容齋隨筆》、《續筆》、《三筆》、《四筆》各十六卷、《五筆》十卷，翰林學士鄱陽洪邁景盧撰。每編皆有小序。《五筆》未成書。（見〈雜家類〉）案：此條記書特點之例。

8. 於著錄之書，有記其得書之由者，稿藏處亦間記之。得書則考及其板本，如本之未善，乃更求之。

《金匱要略》三卷，張仲景撰，王叔和集，林億等校正。此書王洙於館閣蠹簡中得之，曰《金匱玉函略方》。（見〈醫書類〉）

《龐氏家藏秘寶方》五卷，蘄水龐安時安常撰。……此書南城吳炎晦父錄以見遺。（見〈醫書類〉）案：以上二條均記得書因由之例。

《徽言》三卷，司馬光手鈔諸子書，……眞蹟藏邵康節家，其諸孫遵守。漢嘉從邵氏借刻，攜其板歸越，今在其群從述尊古家。（見〈雜家類〉）案：此條記稿藏處之例。

《信齋百中經》一卷，不著名氏。安慶府本。（見〈醫書類〉）案：此條記板本之例。

《易林》十六卷，漢小黃令梁焦延壽贛撰。……求之累年，寶慶丁亥始得之莆田。……頗恨多脫誤。嘉熙庚子從湖守王寺丞侑借本，兩相校，十得八九。（見〈卜筮類〉）案：此條記更求善本之例。

9. 於著錄之書，就其歸類、眞僞、存佚，甚而對書內容之增損改定、書之刊刻，與書中所涉之人物均有所考述。

　　《管子》二十四卷，齊相管夷吾撰，唐房玄齡注。案《漢志》，《管子》八十六篇，列於道家。《隋》、《唐志》著之法家之首。……管子似非法家，而世皆稱管、商，豈以其操術用心之同故耶？然以爲道則不類，今從《隋》、《唐志》。（見〈法家類〉）案：此條考書歸類之例。

　　《雲仙散錄》一卷，稱唐金城馮贄撰。天復元年敘。馮贄者，不知何人，自言「取家世所蓄異書，撮其異說」，而所引書名，皆古今所不聞；且其記事造語，如出一手，正如世俗所行東坡《杜詩注》之類。然則所謂馮贄者，及其所蓄書，皆子虛烏有也，亦可謂枉用其心者矣。（見〈小說家類〉）案：此條考書及撰人眞僞之例。

　　《玄眞子外篇》三卷，唐隱士金華張志和撰。《唐志》：「《玄眞子》十二卷。」今纔三卷，非全書也。既曰《外篇》，則必有《內篇》矣。（見〈道家類〉）案：此條考書存佚之例。

　　《錢氏小兒藥證眞訣》三卷，太醫丞東平錢乙仲陽撰，宣教郎大梁閻季忠集。上卷言證，中卷敘嘗所治病，下卷爲方。季忠亦頗附以己說，且以劉斯立所作〈仲陽傳〉附於末，宣和元年也。（見〈醫書類〉）

　　《觀史類編》六卷，呂祖謙撰。初輯此篇爲六門，曰〈擇善〉，曰〈儆戒〉，曰〈閫範〉，曰〈治體〉，曰〈論議〉，曰〈處事〉。而〈閫範〉最先成，既別行，今惟五門，而〈論議〉分上、下卷。（見〈類書類〉）案：以上二條均記書內容增損改定之例。

　　《石本金剛經》一卷，南唐保大五年壽春所刻，乾道中劉岑高再刻於建昌軍。（見〈釋氏類〉）案：此記書刊刻之例。

　　《補江總白猿傳》一卷，無名氏。歐陽紇者，詢之父也。詢貌類獼猿，蓋嘗與長孫無忌互相嘲謔矣。此《傳》遂因其嘲，廣之以實其事，託言江總，必無名子所爲也。（見〈小說家類〉）案：此條記述書中所涉人物之例。

丙、其他著錄義例

1. 《解題》子錄有原注。

　　《桯史》十五卷，岳珂撰。「桯史」者，猶言杜記也。原註：《說文》：

「桯，床前几也。」（見〈小說家類〉）案：此《解題》有原注之例。

2. 《解題》子錄用互著法。

《易傳積算法雜占條例》一卷，漢京房撰。詳已見〈易類〉。世所傳京
氏遺學不過如此而已。（見〈卜筮類〉）案：此《解題》用互著法之例。

3. 《解題》子錄有記振孫未見之書。

《劍溪野語》三卷，延平陳正敏撰。自號遯翁。別有《遯齋閑覽》十
四卷，未見。（見〈小說家類〉）

《燕語攷異》十卷，成都宇文紹英撰。舊聞汪玉山嘗辨駁《燕語》之
誤，而未之見也。（見〈小說家類〉）案：以上二條均記振孫未見書之例。

綜上所述，則有關《解題》子錄之分類、《解題》子錄著錄書名之方式、
《解題》子錄撰寫解題之義例，均一一舉例予以說明，並略加考論，其中不
乏與經、史二錄著錄方法有異者。統此以觀，則於振孫子學目錄學，或庶幾
知其梗概矣。

原載《新亞論叢》第三期（2001 年 9 月）

讀《永樂大典》補闕字一則

　　陳振孫《直齋書錄解題》卷十八、〈別集類〉下著錄:「《鶴溪集》十二卷，辟雍博士青田陳汝錫師予撰。紹聖四年進士，持節數路，帥越而卒。青田登科人自汝錫始。希點子與，其孫也。」汝錫之除辟雍博士，慕容彥逢《摛文堂集》卷五、〈制〉有〈將仕郎試辟雍錄陳汝錫可辟雍博士制〉，是其證。惟汝錫於托克托《宋史》、柯維騏《宋史新編》及陸心源《宋史翼》均無傳。其生平事略僅見於《永樂大典》卷三千一百四十五（頁26）載:

> 陳汝錫《處州志》:「汝錫字師子，青田人。幼穎悟，數歲能屬文。或以其詩一聯示黃庭堅，曰:『閑愁莫浪遣，留爲痛飲資。』黃擊節稱賞。宋紹聖四年，由太學士第，邑之登第自汝錫始。崇寧間，諸路學事始置提舉，首除提舉福建學事，官至浙東安撫使。有《鶴溪集》，刊于郡齋。子原本闕。以父任，終通判潭州，著《蒙隱集》，刊于宜春。」

《永樂大典》引《處州志》以記載汝錫生平，惟於汝錫子下注「原本闕」三字，則似其子之名不可知，故有拾遺補闕之必要。否則，後人讀書至此，終疑莫能明也。

　　前引《直齋書錄解題》曾載及汝錫之孫名希點，字子與，據此線索以檢樓鑰《攻媿集》卷九十八、〈神道碑〉，中有〈中書舍人贈光祿大夫陳公神道碑〉，云:

> 公諱希點，字子與，處州青田人，陳姓出于有媯，其來遠矣。九世祖名師訥，吳越王時爲銀青光祿大夫，績勳上柱國。曾祖圭，贈宣奉大夫。祖汝錫，擢紹聖四年進士，仕至左朝請大夫、秘閣修撰，

知紹興府、兩浙東路安撫，贈中奉大夫。高宗駐蹕會稽，朝廷草創，
賴彈壓辦護之力爲多，威名甚聳，直道自將，不能與時高下，一斥
不復，士論惜之。父棣，篤學有賢行，奉議郎，通判潭州，贈中大
夫。

據是，則希點之父乃陳棣，棣即汝錫子。故《永樂大典》「子」字下注「原本
闕」者，所闕之字乃「棣」也。

陳棣，《宋史》、《宋史新編》、《宋史翼》均無傳。陸心源《宋詩紀事補遺》
卷之五十八、「陳棣」條云：

陳棣字鄂父，汝錦之子。以任官，至通判潭州。著有《蒙隱集》。

《宋詩紀事補遺》此條「汝錦之子」乃「汝錫之子」之訛，「錦」、「錫」二字，
字形相近，故易訛也。

綜上所考，則《永樂大典》引《處州志》記載陳汝錫生平，於「子」字
下注「原本闕」。疑非《處州志》原本闕也，蓋明成祖名棣，《永樂大典》此
卷之書寫儒士范濱以避諱故，因而闕之耳。

民國八十八年（1999）二月二日撰就於華梵大學東方人文思想研究所
原刊《大陸雜誌》第一〇一卷、第一期

《四庫全書》本
《直齋書錄解題》館臣案語研究
——以《解題》經錄之部館臣案語為限

壹、前　言

　　晁公武撰《郡齋讀書志》、陳振孫撰《直齋書錄解題》，二書同被後世所推重，譽之為有宋目錄學著作之雙璧。清代乾隆間，紀昀撰《四庫全書總目》，對《解題》尤讚揚不絕口，以為「古書之不傳於今者，得藉是以求其崖略；其傳於今者，得藉是以辨其真偽，核其異同，亦考證之所必資，不可廢也」。〔註1〕蓋《解題》一書，為用至宏，有助於輯佚、辨偽與考證，故紀氏所評，良非虛譽也。

　　余近數年來頗致力於陳振孫及其《解題》之研究，已出版有《陳振孫之生平及其著述研究》、〔註2〕《陳振孫之經學及其〈直齋書錄解題〉經錄考證》兩書，〔註3〕又絡繹撰就《陳振孫之史學及其〈直齋書錄解題〉史錄考證》及《陳振孫之子學及其〈直齋書錄解題〉子錄考證》〔註4〕目前所進行者即為《陳振孫之文學及其〈直齋書錄解題〉集錄考證》，〔註5〕此書亦希能於年內完成。

〔註 1〕見《四庫全書總目》卷八十五、〈史部〉四十一、〈目錄類〉一。

〔註 2〕民國 82 年（1993）10 月初版，臺北，文史哲出版社。

〔註 3〕國科會八十四年度專題計畫，計畫編號：NSC84-2411-H211-001。民國 86 年（1997）3 月 15 日初版，臺北，里仁書局。

〔註 4〕國科會八十五年度、八十六年度專題計畫，計畫編號：NSC85-2475-H211-002 及 NSC86-2417-H-211-001。

〔註 5〕國科會八十七年度專題計畫，計畫編號：HSC87-2411-H-211-002。

余撰《陳振孫之生平及其著述研究》一書時，曾就《解題》版本作頗深入而全面之探討與考證。大抵《解題》除直齋所撰底本外，另有傳鈔本、批注本、舊鈔本、刊本、輯本、鉛印本、影印本、校本、重輯本、點校本及余所撰考證本。〔註6〕至《四庫全書》本《直齋書錄解題》乃屬輯本，蓋乾隆間修《四庫全書》，館臣以爲此書久佚，遂就《永樂大典》輯出，初刊於《武英殿聚珍板叢書》，後即收入《四庫全書》中。《解題》原本五十六卷、五十三類，清人盧文弨撰有〈直齋書錄解題新定目錄〉，〔註7〕於此事考證詳明，讀之當可曉悉《解題》原本分卷、分類實況。《四庫全書》本《解題》則分二十二卷、五十三類，〔註8〕其卷數似較原本少三十四卷，其實內容無甚相異，二

〔註6〕請參考拙著《陳振孫之生平及其著述研究》第五章〈陳振孫之主要著作——《直齋書錄解題》〉第四節《直齋書錄解題之板本》。頁395～517。

〔註7〕盧文弨〈直齋書錄解題新定目錄〉載：「卷一〈易類〉、卷二〈書類〉、卷三〈詩類〉、卷四〈禮類〉、卷五〈春秋類〉、卷六〈孝經類〉、卷七〈語孟類〉、卷八〈經解類〉、卷九〈讖緯類〉、卷十〈小學類〉、卷十一〈正史類〉、卷十二〈別史類〉、卷十三〈編年類〉、卷十四〈起居註類〉、卷十五〈詔令類〉、卷十六〈僞史類〉、卷十七〈雜史類〉、卷十八〈典故類〉、卷十九〈職官類〉、卷二十〈禮註類〉、卷二十一〈時令類〉、卷二十二〈傳記類〉、卷二十三〈法令類〉、卷二十四〈譜諜類〉、卷二十五〈目類錄〉、卷二十六〈地理類〉、卷二十七〈儒家類〉、卷二十八〈道家類〉、卷二十九〈法家類〉、卷三十〈名家類〉、卷三十一〈墨家類〉、卷三十二〈縱橫家類〉、卷三十三〈農家類〉、卷三十四〈雜家類〉、卷三十五〈小說家類〉、卷三十六〈神仙類〉、卷三十七〈釋氏類〉、卷三十八〈兵書類〉、卷三十九〈曆家類〉，廣棪案：〈四庫〉本作〈曆象類〉。卷四十〈陰陽家類〉、卷四十一〈卜筮類〉、卷四十二〈形法類〉、卷四十三〈醫書類〉、卷四十四〈音樂類〉、卷四十五〈雜藝類〉、卷四十六〈類書類〉、卷四十七〈楚辭類〉、卷四十八〈別集類〉上、卷四十九〈別集類〉中、卷五十〈別集類〉下、卷五十一〈詩集類〉上、卷五十二〈詩集類〉下、卷五十三〈總集類〉、卷五十四〈章奏類〉、卷五十五〈歌詞類〉、卷五十六〈文史類〉。右〈目錄〉依元本定，杭東里人盧文弨校錄於鍾山書院。」案：其後盧氏又於〈新定目錄〉「卷二十八」旁寫「三十六」，「卷二十九」旁寫「二十八」，「卷三十」旁寫「二十九」，「卷三十一」旁寫「三十」，「卷三十二」旁寫「三十一」，「卷三十三」旁寫「三十二」，「卷三十四」旁寫「三十三」，「卷三十五」旁寫「三十四」，「卷三十六」旁寫「三十七」，「卷三十七」旁寫「三十五」。校註曰：「〈神仙類〉中有陳氏語云：『各已見〈釋氏〉、〈道家類〉。』則知其序當如此也。」又案：盧氏於〈新定目錄〉「〈總集類〉」上註：「鈔本誤置〈別集〉之前，元本係在〈詩集〉後。」

〔註8〕《四庫》本《解題》之分卷、分類情況爲：卷一〈易類〉，卷二〈書類〉、〈詩類〉、〈禮類〉，卷三〈春秋類〉、〈孝經類〉、〈語孟類〉、〈讖緯類〉、〈經解類〉、〈小學類〉，卷四〈正史類〉、〈別史類〉、〈編年類〉、〈起居註類〉，卷五〈詔令類〉、〈僞史類〉、〈雜史類〉、〈典故類〉，卷六〈職官類〉、〈禮註類〉、〈時令

者僅分卷有所不同耳。

　　《四庫全書》本《解題》各條之下，間見館臣撰寫案語。此等案語，有見解精闢、考證縝密者，亦有舛誤顯明或未盡周延而有待後人糾正者。本論文撰作目的，除擬揭示館臣撰作案語義例外，亦擬舉例介紹其所撰案語，就其中見解精闢、考證縝密者加以肯定，而其訛謬明顯及闡說未盡周延者則予以辨證。惟囿於篇幅，凡所揭示、介紹及辨證，均不得不僅以《解題》經錄案語爲限。至輯錄《解題》與撰寫案語之館臣爲誰？歷來利用《四庫》本以研治者，均甚少留意及此，本論文亦欲一併考證說明之。

貳、《四庫》館臣撰作《解題》案語之義例

　　《四庫》館臣據《永樂大典》以輯錄《解題》，因所輯得之本常有著錄書名，篇目、卷數而與其他史志、目錄書籍著錄者有所異同，且著錄內容亦常有脫略、錯衍，故館臣每於相關條目下，徵引資料以爲考異或校補，亦有訂正著錄之訛誤。至其所徵引資料及所徵引次數，余嘗就《解題》經錄之部略作統計，計爲：

　　《舊唐書‧經籍志》一次。

　　《兩朝國史藝文志》一次。

　　《新唐書‧藝文志》四次。

　　朱子曰二次。

　　鄭樵《通志》五次。

　　晁公武《郡齋讀書志》六次。

　　趙希弁《讀書附志》一次。

　　馬端臨《文獻通考》二十八次。

　　《宋史》二次。

類〉，卷七〈傳記類〉、〈法令類〉，卷八〈譜牒類〉、〈目錄類〉、〈地理類〉，卷九〈儒家類〉、〈道家類〉，卷十〈法家類〉、〈名家類〉、〈墨家類〉、〈縱橫家類〉、〈農家類〉、〈雜家類〉，卷十一〈小說家類〉、〈神仙類〉、〈釋家類〉、〈兵書類〉、〈曆象類〉、廣棪案：盧文弨〈直齋書錄解題新定目錄〉本作〈曆家類〉。〈陰陽家類〉、〈卜筮類〉、〈形法類〉，卷十三〈醫書類〉，卷十四〈音樂類〉、〈雜藝類〉、〈類書類〉，卷十五〈楚辭類〉、〈總集類〉，卷十六〈別集類〉上，卷十七〈別集類〉中，卷十八〈別集類〉下，卷十九〈詩集類〉上，卷二十〈詩集類〉下，卷二十一〈歌詞類〉，卷二十二〈章奏類〉、〈文史類〉。

《宋史‧藝文志》三十次。

　　朱彝尊〈王氏詩總聞序〉一次。

其中以徵引〈宋志〉及《通考》二書次數最多。惟其中亦有已出案語而未注明所據資料者，凡六次。總上計算，則徵引資料共十一種，八十一次。

　　《四庫》館臣徵引上述資料以撰作案語，其義例約有下列四類：

甲、考訂所著錄書籍卷數及書名異同

　　館臣於《解題》經錄之部所撰案語，以考訂所著錄書籍卷數異同為最多，凡十四條。如〈易類〉「《周易正義》十三卷」條，所撰案語曰：「《舊唐書‧經籍志》作十四卷，《唐書‧藝文志》作十六卷。」同類「《周易口義》十三卷」條，案語曰：「《文獻通考》作《易傳》十卷，《宋史》作《易解》十二卷，鄭樵《通志》作《口義》十二卷。」又如〈詩類〉「《新經詩義》三十卷」條，案語曰：「《宋史‧藝文志》作二十卷。」又〈春秋類〉「《國語》二十一卷」條，案語曰：「晁公武《讀書志》云：『班固〈藝文志〉：《國語》二十一篇。〈隋志〉二十二卷，〈唐志〉二十一卷。今書篇次與〈漢志〉同，蓋歷代儒者析簡併篇，互有損益，不足疑也。』」是館臣徵引〈舊唐志〉、〈新唐志〉，暨《郡齋讀書志》、《通志》、《通考》、《宋史》、〈宋志〉諸書，以考訂《解題》所著錄書籍卷數與其他史志、目錄書籍著錄之異同，而其中「《周易口義》十三卷」條，更考及書名之不同也。

　　至館臣案語考訂及書名異同者，尚見〈易類〉「《京房易傳》三卷、《積算雜占條例》一卷」條，該條案語曰：「晁公武曰：『〈隋志〉有京氏《章句》十卷，又有《占候十種》七十三卷。〈唐志〉亦作京氏《章句》十卷，而《占候》存者三種、三十三卷。《章句》既亡，今所傳者京氏《積算易傳》三卷、《雜占條例法》一卷。所謂《積算易傳》，疑即〈隋〉、〈唐志〉之《錯卦》是也；《雜占條例法》，疑即〈隋〉、〈唐志〉之《逆刺占災異》是也。』此本篇目與晁《志》異。」館臣此條正徵引《郡齋讀書志》以考書名之不同。其謂《京房易傳》即《積算易傳》，疑即〈隋〉、〈唐志〉之《錯卦》；而《積算雜占條例》即《雜占條例法》，疑即〈隋〉、〈唐志〉著錄之《逆刺占災異》也。是則上述書籍多有同書而異名者。

乙、校補《永樂大典》本《解題》之脫略

　　《四庫》本《解題》既就《永樂大典》輯錄而成，故凡《大典》本《解

題》有所脫略者，館臣皆撰作案語加以說明，並作校補。《四庫》本《解題》
經錄之部，其館臣校補脫略之案語約十一條，其中有據《文獻通考》校補者，
如〈易類〉「《易本傳》三十三卷」條，於「如捨本卦而論他卦，及某卦從某
卦來者皆所不取」句下，案語曰：「此二句原本脫漏，今據《文獻通考》補入。」
有據《宋史·藝文志》校補者，如〈春秋類〉「《春秋邦典》二卷」條，於「唐
既濟潛亨撰」句下，案語曰：「原本脫『濟』字，今據《宋史·藝文志》增入。」
亦有未說明其所據依而逕行校補者，如〈禮類〉「《禮記正義》七十卷」條，
於「惟皇甫侃，熊安生二家」句下，案語曰：「此句原本脫『生』字，今校補。」
是館臣校補《解題》之脫略，頗具成績也。

丙、訂正《解題》錯誤及考校其所著錄者與他書之異同

　　《四庫》本《解題》，其中文字有錯誤者，館臣皆逕行改正，然後出案。
如〈易類〉「《易辨》三卷、《淵源錄》三卷」條，案語曰：「《文獻通考》何萬
《易辨》三卷，原本作《易辭》，今改正。」又如〈春秋類〉「《春秋得法志例
論》三十卷」條，於「其父堯民希元爲鄉先生」句下，案語曰：「堯民原本誤
作『先民』，今據《文獻通考》改正。」以上二條，館臣皆據《通考》以作改
正。惟亦有未說明所據依者，如〈語孟類〉「《論語紀蒙》六卷、《孟子紀蒙》
十四卷」條，於「國子司業臨海陳耆卿」下，案語曰：「耆卿原本誤作『著卿』，
今改正。」更有據《四庫》本《解題》，以訂正《文獻通考》所著錄資料錯誤
者，如〈春秋類〉「《息齋春秋集注》十四卷」條，於「禮部侍郎鄞高閌抑崇
撰」句下，案語曰：「《文獻通考》作高閱，誤。」

　　館臣訂正錯誤同時，亦作考校異同之工作。如〈春秋類〉「《春秋列國諸
臣傳》五十一卷」條，載王當嘗以蘇軾薦，館臣案語曰：「《文獻通考》作『以
蘇轍薦』。」此乃考校《解題》與《通考》二者記載之不同，惟此條實《通考》
誤也。又同類「《左氏國語類編》二卷」條，此條《解題》作「呂祖謙撰」。
案語曰：「《宋史·藝文志》注：『祖謙門人所編。』」此則考校《解題》與〈宋
志〉著錄撰人不同也。

丁、對《解題》容有之缺失及存疑問題進行考證或辨證

　　《解題》書中，直齋著錄容有缺失，或有疑而待決之問題，館臣案語中
每作考證或辨證。如〈詩類〉「《王氏詩總聞》三卷」條，案語曰：「朱彝尊〈王
氏詩總聞序〉：王氏名質，字景文，汶陽人。紹興庚辰進士，召試館職不就，

歷樞密院編修官，出通判荊南府，不行，奉祠山居，有《集》四十卷，此書亦作二十卷。」是此書撰人王氏，《解題》未明記名字，疑而待決，館臣乃據朱彝尊〈序〉作考證，考出其人為王質，字景文。又如〈易類〉「《葆光易解義》十卷」條，此書乃張弼撰，《解題》載弼「紹聖中，以章厚、黃裳等薦，賜號葆光處士」。館臣案語曰：「晁公武《讀書志》：『弼於紹聖中，張惇薦於朝，賜號葆光處士。後黃裳等人再薦，詔為福州司戶、本州教授。』考《宋史》，紹聖中無張惇，此本又作章厚，疑為章惇所薦，以避光宗諱，故名章厚耳。」是薦張弼者乃章惇，非張惇，《郡齋讀書志》固誤；而《解題》作章厚，亦因避光宗諱，蓋光宗名惇也。是館臣考證者不誤。至王安石與政之年，館臣亦有考。《解題・書類》「《書義》十三卷」條引王安石〈序〉，謂「熙寧二年，臣安石以《尚書》入侍，遂與政」。館臣案語曰：「王安石與政在熙寧三年，原本作『二年』，誤。今改正。」是安石與政，作熙寧三年是，而《解題》引〈序〉作二年非也。又〈詩類〉「《詩譜》三卷」條，其書乃鄭玄撰，歐陽修補亡。修有〈序〉，謂慶曆四年至絳州得《詩譜》，「有注不見名氏」，是修亦不知為《詩譜》作注者乃誰人也。館臣案語曰：「宋《兩朝國史志》，歐陽修於絳州得注本，卷首殘缺，因補成進之，而不知注者乃太叔求。」是館臣據《兩朝國史藝文志》，考出為《詩譜》作注者乃太叔求。此問題懸疑既久，一朝得解，館臣作出此案，實大有功於直齋《解題》矣。

參、館臣《解題》案語有見解精闢、考證縝密者

館臣撰作《解題》案語，其中不乏見解精闢、考證縝密之處。茲不妨略舉數例以作說明：

如〈易類〉「《周易集解》十卷」條著錄：「《周易集解》十卷，唐著作郎李鼎祚集子夏、孟喜、京房、九家、《乾鑿度》、馬融、荀爽、鄭康成、劉表、何晏、王弼、宋衷、虞翻、陸績、王肅、干寶、姚信、王廙、張璠、向秀、王凱沖、侯果、蜀才、翟玄、韓康伯、劉瓛、何妥、崔憬、沈麟士、盧氏、崔覲、孔穎達等諸家，凡隋、唐以前《易》家諸書逸不傳者，賴此猶見其一二，而所取於荀、虞者尤多。」是《解題》所記李鼎祚《集解》所集《易》說凡三十二家，然館臣案語云：「此書子夏以來《易》說三十二家，又引張氏倫、朱氏仰之、蔡氏景君三家注。」據此，則館臣所考證，較直齋尤為精確縝密，所增三家，足補《解題》著錄之未備。

　　又同類「《周易口訣義》六卷」條著錄:「《周易口訣義》六卷,河南史之
徵撰。不詳何代人,《三朝史志》有其書,非唐則五代。避諱作『證』。」是
直齋撰《解題》此條時,因避宋仁宗趙禎嫌名,故此書撰人史之徵,直齋本
改寫作爲史之證。惟《四庫》本根據《永樂大典》以編纂,又還原姓名作史
之徵。館臣於「河南史之徵撰」句下作案語曰:「《宋史・藝文志》作『史文
徵』,《文獻通考》作『史證』,鄭樵《通志》作『史之證』。宋人避諱『徵』
字,此改從其舊。」據是,可推知此書作者原名史之徵,宋人避諱改作證,
故《通志》作『史之證』;而《文獻通考》作『史證』,《通考》殆據《崇文總
目》脫字而誤,〔註9〕疑《崇文總目》脫「之」字。而《宋史》乃元人所撰,
故不避宋諱,遂改回姓名作「史之徵」。然今見《宋史・藝文志》作「史文徵」
者,蓋「文徵」乃「之徵」形近之訛。館臣謂「宋人避諱『徵』字」,故直齋
《解題》姓名改作「史之證」,實避諱使然。是館臣將此條姓名「改從其舊」,
誠屬有識。

　　《解題・禮類》「《古禮》十七卷、《釋文》一卷、《識誤》三卷」條著錄:「《古
禮》十七卷、《釋文》一卷、《識誤》三卷,永嘉張淳忠甫所校,……識其誤而
爲之〈序〉。謂:『高堂生所傳《士禮》爾,今此書兼有天子、諸侯、卿大夫禮,
絕非高堂所傳。其篇數偶同,自陸德明、賈公彥皆云然。』不知何所據也。」
考《古禮》即《儀禮》。張淳〈序〉以爲高堂生僅傳《士禮》,今其書兼具天子、
諸侯、卿大夫之禮,故謂「絕非高堂所傳」,而直齋則斥爲「不知何所據」。然
直齋所斥之言未盡精當,且未列出所斥者之理據。而館臣案語則謂:「朱子曰:
『張淳所云,不深考於劉向所定之誤,又不察其所謂《士禮》者,特略舉首篇
以名之。其云推而致於天子者,蓋專指冠、昏、喪、祭而言,若燕、射、朝、
聘,則士豈有是禮而可推耶?』」是館臣引朱子之論以駁張淳之失,原原本本,
有論有據,所考較直齋精審,又足補《解題》之未逮。

　　《解題・春秋類》「《春秋集解》十二卷」條著錄:「《春秋集解》十二卷,
呂祖謙撰。」直齋以此書撰人爲祖謙,其實誤也。館臣案語則辨之,曰:「趙
希弁《讀書志》第云東萊先生所著,長沙陳邕和父爲之〈序〉,而不書其名。
蓋呂氏望出東萊,故三世皆以爲稱,成公特其最著者耳。而《宋史・藝文志》
於《春秋集解》三十卷,直書成公姓名,世遂因之。考《呂祖謙年譜》,凡有

_____

〔註9〕　《崇文總目》卷一、〈易類〉著錄:「《周易口訣義》六卷,原釋:河南史證撰,
　　　　不詳何代人。」錢東垣輯釋本。是《通考》據《崇文總目》稱史證。

著述者必書，疑世所傳三十卷，即本中所撰也。朱子亦云：『呂居仁《春秋》甚明白，正與某《詩傳》相似。』」案：此書卷數，《解題》與〈宋志〉著錄不同。考成公即呂祖謙，呂居仁即呂本中。館臣旁徵博引，論證此書撰人乃呂本中，既立新說，又指正《解題》之誤。此條見解精闢，考證縝密，於館臣案語中，誠屬不可多得之作。

肆、館臣《解題》案語有舛誤顯明及闡說未盡周延者

館臣所撰案語中，有舛誤顯明者，亦有闡說未盡周延者。茲略舉數例以作說明：

《解題・禮類》「《集釋古禮》十七卷、《釋宮》一卷、《綱目》一卷」條著錄：「《集釋古禮》十七卷、《釋宮》一卷、《綱目》一卷，廬陵李如圭寶之撰。淳熙癸丑進士，嘗為福建撫幹。」考淳熙干支無癸丑，《解題》此條實誤。故館臣出案語，曰：「《文獻通考》作紹興癸丑進士。」惜館臣案語亦誤。考紀昀《四庫全書總目》卷二十、〈經部〉二十、〈禮類〉二著錄曰：「《儀禮集釋》三十卷，《永樂大典》本。宋李如圭撰。如圭字寶之，廬陵人，官至福建路撫幹。考《文獻通考》引《宋中興藝文志》曰：『《儀禮》既廢，學者不復誦習。乾道間有張淳始訂其譌，為《儀禮識誤》。淳熙中，李如圭為《集釋》，出入經傳；又為《綱目》，以別章句之旨；為《釋宮》，以論宮室之制。朱熹嘗與之校定《禮書》，蓋習於《禮》者。』云云，則如圭當與朱子同時，而陳振孫《書錄解題》言如圭淳熙癸丑進士，《文獻通考》引振孫語，又作紹興癸丑進士。考淳熙紀元凡十六年，中間實無癸丑。紹興癸丑為高宗改元之三年，朱子校定《儀禮》乃在晚歲，疑當為紹熙癸丑，陳氏、馬氏並訛一字也。」是如圭進士及第之年應為光宗紹熙癸丑歲，其撰《儀禮集釋》亦在紹熙，《通考》引《宋中興藝文志》作「淳熙中，李如圭為《集釋》」，亦誤。又考《宋元學案》卷六十九、〈滄州諸儒學案〉上「撫幹李如圭」條曰：「李如圭字寶之，廬陵人，紹熙癸丑進士，福建撫幹。文公與之校定《禮經》。所著有《集釋古經》十七卷、《釋宮》一卷、《儀禮綱目》一卷。」是《宋元學案》亦記如圭為「紹熙癸丑進士」，是則館臣僅據《文獻通考》，而未引及《宋元學案》，所論仍欠周延。

又《解題・春秋類》「《春秋二十國年表》一卷」條著錄：「《春秋二十國年表》一卷，不知何人作。周而下，次以魯、蔡、曹、衛、滕、晉、鄭、齊、秦、楚、宋、杞、陳、吳、邾、莒、薛、小邾。」館臣此條案語曰：「《解題》

自『周而下』，所列止十八國，蓋有脫字。」惟究脫何字？館臣未嘗深究。考
《通志堂經解》本《春秋二十國年表》，所列二十國，於「薛」下有「許」字，
是《解題》所脫者為「許」字。是則館臣所考證，亦有未盡縝密也。

　　《解題·書類》「《禹貢論》二卷、《圖》二卷」條著錄：「《禹貢論》二卷、
《圖》二卷，程大昌撰。凡〈論〉五十三篇、〈後論〉八篇、〈圖〉三十一。」
館臣此條案語曰：「《宋史·藝文志》作《禹貢論》五卷、《禹貢論圖》五卷、
《後論》一卷。」兩相比較，是《解題》所著錄者，其卷數既與〈宋志〉不
同，又闕「《後論》一卷」四字。惟《解題》此條卷數作如此著錄實有其依據，
考傅增湘《藏園訂補郘亭知見傳本書目》卷一、〈經部〉一、〈書類〉著錄：「（補）
《禹貢論》二卷、《後論》一卷、《山川地理圖》二卷，宋程大昌撰。宋淳熙
八年泉州學刊本，十二行，行二十二字，白口，左右雙闌。劉惠之藏，余曾
借校，改訂《通志堂》本數百字，較《四庫》本多二圖。」據傅書所記，則
《解題》所著錄程書卷數，其《論》、《圖》均作二卷，實與傅書著錄者同，
或直齋所據以著錄者亦淳熙八年泉州學刊本。因館臣不知程書有此本，僅據
〈宋志〉立說，是以案語所述，乃屬知一不知二，其所考證殊未盡縝密與周
延也。

　　至《四庫》本《解題·易類》著錄有龔原「《易講義》十卷」一條，其條之
後有隨齋批注曰：「此段當在《正易心法》之前。」由是可推知《永樂大典》本
《解題》，其「《易講義》十卷」一條，原不在「《正易心法》」條前也。惟今《四
庫》本《解題》則正作如是編排，而館臣未出案語說明原委，遂使《永樂大典》
本《解題》此條原次竟不可考知。此點實屬館臣失慎，其所輯錄《解題》工作，
其中亦有因稍欠縝密致使書之整理有不甚周延者。〔註10〕

伍、《四庫》本《解題》之輯錄及撰作案語者乃鄒炳泰

　　《四庫》本《解題》之輯錄及撰作案語者為誰氏？今人精治《解題》如陳
樂素、喬衍琯二先生，對此問題均未研考及之。其實只須翻檢《武英殿聚珍版
叢書》本《解題》，其書目錄後有〈提要〉，〈提要〉文末署作「乾隆三十八年七
月恭校上，……纂修官庶吉士臣鄒炳泰」。是則《解題》一書乃鄒氏任纂修，殆
可無疑。今人王欣夫先生撰《藏書紀事詩補正》，其書卷一「陳振孫伯玉」條曰：

〔註10〕喬衍琯《陳振孫學記》第四章〈直齋書錄解題〉、第三節〈隨齋批註〉已先有
　　　　此說，見頁 77。

「《直齋書錄解題》，今《武英殿聚珍》本係從《永樂大典》輯出，當時任搜輯者為鄒炳泰。鄒字仲父，號曉屏，無錫人。官至協辦大學士。著有《午風堂集》。此事即見《集》中卷一。」是欣夫先生據《武英殿》本所署，已知此書乃炳泰所輯。惟欣夫先生謂炳泰所著有《午風堂集》，其書名實作《午風堂叢談》，王氏偶誤矣。考《午風堂叢談》卷一載：「宋吳興陳振孫《直齋書錄》，列經、史、子、集，中分五十三類，視晁公武《讀書志》議論較為精核，馬氏《經籍考》多援之而作。其書久佚，《永樂大典》載之，余校纂成編，列入《四庫》，曾以聚珍版印行，購者珍如星鳳。」據是，則《四庫》本《解題》確為鄒氏據《大典》校纂而成，此事殆可視為定讞。炳泰，《清史稿》卷三百五十一、〈列傳〉一百三十八，〈清史列傳〉卷三十二、〈大臣傳〉次編七均有傳。〔註11〕

陸、結　語

　　綜上所述，《四庫》館臣撰作《解題》案語實有其義例，余所考出者凡四類：考訂所著錄書籍卷數及書名異同，一也；校補《永樂大典》本《解題》之脫略，二也；訂正《解題》錯誤及考校其所著錄者與他書異同，三也；對《解題》容有之缺失及存疑問題進行考證或辨證，四也。惟館臣所撰案語，其間固有見解精闢、考證縝密者，亦間有舛誤顯明而闡說未盡周延者，余皆各舉例證予以說明。至有關輯錄《四庫》本《解題》並撰寫案語之館臣為誰？今人多未作研考，余乃據《武英殿聚珍版叢書》本《解題・提要》文末所署名，並參考王欣夫先生說，及《午風堂叢談》卷一所載資料，確證《四庫》本《解題》，乃鄒炳泰於乾隆三十八年（1773）依據《永樂大典》輯錄並撰寫案語以成者。上述考證所得，均有若如山鐵案，是則余繼欣夫先生後，補考出之結論，殆可成定讞矣。

民國八十七年（1998）婦幼節撰於華梵大學東方人文思想研究所

原刊《第一屆中國文獻學學術研討會論文集》

〔註11〕請參考拙著《陳振孫之生平及其著述研究》第五章〈陳振孫之主要著作——《直齋書錄解題》〉、第四節〈直齋書錄解題之板本〉、己〈輯本〉，頁 452～455。

讀《陳垣來往書信集》
——記陳垣對陳樂素撰作〈直齋書錄解題作者陳振孫〉一文之協助與指導

　　陳垣，字援庵，當代著名史學家，著述弘富，以所刊《勵耘書屋叢刻》見譽於時。《陳垣來往書信集》乃援老文孫陳智超所編，西元 1990 年 6 月上海古籍出版社印行，材料富贍。閱援老與友朋、門人函牘，內容所及，多屬談文論學，牽涉面廣，真可作一部中國近世學術史看。函牘中間見援老臧否古今中外人物，文筆辛辣風趣，與劉義慶《世說新語》同其造詣。至援老與親屬、子婿之函，則鄉親之義、舐犢之情，溢於辭表，而中每兼以諄諄之訓，是其書雖屬書翰體，然持較《顏氏家訓》，固不遑多讓。

　　陳樂素，援老之哲嗣，初名博，後以字行。樂素所撰〈直齋書錄解題作者陳振孫〉，全文分「本名」、「述作」、「年歷」、「言行」四項，以詳考直齋生平與學術。其文刊見西元 1946 年 11 月 20 日《大公報・文史周刊》。近儒余嘉錫先生於所撰《四庫提要辨證》卷九「《直齋書錄解題》二十二卷」條中推譽此篇，以為「搜集極為完備」。而余近年因撰作《陳振孫之生平及其著述研究》，亦曾詳參此篇，初固未悉樂素撰作此文，乃備受其父援老助導也。

　　《陳垣來往書信集》「陳樂素」項下第八十二通，載西元 1946 年 3 月 2 日往函云：

> 家信久不談學問，接 2 月 16 日函，喜慰無已。直齋本名瑗一節，前此未見人說過，可算是一發見，但此等作法甚勞，而所獲不算大，在乾嘉諸老中，不過筆記一條，擴而充之，則為今人一論文矣。譬

諸煉奶，一匙可沖水一大碗也，爲之一笑。但當搜索材料時，應並注意他題，或同樣諸題，庶不至勞多獲少耳。

《解題》「續成都古今集記」條之己丑，認爲己卯無不可。惟卷十四「琴譜」條，曾言己卯分教鄞學，可惜寶慶、開慶及延祐《四明志》，均找不著陳瑗蹤跡。至謂其改名當是避理宗嫌名，引寶慶丙戌〈崇古文訣序〉爲證，亦可成立。但孝宗曾更名瑗，謂避孝宗舊諱可乎？「續成都集記」條之末一段，當是隨齋批注之類。隨齋是程榮，甘泉說引沈叔埏說。沈，乾隆五二年進士，秀水人，較《十駕》說爲長。然謂其說具載《演繁露》，則謬甚。《演繁露》當作《雍錄》，《雍錄》九有論石鼓文七篇，故隨齋言其說甚博也。

《皕宋志》載〈洛陽名園記〉跋與《解題》所載有異字，皆以《解題》所載者爲長。

陳玉父〈玉臺新詠後序〉，今存本皆有之，不必引自《皕宋志》，且近南陵徐氏重刻明寒山堂趙氏覆宋本，不見陳下有空字痕跡，《解題》「新詠」條，亦未見提及此序，好在外家李氏云云，尚可作一旁證。

惟《解題》卷二，「三禮圖」及「禮象」條，卷十四「法書撮要」條，均以吳興爲吾鄉，與袁清容跋禊帖稱爲雪溪陳侍郎者合，何以又稱永嘉陳瑗？此層應有解釋，或者永嘉人，而寄籍吳興者乎？

照來信分名字、成書、卒年、學行四項，甚妥。學行改言行，何如？《解題》中有考證、評論、感慨等等（陳不喜釋老，時於《解題》見之，與晁氏大異），可摘出演染成一篇有意義文字，亦不乾燥也。

來信頗有誤字。張氏十詠圖見《野語》，誤作《癸辛雜識》。《國粹學報》撰晁陳傳之陳祺壽，是光、宣間人，在陸心源後，非嘉、道間之侯官陳左海也。來信『祺壽』二字倒。又道古堂跋《解題》，在卷廿六，來信誤作廿五。

重鈔寄《曝書雜記》（即《甘泉鄉人稿》）一段，《頤綵堂集》未見，因檢《演繁露》無考石鼓文事，檢《考古篇》亦無之，原來在《雍錄》，皆程大昌撰，頤綵蓋誤記。因此愈信人言之不可輕信，引書非親睹不可也。因此並「程榮字儀甫，號隨齋」云云，亦不一定可靠（《元詩選》三千餘人，無程榮）。頤綵原文，未說明此八個字所出也，周

益公作〈文簡墓志〉亦未見，輔仁似無周集，此事尚須一查。又同治
《湖州府志》七四陳振孫傳，與《宋史翼》全同，「安吉人」云云（《宋
詩紀事》六五作安吉縣人，《四庫》作安吉人），頗疑安吉者是「安吉
州」，非安吉縣。吳興郡，隋以來改置湖州，宋寶慶初又改湖州爲安
吉州，故吳興、湖州、安吉皆郡名，不指今安吉縣。然則謂直齋爲吳
興人、湖州人、安吉州人，皆可也。謂直齋爲安吉人，似不妥。直齋
一定居郡城，不居安吉縣，觀《解題》卷二、卷十四及卷三「春秋比
事」條，卷四「三國志」及「五代史纂誤」條口氣可見。

《學津》本《野語》，時有誤字，引用時應注意。牟巘《陵陽集》及
吳師道《禮部集》各一條，未知有用否？

《魯巖所學集》有跋五篇，皆空洞，似無裨於考證。今日星期六，
下半日放假，書記先生要休息，要過幾日乃抄完，故今先將已抄各
條付郵。儀顧堂無材料，方志想諸家已見過，如《宋史翼》所引之
勞志，今不易得見矣。

案：讀援老此函首段，當可推知樂素研究直齋而有所述造，乃在西元 1946 年
2 月 16 日稍前。樂素謂直齋本名瑗，因避理宗嫌名而更名振孫。此說雖援老
稱爲「前此未見人說過」，然終未能成立。喬衍琯《陳振孫傳略》，[註1] 力言
樂素避嫌名說不足信；而余撰《陳振孫之生平及其著述研究》，亦特闢〈避嫌
名說辨〉專節，列舉眾證，既辨樂素所考之誣，且匡喬氏說之未逮。函之次
段言及之「己丑」作「己卯」，援老認爲「無不可」；其實樂素爲此說，乃一
空依傍，全無助證。蓋考據之事，孤證且不立，況無證據乎？不意援老亦以
爲是也。惟通觀全函之意，援老亦未確信「直齋本名瑗」之說，故函中一則
曰：「但孝宗曾更名瑗，謂避孝宗舊諱可乎？」再則曰：「近南陵徐氏重刻明
寒山堂趙氏覆宋本，不見陳下有空字痕跡。」皆其證也。觀函之第六段，固
可知樂素之文，初本擬分「名字」、「成書」、「卒年」、「學行」四項論述，其
後改爲「本名」、「述作」、「年歷」、「言行」，則更見妥善；其「學行」改爲「言
行」，則遵援老教也。援老函中既謂《解題》中有考證、評論、感慨諸文字，
可摘出演染成篇。故樂素撰文乃於「言行」項下，一再徵引《解題》材料，
罄論直齋爲飭躬之士；又於直齋重儒術，惡釋老；服膺晦庵，貶斥荊公；及

[註1] 《陳振孫傳略》，載民國 69 年（1980）5 月《國立政治大學學報》第 41 期。

目睹世變，哀思無窮諸端，三致意焉；蓋受援老函牘啓牖而作如斯之撰也，至援老指斥沈叔埏之誤，及謂《湖州府志》與《宋史翼》所記「安吉人」，恐非指安吉縣，乃指安吉州；故謂直齋為吳興人、湖州人、安吉州人均可。上述諸說，其後並為樂素所采用。至樂素行文有訛誤，援老亦一一指出；如樂素將徵引《齊東野語》誤為《癸辛雜識》，陳祺壽誤認為陳壽祺（左海），道古堂跋《解題》在卷廿六而誤寫作卷廿五；樂素亦可算失愼矣！然援老函中所述亦有微誤。如函中抨擊《魯巖所學集》有關《解題》五跋為空洞而無裨考證，斯則未盡符事實。

《陳垣來往書信集》「陳樂素」項下第八十四通，又載同年 3 月 12 日往函云：

> 8 日曾復 2 月 28 日函，並魯巖抄件，想已收到。頤綵引文，謬誤如此，是為引書不檢元文者戒。眞所謂「毋信人之言，人實誑汝」也。

案：觀援老此函，知 2 月 28 日樂素有函奉復援老，3 月 8 日援老乃答之，又附寄《魯巖所學集》有關《解題》五跋之抄件，斯皆有助益樂素者也。意樂素去函必有論及沈叔埏《頤綵堂集》引文事，沈謬誤殊多，故援老評之如此。樂素函今不可見，惟所論約可見於其所撰文「述作」項下。其文略云：

> 錢泰吉《曝書雜記》卷下曾條錄《解題》中所載直齋事跡，便利考證。而於卷中云：《解題》有隨齋批注，《養新錄》疑為元時洛陽楊益，以其《隨齋詩集》也。鄉先哲沈雙湖（叔埏）吏部謂隨齋為程榮，見《頤綵堂集·書直齋書錄解題後》，云：『錄中鄭樵《石鼓文考》，批注有「先文簡」字。宋新安程泰之大昌，謚文簡，曾孫榮，字儀甫，號隨齋，元時人。周益公作〈文簡墓誌〉云：公自宦遊去鄉里，樂吳興溪山之勝而卜居焉。子四人：準、新、本、阜；孫三人：端□（先大夫名同。泰吉注），端節，端履。批注所云：樵以秦斤秦權有「盉」、「殹」兩字，遂以石鼓為秦物，先文簡論而非之。其說具載《演繁露》，則隨齋為榮，確然無疑，證據鑿鑿，錄以告讀《解題》者。』案〈文簡神道碑〉見周益公《平園續稿》卷廿三，沈氏引文有誤，子四人為準、本、阜、覃，名皆從十，無名「新」者。孫三人則端復，端節，端履。程氏之說乃見於《雍錄》卷九，非《演繁露》，沈氏亦誤。至謂「曾孫榮，字儀甫，號隨齋，元時人」，此十二字最關重要，而未言出處，殊為可惜。然隨齋為程氏後人而

非楊益，則確可無疑。《解題》卷六李結《御史臺故事》條有隨齋批
注云：「結本名構，避光堯御諱。」則仍是宋人或宋遺民也。

觀樂素文中所考，沈叔埏《頤綵堂集》引文有誤：以程覃爲程新，一也；以《雍
錄》爲《演繁露》，二也；徵引「曾孫榮，字儀甫，號隨齋，元時人」十二字未
言出處，三也；隨齋可能爲宋人或宋遺民，而坐實爲元時人，四也。至程氏之
說見《雍錄》卷九，非見《演繁露》；此固援老所已言之，而樂素襲用耳。

《陳垣來往書信集》「陳樂素」項下第八十五通，又載同年 3 月 25 日往
函云：

頃接 3 月 18 日函，並尊生先生吟稿，拜讀。陳直齋文，照來信題目
可以。

案：觀此，是樂素 3 月 18 日來函，提及撰作題目。其題目即〈直齋書錄解題
作者陳振孫〉，援老以爲可用也。

又同書第八十六通，載 4 月 8 日往函云：

3 月 25 日曾復 3 月 18 日函，想收到，頃接 3 月 30 日書並陳振孫文，
甚好。惟有一笑話，以《梅磵詩話》爲胡身之詩話是也。宋元間以
梅磵爲號者不止一二人。故此文未有給別人看，今簽改數處寄回，
可自斟酌，不必盡依吾說也。此外尚有兩點須注意：一此文引號多，
傳寫排印，易於脫落，故須預備其有脫落時，亦不至令人誤會乃可，
則行文時須做到不加引號，而引文與己文分別顯然，乃足貴也。二
此文小注不少，其多者乃至二三行，此必須設法減少，或改爲正文，
如 11 頁前數行是。因近日印品多用五號，再有小注，須用七號，大
不宜也。且作文自加注，只可施之詞章，如詩賦銘頌之屬，字句長
短有限制，不能暢所欲言，有時不得不加自注。史傳散文自注甚少，
除表及藝文志之屬爲例外。《宋書》謝靈運傳〈山居賦〉、《北齊書》
顏之推傳〈觀我生賦〉，亦自注。非注，人閱之不懂也。史傳與注相
類之句，如語見某傳，事具某志等類，亦皆作大字正文，不作小注。
又如《孟子》引《詩》「天之方蹶，無然泄泄」，即以當時語釋之曰：
「泄泄，猶沓沓也。」又引《書》「洚水警予」，即解釋之曰：「洚水
者，洪水也。」又引《詩》「畜君何尤」，即解釋之曰：「畜君者，好
君也。」皆作正文，並不作小注。《大學》引〈淇奧〉之詩，加以解
釋曰：「如切如磋者，道學也」云云，亦不作小注。此狠可效法者。

又如《論語》，「子曰：從我於陳蔡者，皆不及門也」，以下「德行顏
淵」云云，亦是注釋，然並不作小字。所以我近日作品，力避小注，
不論引文、解釋、考證、評論，皆作正文。此體將來未知如何，我
現在尚在嘗試中，未識能成風氣否？且要問注之意義為何，無非是
想人明白，恐人誤會耳。既是想人明白，何不以作正文？若是無關
緊要之言，又何必注？此文在《研究院集刊》發表如何？

案：讀此函，藉悉樂素 3 月 30 日曾奉書及文稿於援老。3 月 18 日去函猶詢題
目之當否；而 30 日前則已草稿初就，其為文亦云速矣！惜樂素之文頗有錯舛，
如《梅磵詩話》乃元人韋居安撰，而竟誤為胡三省詩話，殊可噱也。援老不
將以示人，又代簽改，俾自斟酌，更代安排刊之《史語所集刊》；其愛子之心，
無微不至若此。至函中論及引文作注諸端，則屬援老一家言，雖與目前撰作
論文要求頗有歧趨，至其是非當否，暫可不論。

同書第八十七通，載同年 4 月 24 日往函云：

4 月 5 日書，早收到。頃又接 4 月 16 日函，知直齋文決將小注改作
正文，抑何遷善之勇也。西莊語本預備作文末餘話，亦可博一笑。〈哀
扇工歌〉，見《知不足齋叢書》十八集《清波別志》上，無作者姓名，
屬樊榭據《梅磵詩話》知為沈作喆撰，遂采入《宋詩紀事》四十四卷。

案：觀此函，則知樂素謹遵援老意，將其文小注改作正文。今讀樂素文凡萬
言，竟無一條小注，斯誠如援老函中所言，「抑何遷善之勇也」！「西莊」即
王鳴盛，嘗著《蛾術編》及《十七史商榷》等書，惟樂素文末未見有西莊
語，殆事後未用也。〈哀扇工歌〉，樂素文亦未道及。韋居安《梅磵詩話》卷
上曰：

沈作喆字明遠，吳興人，守約丞相之姪，自號寓山。登紹興進士第，
嘗為江右漕屬。作〈哀扇工〉詩，掇怒洪帥魏道弼，捃深文劾之，
坐奪三官。其後從人使虜，南澗韓無咎遺之詩曰：「但如王粲賦〈從
軍〉，莫為班姬詠〈團扇〉。」有旨哉！洪有士子與寓山往來相歡洽，
一日清晨來訪，寓山猶在寢，遂徑造書室，翻篋中紙，詩稿在焉，
由是達魏之聽。陳直齋《吳興氏族志》云：「〈哀扇工歌〉，罵而非諷，
非言者之罪也。」其詩不傳。

韋氏《梅磵詩話》謂〈哀扇工歌〉不傳，其實誤也，《清波別志》即見錄此詩，
厲鶚《宋詩紀事》卷四十四、「沈作喆」條嘗引之。其詩曰：

黃州竹扇名字著,織扇供官困追捕。史官開府未浹旬,欲戴綸巾揮
白羽。新模巧製旋剪裁,百中無一中程度。犀革鑲柄出蟲魚,麝煤
熏紙生煙霧。戴山老姥羞翰墨,漢宮佳人掩紈素。衙內白取知何名,
帳下雄挐不知數。供輸不辨箠楚頻,一朝赴水將誰訴?史君崇重了
不聞,嗚呼何以慰黎庶!聞道園家賣菜翁,又說江南打魚戶。號令
亟下須所無,官不與錢期限遽。歸來痛哭辭妻兒,宿昔投繯挂枯樹。
一雙婉婉良家子,吏兵奪取名為顧。弟兄號叫鄰里驚,兩家吞聲喪
其嫗。死者已矣可奈何,冤魂成群空號呼去聲。殺人縱欲勢位尊,
貪殘無道天所怒。邦人蓄慎不敢言,君其拊馬章臺路。《清波別志》。

觀是,則《宋詩紀事》所載,確據《清波別志》也;而援老所述,則據《別
志》與《紀事》也。

同書第八十九通,載 5 月 13 日往函云:

前數日晤傅孟真先生,知直齋文已收到。

案:觀是,是樂素於 5 月 13 日前曾以所撰直齋文寄史語所,傅斯年已收得矣。
樂素所以寄文於傅氏,乃必藉援老關係也。

同書第九十四通,載同年 7 月 29 日往函云:

7 月 20 晚來信收到,將有長途旅行,頗為繫念。王西莊譏陳振孫係
南宋微末小儒,此語結果有用否?便亦告我。

案:援老函謂「王西莊譏陳振孫係南宋微末小儒」,未注明出處,樂素文中亦
未用此語。考王氏《十七史商榷》卷九十四、《新舊五代史》二、「閔帝改愍」
條云:

唐閔帝,明宗之子,據薛史乃晉高祖即位後所補諡,本紀內此字凡數
見,甚明析,而〈末帝紀〉中又屢見之,確然無疑,而歐史改為愍帝。
原歐意,當因唐莊宗諡為光聖神閔孝皇帝,嫌複閔字,遂率意改之。
但《說文》卷十下心部:「愍,痛也,從心啟聲。」卷十二上門部:「閔,
弔者在門也,從門文聲。」二字判然不同,何得輒改,改之則失實矣。
《通鑑》雖不為閔帝作紀,但附見其事,然亦作閔。王溥《五代會要》
第一卷「帝號」同。至後唐廢帝,薛史本作末帝,《五代會要》同。
考陳振孫《書錄解題》有張昭等撰《後唐廢帝實錄》十七卷,係周世
宗時所修,若果彼時已稱廢帝,則王溥、薛居正何苦必改為末帝,反
使其與梁末帝相混。王溥、薛居正一輩人誠實謙退,必無此事,必是

歐公所改。陳振孫係宋南渡後微末小儒，震駭大名，反改張昭原稱末帝者以就歐稱廢帝耳。至《宋史》出元季陋儒手，〈藝文志〉作愍帝、廢帝，更無怪矣。晉出帝，薛《史》作少帝，《五代會要》同。歐以其為契丹所虜，援周衛輒及魯哀公號出公之例改之。

是援老之說，出《十七史商榷》。西莊著書，評史論人，多欠厚道，未盡公允。故其譏諷直齋為「微末小儒」，固屬刻意抑貶，樂素為文，不用其語，蓋有由也。

同書第九十七通，載同年 10 月 5 日往函云：

> 30 日曾復 13 晚以前，及佳、宥、儉等電，寄杭州浙江大學史學系，未知能收到否？此間各報紛紛辦《文史》及《讀書》等周刊，學術空氣尚濃厚。滬、渝、津三處《大公報》合辦《文史周刊》，請適之先生主編，本月 16 日出版，銷流頗廣。有短文可在此發表，酬報較豐。

又同書第九十八通，載同年 11 月 18 日往函云：

> 11 月 5 日信早收到。陳振孫文將於後日在《大公報》一次發表，信到時當已見。此文在日報發表頗可惜，但久寂借此一鳴亦好。

案：讀上述二函所述，略可推知樂素文章不被中研院《史語所集刊》采用，故退而思其次，乃送《大公報·文史周刊》。《文史周刊》既由胡適主編，則樂素此文之見刊，固意中事矣。然不得不謂援老與有力焉。

從上徵引援老函牘九通中，藉知樂素由西元 1946 年 2 月間撰寫〈直齋書錄解題作者陳振孫〉始，以迄此年 11 月 20 日其文刊見《大公報·文史周刊》止，援老一直賜予樂素以全面協助與指導。慈父愛子之心無微不至，於斯見之矣。其後樂素著述日富，歷任浙江大學、杭州大學、暨南大學教授，英才作育，桃李滿門，並蜚聲學壇，成就卓著。追其原始，則與樂素家學淵源，飽聆庭訓不無關係。惟亦有謂援老與樂素，其喬梓之情至晚歲而凶終隙末者。噫！小人不成人之美，吾不憑也。〔註2〕

民國八十二年（1993）九月一日，鶴山何廣棪撰於
華梵人文科技學院東方人文思想研究所

原刊《華梵人文思想專輯》第一期（1996 年 9 月）

〔註2〕 友人陳達超先生曾告余：「舊都盛傳援老父子不和，及援老歿後，又有爭產之說，甚囂塵上。」余雖不識樂素先生其人，然讀其論陳振孫之文，頗重廉恥節義。道路傳聞，理宜不足信也。

南宋有兩「陳振孫」
——讀〈陳容壙志〉、〈陳容墓志銘〉書後

　　浙江省臨海市自 1949 年迄今，出土墓志凡一百一十四方。以時代分，計兩宋五十四方，元六方，明五十三方，清一方。

　　臨海市政協文史委員會年來組織人力，將所出土墓志予以整理，由馬曙明、任林豪主編，丁伋點校，編成《臨海墓志集錄》一書。該書 2002 年 1 月於北京由宗教文化出版社付印行世。

　　《臨海墓志集錄》以撰志年代先後，按宋、元、明、清四朝為序，將墓志編排成冊。其宋代之部收有署名陳振孫撰之〈陳容壙志〉一篇、王象祖撰之〈陳容墓志銘〉一篇。署名陳振孫撰〈陳容壙志〉，余初以為即《直齋書錄解題》作者陳振孫佚文，睹之不勝雀躍。及後細加考證其內容，始知乃大謬不然者。

　　茲先將〈陳容壙志〉全文迻錄如次：

有宋進士陳君之墓　　陳振孫撰

先君諱容，字君卿，台之臨海人。父奉議諱芝，淳熙丁未登進士第。長子全，繼登庚戌第。先君居次，俱習《春秋》，兄弟競爽，不墜先奉議之業。嘉泰辛酉，先君曾預待補國學生之首選。母吳氏孺人在堂。娶王氏，故秘書、奉議之孫女也。子男三人：長抱孫，後先君三年卒；次振孫、僧孫。女二人：長適進士楊嗣孫，次在室。

先君以乾道戊子歲生，嘉定乙亥三月得疾，卒于正寢，享年四十有八。振孫等忍死侍母，得地于外氏，以丁丑歲十二月庚申奉先君之

　　　　柩，葬于重暉鄉石門山之原。祔兄抱孫于右。是日孤子振孫等謹勒

　　　　石泣血以書，而納諸壙。〔註1〕

據此〈壙志〉文末所記，固知其志乃署名「振孫等」者「勒石泣血以書」。又
據〈壙志〉內容梳理，則知壙主陳容字君卿，台之臨海（今浙江省臨海市）
人。生於南宋孝宗乾道四年戊子（1168），卒於寧宗嘉定八年乙亥（1215），享
年四十八歲。容父乃奉議郎芝，登孝宗淳熙十四年丁未（1187）進士第。芝長
子全，登光宗紹熙元年庚戌（1190）進士第，容乃芝次子。容於寧宗嘉泰元年
辛酉（1201）預待補國學生首選。母吳氏，妻王氏，子三人：長抱孫，後容
三年卒；次振孫，季僧孫。女二人：長適楊嗣孫，次在室。容卒後，乃於嘉
定十年丁丑（1217）十二月庚申葬於重暉鄉石門山之原。

　　陳容，《宋史》無傳，其事迹除另見王象祖撰〈陳容墓志銘〉外，未有其
他材料可資參證。惟南宋間另有一陳容，字公儲，為福建長樂人，登理宗端
平二年乙未（1235）進士第，清陸心源《宋史翼》卷二十九、〈列傳〉第二十
九、〈文苑〉四有傳，則與此陳容顯為兩人。

　　容父芝，《宋史》無傳。宋陳耆卿《赤城志》卷三十三、〈人物門〉二、〈本
朝〉「（淳熙）十四年王容榜」載：「陳芝，臨海人，字宗瑞。淳熙十四年進士，
終武安軍簽判。」與〈壙志〉合。至其謂芝「終武安軍簽判」，則與王象祖〈陳
容墓志銘〉所載芝之宦履同。

　　容兄全，《宋史》亦無傳。而《赤城志》卷三十三、〈人物門〉二、〈本朝〉
「紹熙元年余復榜」載：「陳全，臨海人，字子卿，芝之子，終新城縣尉。」
所記亦符〈壙志〉。至全字子卿，容字君卿，觀其所用別字甚相近，亦可推想
兩人乃兄弟行也。

　　容子抱孫、振孫、僧孫及其壻楊嗣孫四人之行實，除王象祖〈陳容墓志
銘〉載「子抱、振、僧。女長適進士楊嗣孫，次未行」外，餘無可稽考。容
妻王氏，〈陳容墓志銘〉載：「娶王氏，秘書省校書郎衛之子似之之女也。」
所記稍詳。是王氏乃衛孫女，似之女兒。考衛字夷仲，亦臨海人。高宗紹興
二十七年丁丑（1157）進士，歷秘書省正字，兼日曆所檢討官，改校書郎，兼
國史院編修官，終奉議郎。孝宗乾道三年丁亥（1167）卒，年六十一。宋葉適
《水心集》卷十八、〈墓誌銘〉有〈校書郎王公夷仲墓誌銘〉，頗記其生平，
可參考。惟似之事迹，則不詳。

────────────────────

〔註1〕見《臨海墓志集錄》，頁33，北京，宗教文化出版社，2002年1月第一版。

陳容次子亦署名陳振孫，與《直齋書錄解題》作者同姓名，然兩人絕非同一人。《解題》作者陳振孫，字伯玉，號直齋，浙江安吉州人。其祖某乃北宋哲宗朝任秘書省正字永嘉周行己壻，父某則行己外孫。〔註2〕父治《易》，孝宗乾道四年（1168）嘗赴戊子秋試。〔註3〕母李氏，樂清令富春李素孫女。〔註4〕妹某，適忠州守王枃。〔註5〕有關上述諸人事迹，拙著《陳振孫之生平及其著述研究》中考證甚詳悉。〔註6〕至陳容不可能為直齋父，斯僅觀容生於乾道四年戊子，而直齋父於此年已赴戊子秋試可知矣！其餘不同，如容母為吳氏，直齋祖母則為周行己女；容妻王姓，直齋母則李姓。容女適楊嗣孫，而直齋妹則適王枃。二者相異處殊多，是故容次子雖亦署名陳振孫，然絕非《解題》作者陳振孫。據上所考述，殆可成定讞。是南宋時有兩「陳振孫」，固曉然矣。

陳容既於《宋史》無傳，王象祖〈陳容墓志銘〉又為其惟一可資參證之文獻，茲亦將〈陳容墓志銘〉迻錄並略加考釋，俾供讀〈陳容壙志〉者參考。

陳君卿墓誌銘　天台王象祖撰

　有宋嘉泰元年，台之舉進士者逾七千。有文卷明《春秋》大義，以

〔註2〕陳振孫《直齋書錄解題》卷十七、〈別集類〉中著錄：「《浮沚先生集》十六卷、《後集》三卷，秘書省正字永嘉周行己恭叔撰。十七入太學，有盛名，師事程伊川。元祐六年進士，為博士太學，以親老歸，教授其鄉，再入為館職，復出作縣。永嘉學問所從出也，鄉人至今稱周博士。《集》序，林越撰。言為秘書郎，則不然。先祖妣，先生之第三女，先君子其自出也，故知其本末。所居謝池坊，有浮沚書院。」據是，則直齋祖父乃周行己壻，父乃行己外孫。

〔註3〕見前揭書卷十八、〈別集類〉下著錄：「《濟溪老人遺稿》一卷，通判明州濟源李迎彥將撰。永嘉周浮沚先生之壻，與先大父為襟袂。《集》中有送先君子赴戊子秋試詩，首句『籍甚人言《易》已東』，蓋先君治《易》故也。《集》序，周益公作。」可證。

〔註4〕同註2著錄：「《丁永州集》三卷，知永州吳興丁注葆光撰。元豐中余中榜進士。喜為歌詞，世所傳〈催雪・無悶〉及〈重午・慶清朝〉，皆有承平閒雅氣象。有女適樂清令富春李素見素，實先妣之大父母也。」可證。

〔註5〕見前揭書卷十六、〈別集類〉上著錄：「《白集年譜》一卷，知忠州漢嘉何友諒以居易舊治既刊其《文集》，又作《年譜》，刊之《集》首。始，余為《譜》既成，妹夫王枃叔永守忠錄寄之，則忠已有此《譜》，視余《譜》詳略互見，亦各有發明。其辨李崖州三絕非樂天作，及載晁子止之語，謂與楊虞卿為姻家，與牛僧孺為師生，而不陷牛李黨中，與余暗合，因並存之。詳見《新譜》末章。」可證。

〔註6〕請參考《陳振孫之生平及其著述研究》第二章〈陳振孫之先世與里實〉、第一節〈陳振孫之先世〉，頁29至31，臺北，文史哲出版社，1993年10月初版。

齊威召陵之功不克終，原于蔡姬侵蔡之事不正。始考官偉之，置首撰。郡守持號鈞卷，求苟于字畫，移冠待補。暨揭榜乃陳君，哄一郡以爲屈。

君諱容，字君卿，奉議郎、僉書武安軍芝之子也。僉判以明經爲鄉先生，晚登第。君與兄全習同經，兄蚤登第。君于學尤究終始，言簡行謹，書冊之外澹如也。文場開，眾必指目君，而考官少提掇者；至提掇又不偶。僉判亡，謀葬地，財殫力憊，得不得未可知，而君憂。既得葬而君病，數年，竟以是亡其身，實嘉定八年三月十六日也，享年四十有八。□□□□□□娶王氏，秘書省校書郎衛之子似之之女也。子抱、振、僧。女長適進士楊嗣孫，次未行。君亡三年而抱孫□□□□□□起家，未而成逝。至君父子亡而□□□□□□□□□□□不而無葬，歸謀于父母家，得地于石門，□□□□□□□□□事，以嘉定十月臘月庚申歸土，將葬□□□□□□□□□□□□汝與吾夫略相類。吾夫試不售而死，汝若不□而存，則汝宜銘。

銘曰：□□□，文不□。□□□，年不□。□□□，□□□。繼先世，尚有後。〔註7〕

案：〈墓志銘〉撰者王象祖，字德甫，號大田，臨海人。嘗學於永嘉葉適水心先生。《宋史》無傳。清黃宗羲《宋元學案》卷五十五、〈水心學案〉下「水心門人」有〈王大田先生象祖傳〉，頗記其行事。據葉適所撰〈校書郎王公夷仲墓誌銘〉考證，象祖與陳容之妻王氏應屬兄妹或從兄妹，〔註8〕故王氏請銘其夫，象祖所撰〈墓志銘〉雖有磨損，然文中所載「汝與吾夫略相類。吾夫試不售而死，汝若不□而存，則汝宜銘」云云，實記王氏懇託語。是則象祖者，亦王衛孫，王似之子或姪，固無疑矣。又〈墓志銘〉所載陳容父子、兄弟事迹，皆較〈壙志〉爲詳備。舉例言之，其父芝之「僉書武安軍」，以「明經爲鄉先生」，〈壙志〉未記也；其兄全早登進士第，〈壙志〉未明言也；至容言簡行謹，與兄研經究學，及其於寧宗嘉泰元年辛酉（1201）「移冠待補」，受屈國學之選諸事，〈墓志〉寫來有原有委，而〈壙志〉則似故意疏略其辭。

〔註7〕 同註1，頁34至35。

〔註8〕 葉適〈校書郎王父夷仲墓誌銘〉載：「夷仲，世臨海縣人。……長子似之，卒；次子應之，免解進士；幼曰棐。女嫁故池州趙善臨。孫曰象祖，曰革，曰夢龍，曰丕祖，曰淡，曰字孫，曰文。」據是，則象祖若爲似之子，則與王氏爲兄妹；若爲應之、棐之子，則與王氏爲從兄妹。

〈墓志〉文中又詳記容謀地葬父，「財殫力憊」，因病亡身等情事；而〈壙志〉竟無一語道及之。微〈墓志〉，吾人皆不知容爲孝子矣。綜上諸例，皆〈墓志〉詳於〈壙志〉，及可足補〈壙志〉未備之明證。

余研治《直齋書錄解題》作者陳振孫生平行事歷有年所，前年八月仍撰就〈陳振孫生卒年新考〉一文，發表於《新亞學報》第二十卷中。〔註9〕茲又因得研讀〈陳容壙志〉與〈陳容墓志銘〉，乃悉南宋之世有兩「陳振孫」，此事固未經人道及者。據此以觀，金石實物考證殊有裨益於學術研究，此事屢驗不爽，無怪乎近儒王觀堂先生爲文，一再揭櫫二種證據法之重要也。

民國九十一年（2002）九月廿八日教師節，撰於華梵大學東方人文思想研究所

原刊《新亞論叢》二〇〇三年、第一期、〔總第五期〕（二〇〇三年五月）

〔註9〕拙文見《新亞學報》第二十卷，頁 197 至 204，香港，新亞研究所編輯，2000年 8 月初版。

尤袤與陳振孫之學術情緣

尤袤與陳振孫，皆為南宋著名目錄學家。

尤袤（1124～1193）字延之，自號遂初居士，常州無錫人。《宋史》卷三百八十九、〈列傳〉第一百四十八有傳，所記其生平事迹甚詳。袤著有《遂初堂書目》一卷，清紀昀《四庫全書總目》卷八十五、〈史部〉四十一、〈目錄類〉一嘗著錄，謂其書重視板本；又稱其《書目》於「一書而兼載數本」，頗資互考；且言「宋人目錄存於今者，《崇文總目》已無完書，惟此與晁公武《志》為最古，固考證家之所必稽矣」。紀氏推譽至隆，足證尤書於宋世目錄學史上具崇高之地位。

陳振孫（1179～1262）字伯玉，號直齋，浙江安吉州人。《宋史》無傳。余嘗撰《陳振孫之生平及其著述研究》一書，及〈陳振孫生卒年新考〉一文，考證其生平及生卒年甚詳核，足補《宋史》之闕。振孫著有《直齋書錄解題》二十二卷，《四庫全書總目》卷八十五、〈史部〉四十一、〈目錄類〉一亦著錄。紀昀盛稱此書，謂「古書之不傳於今者，得藉是以求其崖略；其傳於今者，得藉是以辨其真偽，核其異同，亦考證之所必資，不可廢也」。是故振孫《解題》，與尤氏《書目》、晁氏《郡齋讀書志》，恰可鼎足而三，均為南宋目錄學著作之翹楚。

晁公武年歲略長於尤袤，今人孫猛撰《郡齋讀書志校證》，以為晁氏約生於徽宗崇寧年間（1102～1106），而卒於孝宗淳熙十四年（1187）前。晁氏因或未能得讀尤袤著作，故《郡齋讀書志》未嘗著錄《遂初堂書目》等書。至陳振孫則因年齡相距尤氏頗遙，或無緣與之親相交接，然其齋中藏書則不乏尤氏所著書。《直齋書錄解題》卷八、〈目錄類〉著錄：

　　　《遂初堂書目》一卷，錫山尤氏尚書袤延之，淳熙名臣，藏書至多，

　　法書尤富，嘗爐於火，今其存亡幾矣。

是振孫藏有《遂初堂書目》之證。尤氏藏書，其後既燼於火，則其《書目》，
或藉直齋之傳鈔與收藏而得以流傳後世。若是，直齋眞尤氏功臣也。

　　　《解題》同卷、〈地理類〉著錄：

　　　《山海經》十八卷，漢侍中奉車都尉臣秀所校祕書。秀，即劉歆也。

　　晉郭璞注。案〈唐志〉二十三卷，《音》二卷。今本錫山尤袤延之校定。

是振孫又藏有尤袤校定之《山海經》十八卷。

　　　《解題》卷十八、〈別集類〉下著錄：

　　　《梁谿集》五十卷，禮部尚書錫山尤袤延之撰。家有遂初堂，藏書

　　為近世冠。

案：振孫所藏《梁谿集》五十卷，早已不存。《四庫全書》則有《梁谿遺稿》
一卷，已非其舊。《四庫全書總目》卷一百五十九、〈集部〉十二、〈別集類〉
十二著錄：

　　　《梁谿遺稿》一卷，宋尤袤撰。……《宋史》袤本傳載所著《遂初

　　小稿》六十卷、《內外制》三十卷。陳振孫《書錄解題》載《梁谿集》

　　五十卷，今並久佚。

是《梁谿集》五十卷散佚已久，博學鴻才如紀曉嵐亦未克得讀其全書矣。今
《四庫全書》僅具《梁谿遺稿》一卷，其與五十卷全集相較，固若九牛之一
毛。惟此書乃賴尤氏後裔輯存與刊行，所得雖屬鳳毛麟角，然吾人亦須珍之
如球琳也。

　　綜上所述，尤、陳以生年相距逾半世紀，故二人應無緣親相歔接。然二
氏皆喜藏書，精目錄，志同道合，氣味相投，振孫遂以同道後進，服膺長者，
於其所撰《解題》中，不惟將一己所藏尤氏著述悉數著錄，且於尤氏在朝為
名臣，藏書冠當世等情事，多所推尊，斯乃理有固然者也。至遂初堂不愼於
火，殘存書籍無幾，振孫亦深致惋惜。是振孫欽仰愛重尤袤可知矣。余研治
《直齋書錄解題》有年，於尤、陳二氏學術情緣夙加注意，並有所心會。山
居多暇，晴窗無俚，乃爬梳、排比相關資料，為文表而出之，其於南宋目錄
學史之研究，或不無裨益焉。

民國九十年（2001）八月十六日撰於華梵大學東方人文思想研究所

原刊尤偉《遂初堂叢談》（2002 年 6 月）

宋匡躬四考

　　宋匡躬，北宋哲宗時人，《宋史》無傳，燕京大學引得編纂處編《四十七種宋代傳記綜合引得》，及今人昌彼得等編《宋人傳記資料索引》等書均無其材料。余前撰有〈宋匡躬小考〉一則，[註1]所考得甚少，讀之令人慚。月來爬羅相關文獻，再經輾轉細思，頗有心會，茲試分「取名考」、「著作考」、「家世考」、「宦履考」四項，詳考匡躬行實如次。

壹、取名考

　　宋匡躬，南宋王應麟《玉海》作「宋匡射」，[註2]誤也。「匡躬」之名，蓋取自《易經》。《周易・蹇卦》曰：「六二，王臣蹇蹇，匡躬之故。」匡躬二字殆出此。王弼注此條曰：「處難窮時，履當其位，居不失中，以應於五，不以五在難中，私身遠害，執心不回，志匡王室者也。故曰：『王臣蹇蹇，匡躬之故。』履中行義，以存其上，處蹇以此，未見其尤也。」孔穎達疏曰：「王謂五也，臣謂二也。九五居於王位而在難中，六二是五之臣，往應於五，履正居中，志匡王室，能涉蹇難而往濟蹇，故曰『王臣蹇蹇』也。盡忠於君，匡以私身之故而不往濟君，故曰『匡躬之故』。」是匡躬父取此嘉名以賜其子，蓋有欲子能「志匡王室」，「匡以私身之故而不往濟君」也。取名以寄厚望於

〔註1〕〈宋匡躬小考〉，初刊見國立雲林科技大學主編《二○○二年漢學研究國際學術研討會論文集》，乃拙著〈讀陳振孫《直齋書錄解題》札記〉之伍，後收入拙著《碩堂文存五編》（臺北：里仁書局，2004年9月15日初版），第182～183頁。

〔註2〕王應麟《玉海》卷一百六十五、〈宮室・館〉、「四館」條載：「《書目》：『《館閣錄》十一卷，秘閣校理宋匡射。』」（上海：江蘇古籍出版社、上海書店聯合出版，1987年12月1版），第3042頁。「射」乃「躬」字之誤。

子，固可推知矣。

貳、著作考

匡躬著作，有《館閣錄》一種。王應麟《玉海》卷第一百六十五、〈宮室・館〉、「四館」條載：

> 《書目》：「《館閣錄》十一卷，祕閣校理宋匡射。載興國迄元祐中
> 館閣故事，共八門，元十五卷，今存十一卷。」〔註3〕

案：《玉海》此處所言之「《書目》」，乃指《中興館閣書目》，南宋孝宗淳熙間陳騤撰。匡躬，《玉海》誤作「匡射」，前已言及。據《中興館閣書目》所著錄，則知《館閣錄》原爲十五卷，至孝宗時僅存十一卷。

南宋理宗時，陳振孫撰《直齋書錄解題》，其書卷六、〈職官類〉亦著錄此書，云：

> 《皇宋館閣錄》五卷，不著名氏，所記止於元祐。《中興館閣書目》
> 云：「祕閣校理宋匡躬撰。」又云：「共八門，原十五卷，存十一卷。」
> 今本止五卷，不見門類，前三卷又混而爲一，意未必全書也。〔註4〕

考元托克托《宋史》卷二百三、〈志〉第一百五十六、〈藝文〉二、〈史類・故事類〉著錄：「宋匡躬《館閣錄》十一卷。」〔註5〕疑此條殆據《中興館閣書目》著錄，史臣恐非眞能目睹十一卷之書也。匡躬之書，至振孫所藏時已僅存五卷，且謂不著撰人名氏，宋後應已散佚。此書本稱《館閣錄》，《直齋書錄解題》作「《皇宋館閣錄》」，「皇宋」二字，殆後人所增改。

《館閣錄》凡分八門，《中興館閣書目》未載其細目，陳振孫則謂「不見門類」，蓋其所藏僅五卷，故不見門類。《中興館閣書目》撰人陳騤另撰有《中興館閣錄》，〔註6〕其書殆仿匡躬而作，共十卷，亦分八門。陳書之八門爲「沿革」、「省舍」、「儲藏」、「修纂」、「撰述」、「故實」、「官職」、「廩祿」、「職掌」，意匡躬書之八門，當同然也。

匡躬《館閣錄》撰作年代，余撰〈小考〉亦考證及之。清人徐松《宋會

〔註3〕同註2。

〔註4〕徐小蠻、顧美華點校本：《直齋書錄解題》（上海：上海古籍出版社，1987年
　　　　12月1版），第177頁。

〔註5〕托克托：《宋史》（臺北：鼎文書局，1994年6月8版），第5107頁。

〔註6〕陳騤：《中興館閣錄》，清修《四庫全書》從《永樂大典》輯出，易名《南宋
　　　　館閣錄》。

要輯稿》第一百二十冊、〈選舉〉三三之一八載：

> （元祐）七年正月十一日，左朝散郎，秘書省正字宋匪躬爲祕閣校
> 理。〔註7〕

《中興館閣書目》既云《館閣錄》乃「祕閣校理宋匪躬撰」，則此書必撰成於哲宗元祐七年（1092）匪躬出任祕閣校理後。

參、家世考

匪躬家世，前人未有研討之者。《中興館閣書目》、《直齋書錄解題》、《玉海》諸書皆未記及，余撰〈小考〉時亦未考之。第近讀北宋文彥博〈舉宋匪躬箚子〉後，始萌生一考匪躬家世之念頭。彥博〈箚子〉云：

> 臣切見承議郎宋匪躬，名臣之後，能世其家，博學多聞，習知典故。
> 伏望聖慈令三省詳其家世，并所履歷，特除秘書省校書或檢討之任。
> 〔註8〕

此〈箚子〉未署年月，惟同書同卷此篇前有〈舉溫俊乂箚子〉，其撰寫形式與此〈箚〉一致，〔註9〕署年則爲「元祐二年十月」，竊意〈舉宋匪躬箚子〉應亦同時作。至其〈箚〉中「聖慈」，即指哲宗祖母高太皇太后，〔註10〕時哲宗尚幼，太皇太后權同聽政。太皇太后重舊黨，乃起用文彥博，任爲司徒，平章軍國重事，班且在宰相之上。〔註11〕今觀《全宋文》卷六五六、〈文彥博〉十六所收舉賢才諸箚子，皆寫成於元祐元年（1086）至四年（1089）間，則撰舉匪躬〈箚〉，應不得遲於元祐四年後。

《全宋文》卷六五七、〈文彥博〉十七另有〈題宋宣獻書帖後〉一篇，云：

〔註7〕 徐松：《宋會要輯稿》（臺北：新文豐出版公司，1976年10月初版），第4750頁。

〔註8〕 四川大學古籍整理研究所編：《全宋文》，第十六冊，卷六五六、〈文彥博〉一六。（成都：巴蜀書社，1991年4月1版），第2頁。

〔註9〕 同註8，第1頁。其〈舉溫俊乂箚子〉，元祐二年十月。云：「臣切見朝請郎、前監左藏庫溫俊乂，廉勤公幹，昨監國幣，不避眾怨，舉行積弊，但以孤立，人鮮知之。伏望聖慈令三省檢其履歷，特賜陞擢任使。」撰作形式，與〈舉宋匪躬箚子〉無異。

〔註10〕 高太皇太后，宋英宗之皇后，稱宣仁聖烈高皇后；神宗之母，神宗立，尊爲皇太后；哲宗之祖母，哲宗嗣位，尊爲太皇太后。傳見《宋史》卷二百四十二、〈列傳〉第一、〈后妃〉上。

〔註11〕 事載《宋史》卷十七、〈本紀〉第十七、〈哲宗〉一。

宣獻公文學德望，爲一代宗師。頃年嘗游公藩，誤蒙與進。一日，
延食於春明東閤，示予蘭陵蕭誠書，且曰：「名筆也。」乃知公之行
筆類蕭。今觀此小楷二軸，精勁有法，遠出前輩。追惟東閤眷與之
厚，不覺泫然！熙寧九年六月廿四日，北都善養堂題。〔註12〕

案：宣獻，宋綬諡也。宋仁宗時人，《宋史》卷二百九十一、〈列傳〉第五十
有傳。其傳載：

宋綬字公垂，趙州平棘人。父皋，尚書度支員外郎、直集賢院。綬幼
聰警，額有奇骨，爲外祖楊徽之所器愛。徽之無子，家藏書悉與綬。
綬母亦知書，每躬自訓教，以故博通經史百家，文章爲一時所尚。……
元昊反，……帝（仁宗）詢攻守之策。綬書十事以獻。復召知樞密院
事，遷兵部尚書，參知政事。……尋卒，贈司徒兼侍中，諡宣獻。

綬性孝謹清介，言動有常。……家藏書萬餘卷，親自校讎，博通經
史百家，其筆札尤精妙。……楊億稱其文沈壯淳麗，曰：「吾殆不及
也。」及卒，帝多取所書字藏禁中。……子敏求。〔註13〕

本傳中所記綬「筆札尤精妙」，「帝多取所書字藏禁中」，與文彥博〈題宋宣獻
書帖後〉所推許意見同。至其子敏求傳，則附〈綬傳〉後，曰：

敏求字次道，賜進士及第，爲館閣校勘。……王堯臣修《唐書》，以
敏求習唐事，奏爲編修官。……治平中，召爲《仁宗實錄》檢討官，
同修起居注，知制誥，判太常寺。……加龍圖閣直學士，命修《兩
朝正史》。……元豐二年，卒，年六十一。特贈禮部侍郎。

敏求家藏書三萬卷，皆略誦習，熟於朝廷典故，士大夫疑議，必就
正焉，補唐武宗以下《六世實錄》百四十八卷，它所著書甚多，學
者多咨之。〔註14〕

治平，英宗年號；元豐，神宗年號；則敏求乃英、神間人。綬與敏求父子，
名臣繼世，又以藏書豐贍，博通經史，且熟習典故，並有稱於時。

余讀〈舉宋匡躬箚子〉及〈題宋宣獻書帖後〉後，經細思宋、文二人情
誼深致，又詳考宣獻父子生平，頗疑匡躬即宋綬、敏求後人。故與彥博〈箚
子〉中推許匡躬爲「名臣之後，能世其家，博學多聞，習知典故」諸語若合

〔註12〕同註8，卷六五七、〈文彥博〉一七，第42頁。
〔註13〕同註5，第9732～9736頁。
〔註14〕同註5，第9736～9737頁。

符契。而彥博所以舉薦匪躬「除秘書省校書或檢討之任」，亦可推悉其淵源與因由矣。

惟「匪躬爲宋綬、敏求後人」之說，仍僅屬一大膽假設，能否成立，猶有待乎小心求證於文獻也。

檢北宋蘇頌《蘇魏公文集》卷五十一、〈碑銘〉，其〈龍圖閣直學士修國史宋公神道碑〉載：

> 公諱敏求，字次道，宣獻公諱綬之長子也。世爲趙州平棘人。曾祖龜符本州別駕，祖皋尚書度支員外郎、直集賢院。並以宣獻公任政府，追贈太師、中書令。而集賢公又兼尚書令、胙譙國公。……
> 子男九人：慶魯，殿中丞；匪躬，著作佐郎；二早夭；尚賢，將作監主簿；正功，大理評事；表微、揆方，將作監主簿；處仁，始名。女子二人，適贊善大夫王佑、秘書丞呂希純，並先亡。孫八人：焯，將作監主簿；燔、煜、燴、爐、煇、灼，皆未官。孫女七人，長適太常寺太祝曾說，次適白馬縣丞范祖德，五幼未有行。〔註15〕

又檢陳騤《中興館閣錄》，書首有南宋李燾撰〈序〉，曰：

> 《中興館閣錄》十卷，淳熙四年秋，天台陳騤叔進與其僚所共編集也。……自唐開元韋述所集《記注》，元祐間宋宣獻之孫匪躬作《館閣錄》，紹興改元，程俱致道作《麟臺故事》。宋氏皆祖韋氏，而程氏《故事》并國初，它則多闕，蓋未知其有宋《錄》也。……今所編集，第斷自建炎以來，凡物巨細，靡有脫遺，視程氏誠當且密。……昏忘倦游，喜見此書，乃援筆爲之序。李燾仁父。〔註16〕

據上所引二文，則匪躬乃綬之孫、敏求之子，固有文獻記載矣。茲爲清晰說明起見，無妨將趙州平棘宋匪躬世系列表如下：

　　龜符 ── 皋 ── 綬 ── 敏求 ── 匪躬

　　（高祖）（曾祖）（祖）　（父）

〔註15〕蘇頌：《蘇魏公文集》（北京：中華書局，1988 年 9 月 1 版），第 771～778 頁。同書卷十四〈挽辭〉有〈國史龍圖侍郎宋次道五首〉，其三云：「告臥春明日，災逢本命年。英靈百人敵，奄忽一朝捐。妙墨宗祧秘，次道嘗奉詔題仁宗皇帝祐主。遺文太史編。家書四世學，嗣子復能傳。」第 194 頁。末句「嗣子復能傳」，殆指宋匪躬。

〔註16〕陳騤：《南宋館閣錄・續錄》書首〈原序〉（北京：中華書局，1998 年 7 月 1 版），第 3 頁。

匡躬另有兄弟八人，姊妹二人，子侄八人，侄女七人。其外高祖楊徽之，家富藏書，後悉與匡躬祖宋綬。是則匡躬不惟家世顯赫，且數代藏書，所可研讀之資料殊不少。由是乃考知文彥博稱其爲「名臣之後，能世其家，博學多聞，習知典故」，確屬有根之談，且言副其實也。

肆、宦履考

有關匡躬宦履，其最早所任者厥爲蘇頌〈龍圖閣直學士修國史宋公神道碑〉所記之著作佐郎，其時應在宋神宗元豐二年（1079）前，蓋宋敏求即卒於是年。考《宋史》卷一百六十四、〈志〉第一百一十七、〈職官〉四載：

> 秘書省：監、少監、丞各一人，……其屬有五：著作郎一人，著作佐郎二人，掌修纂日曆。〔註17〕

是著作佐郎掌修纂日曆。

宋哲宗元祐二年（1087），文彥博曾薦舉匡躬除秘書省校書或檢討。上引《宋史》同條載：

> 校書郎四人，……掌校讎典籍，判正訛謬，各以其職隸於長、貳。……
> 天禧初，令以三館爲額，置檢討，……檢討以京朝官充。〔註18〕

是校書郎掌校讎典籍，而檢討則以京朝官充任。

至《宋會要輯稿》則載匡躬元祐七年（1092）正月十一日，以左朝散郎、秘書省正字轉任秘閣校理。《宋史》卷一百六十九、〈志〉第一百二十二、〈職官〉九載：

> 文散官二十九……朝散郎從七上。〔註19〕

同書卷一百六十四、〈志〉第一百一十七、〈職官〉四載：

> 秘書省：……正字二人，掌校讎典籍，判正訛誤，各以其職隸於長、貳。……
> 秘閣：係端拱元年就崇文院中堂建閣，以三館書籍眞本并內出古畫墨跡等藏之。淳化元年，詔次三館置直閣，以朝官充。校理，以京朝官充。……直閣、校理通掌閣事，掌繕寫秘閣所藏。〔註20〕

〔註17〕同註5，第3873頁。
〔註18〕同註5，第3873～3874頁。
〔註19〕同註5，第4050頁。
〔註20〕同註18。

秘書省正字亦掌校讎典籍，而秘閣校理則通掌閣事，並繕寫秘閣所藏。大抵匪躬於元豐二年前任著作佐郎，元祐二年則藉文彥博薦舉，任秘書省校書或檢討。後又改任左朝散郎、秘書省正字，以迄元祐七年轉升秘閣校理。其一生之宦履大抵若是，而元祐七年後則無可考矣。

綜上四考，可爲匪躬撰一小傳如下：

> 宋匪躬，趙州平棘人。高祖龜符，趙州別駕。曾祖皋，尚書度支員外郎、直集賢院。祖綬，兵部尚書，參知政事，贈司徒兼侍中，謚宣獻。父敏求，龍圖閣直學士，特贈禮部侍郎。匪躬名宦之後，先世富藏書，博學多聞，習知典故，能世其家。元豐時，出任著作佐郎；元祐二年，文彥博薦舉，改任秘書省校書郎（或檢討）；後轉任左朝散郎、秘書省正字；元祐七年，升秘閣校理。著《館閣錄》十五卷，分沿革、省舍、儲藏、修纂、撰述、故實、官職、廩祿、職掌八門，備載有宋興國以迄元祐中館閣故事。其後陳騤撰《中興館閣錄》十卷，承用其體，所影響固深遠矣。

原刊《新亞論叢》2005 年，第 1 期

呂昭問小考

陳振孫《直齋書錄解題》卷七〈傳記類〉著錄：

　　《呂忠穆家傳》一卷、《逢辰記》一卷、《遺事》一卷，記建炎丞相

　　呂頤浩元直事。孫昭問刻之廣德軍。

案：呂頤浩字元直，諡忠穆，《宋史》卷三百六十二〈列傳〉第一百二十一有傳，記其生平事迹甚詳。然其孫呂昭問，則不惟《宋史》無傳，即燕京大學引得編纂處所編《四十七種宋人傳記綜合引得》亦無其資料，故余前撰《陳振孫之史學及其〈直齋書錄解題〉史錄考證》，竟誤以爲《解題》所載昭問刻《呂忠穆家傳》諸書於廣德軍事，乃屬今可僅見呂昭問史料。其實不然。

　　考清人徐松《宋會要輯稿》第一百四十九冊〈食貨〉五八之一一載：

　　（乾道七年）十一月十二日，知建康府洪遵言：「太平州蕪湖知縣呂

　　昭問以和糴米爲名，禁止米斛不得下河。饒州旱傷，前來收糴米七

　　百五十餘碩。本縣抄箚不令交還。」詔：「呂昭問降一官放罷。」

案：上引呂昭問資料，另見同書第一百五十冊〈食貨〉五九之五○，及同書第一百五十九冊〈食貨〉六八之七二。惟第一百五十九冊〈食貨〉六八之七二所載「太平州」三字誤寫作「太州府」。據是，則知於宋孝宗乾道七年（1171）呂昭問嘗任蕪湖知縣，惟以處理和糴米事嚴重失當，被降一官放罷。

　　《宋會要輯稿》所載太平州蕪湖縣，即今安徽省蕪湖縣；而廣德軍，即今安徽省廣德縣。蕪湖之與廣德，兩地相距匪遙，竊疑昭問刻書，或在其任蕪湖知縣時也。

　　《呂忠穆家傳》諸書，《解題》未著撰人。清紀昀《四庫全書總目》以爲《遺事》一卷乃頤浩後人所述。《總目》卷五十九〈史部〉十五〈傳記類存目〉

一著錄：

> 《呂忠穆公遺事》一卷，《永樂大典》本。不著撰人名氏。陳振孫《直
> 齋書錄解題》載之，亦不云誰作。所記呂頤浩言行，每條必曰「公
> 於某事云云」，蓋其後人所述也。

然今人劉兆祐《宋史藝文志史部佚籍考》則疑《遺事》與《逢辰記》，皆昭問
所編次。劉書下編〈已佚而有輯本者〉（七）〈傳記類〉著錄：

> 《呂頤浩遺事》一卷、《呂頤浩逢辰記》一卷，宋不著撰人。《宋志》
> 於《遺事》下注云：「頤浩出處大概。」於《逢辰記》下注云：「頤
> 浩歷官次序。」此二編，頤浩孫昭問刻之廣德軍，或即昭問所編次
> 也。

案：紀昀以爲書乃頤浩「後人所述」，劉兆祐以爲「或即昭問所編次」，劉氏
語雖存疑，所考恐亦符事實。

民國九十一年（2002）元月二十九日，撰於華梵大學東方人文思想研究所

談「虬戶銑谿體」
——讀《直齋書錄解題》札記

《直齋書錄解題》卷四、〈正史類〉著錄：

> 《新唐書》二百二十五卷，翰林學士廬陵歐陽修永叔、端明殿學士安陸宋祁子京撰。初，慶曆中詔王堯臣、張方平等刊修，久而未就。至和初，乃命修為紀、志，祁為列傳，范鎮、王疇、宋敏求、呂夏卿、劉義叟同編修，嘉祐五年上之。凡廢傳六十一，增傳三百三十一，志三，表四，故其進書上表曰：「其事則增於前，其文則省於舊。」第賞增秩訓詞，劉敞原父所行，最為古雅。……今案舊史成於五代文氣卑陋之時，紀次無法，詳略失中，論贊多用儷語，固不足傳世。而新書不出一手，亦未得為全善。本紀用《春秋》例，削去詔令，雖太略，猶不失簡古；至列傳用字多奇澀，殆類虬戶銑谿體，識者病之。

案：余前撰《陳振孫之史學及其〈直齋書錄解題〉史錄考證》，於「虬戶銑谿體」，未能考得其出處，言之慚忸。近檢宋人計有功《唐詩紀事》卷九、「徐彥伯」條載：

> 彥伯為文，多變易求新，以鳳閣為鸑閣，龍門為虬戶，金谷為銑溪，玉山為瓊岳，竹馬為篠驂，月兔為魄兔，進士效之，謂之澀體。

斯蓋「虬戶銑谿體」一語之出處。考徐彥伯，唐人，歷經武后、中宗、睿宗、玄宗四朝，開元二年（714）卒。《舊唐書》卷九十四、〈列傳〉第四十四、《新唐書》卷一百一十四、〈列傳〉第三十九均有傳。《舊唐書》彥伯本傳云：

自晚年屬文，好為強澀之體，頗為後進所效焉。

《新唐書》本傳亦謂：

> 秉筆累朝，後來翕然慕倣。晚為文稍彊澀，然當時不及也。

皆記彥伯撰文強澀事。

查漢語大詞典出版社印行《漢語大詞典》第八冊、頁八五五、「虫部」收有「虯戶篠驂」條，云：

> 虯戶篠驂，謂作文喜用僻辭古語，故作高深。語出舊題宋尤袤《全唐詩話·徐彥伯》：「徐彥伯為文，多變易求新，以鳳閣為鸑閣，龍門為虯戶，金谷為銑溪，玉山為璠岳，竹馬為篠驂，月兔為魄兔，進士效之，謂之『澀體』」。

是《漢語大詞典》此條「虯戶篠驂」，亦即陳振孫《直齋書錄解題》所謂「虯戶銑谿」也。考清紀昀《四庫全書總目》卷一百九十七、〈集部〉五十、〈詩文評類存目〉、「《全唐詩話》十卷」條云：

> 《全唐詩話》十卷，內府藏本。原本題宋尤袤撰。……考袤為紹興二十一年進士，以光宗時卒，而〈自序〉年月乃題咸淳，時代殊不相及。校驗其文，皆與計有功《唐詩紀事》相同。《紀事》之例，凡詩為唐人採入總集者，皆云右某取為某集。此本「張籍」條下尚未及刪此一句，則其為後人刺取影撰，更無疑義。考周密《齊東野語》載賈似道所著諸書，此居其一。蓋似道假手廖瑩中，而瑩中又刪竊舊文，塗飾塞責。後人惡似道之姦，改題袤名，以便行世，遂致偽書之中又增一偽撰人耳。毛晉不為考核，刻之《津逮秘書》中，疎亦甚矣！

是《四庫全書總目》以此書為宋廖瑩中撰而改題尤袤名。

清丁丙《善本書室藏書志》卷三十九、〈集部〉十八、「《全唐詩話》三卷」條云：

> 《全唐詩話》三卷，明正德丁丑刊本。舊題宋尤袤撰。……中有咸淳辛未重陽遂初堂書，云：「余少有詩癖，甲午奉祠湖曲，專意吟事，唐人詩誦之尤習，彙而書之，名曰《全唐詩話》。未幾驅馳於外，此事便廢，邇來三十有八年。今又蒙恩使養湖曲，因理故篋，復得是編，披覽慨然，恍如疇昔浩歌縱談時也。」周密《齊東野語》載賈似道所著書有《全唐詩話》。《武林舊事》載集芳御園後賜賈平章，有「秋

墾遂初客堂」度宗御書。此跋時地相合，後人惡似道之姦，以遂初
與尤袤同名，故改題文簡。

案：咸淳辛未，爲宋度宗咸淳七年（1271）；甲午，爲宋理宗端平元年（1234），
正合「邇來三十有八年」之數。賈平章即賈似道，蓋度宗立，似道嘗以太師
平章軍國事。文簡，尤袤謚。是丁丙《善本書室藏書志》亦以此書非袤所撰，
乃賈平章書而改題文簡者。至撰《唐詩紀事》之計有功，《宋史》無傳。紀昀
《四庫全書總目》及近人余嘉錫《四庫提要辨證》，均以有功爲宋高宗紹興時
人；〔註1〕清陸心源《儀顧堂題跋》亦謂有功紹興時人，徽宗宣和三年（1121）
進士。〔註2〕而尤袤則紹興十八年（1148）進士，光宗紹熙四年（1193）卒，
《宋史》有傳。〔註3〕故即令《全唐詩話》一書爲尤袤撰，其所記徐彥伯「虹
戶銚谿體」事亦應在計有功《唐詩紀事》後；是以《漢語大詞典》謂「虹戶
篠驂」條「語出舊題宋尤袤《全唐詩話‧徐彥伯》」，所考殊未允當也。

民國八十九年（2000）除夕，撰於華梵大學東方人文思想研究所
原刊《大陸雜志》第一百零三卷、第六期（民國九十年十二月）

〔註1〕 請參考紀昀《四庫全書總目》卷一百九十五、〈集部〉四十八、〈詩文評類〉
一、「《唐詩紀事》八十一卷」條、余嘉錫《四庫提要辨證》卷二十四、〈集部〉
五〈詩文評類〉一、「《唐詩紀事》八十一卷」條。
〔註2〕 請參考陸心源《儀顧堂題跋》卷十三、〈唐詩紀事跋〉。
〔註3〕 請參考《宋史》卷三百八十九、〈列傳〉第一百四十八、〈尤袤〉。

劉貢父「不徹薑食」、「三牛三鹿」二語考
──讀《直齋書錄解題》札記

　　陳振孫《直齋書錄解題》卷三、〈小學類〉「《爾雅新義》二十卷」條著錄：

　　　　《爾雅新義》二十卷，陸佃撰。其於是書，用力勤矣。〈自序〉以爲
　　　　「雖使郭璞清道，跋望塵躅可也」。以愚觀之，大率不出王氏之學，
　　　　與劉貢父所謂「不徹薑食」、「三牛三鹿」戲笑之語，殆無以大相過
　　　　也。《書》云「玩物喪志」，斯其爲喪志也宏矣。頃在南城傳寫，凡
　　　　十八卷，其曾孫子遹刻於嚴州爲二十卷。

案：有關《解題》所記述劉貢父謂「不徹薑食」、「三牛三鹿」戲笑之語，年
前余撰作《陳振孫之經學及其〈直齋書錄解題〉經錄考證》一書，〔註1〕未能
詳考其出處，及今念之，殊覺愧怍。貢父乃劉敞之子，號公非，江西新喻人，
劉敞弟。敞邃於史學，與司馬光同修《資治通鑑》，專職漢史。其爲人疎儁，
不修威儀，喜諧謔，故數招怨悔，然終不能改也。生平事蹟附《宋史》卷三
百一十九、〈列傳〉第七十八、〈劉敞傳〉。

　　「不徹薑食」一語，最初見《論語》卷第十、〈鄉黨〉第十，作「不撤薑
食」。阮元〈論語注疏校勘記〉云：「案《石經考文提要》引宋本《九經》，『撤』
作『徹』。《說文》無『撤』字，『撤』乃『徹』之俗字。」是宋本《論語》原
作「徹」，今本作「撤」，乃用俗字也。

　　劉貢父所謂「不徹薑食」戲笑之語，其出處經余細覈，乃見宋人邵博《河

────────────────
〔註1〕《陳振孫之經學及其〈直齋書錄解題〉經錄考證》，民國86年（1997）3月
　　　15日初版，臺北，里仁書局印行。

南邵氏聞見後錄》。該書卷三十載：

> 王荊公會客，食，遽問：「孔子不徹薑食，何也？」劉貢父曰：「《本
> 草》書薑多食損知，道非明民，將以愚之。孔子以道教人者，故云。」
> 荊公喜，以爲異聞；久之，乃悟其戲也。荊公之學尚穿鑿，類此。

考《河南邵氏聞見後錄》一書，凡三十卷，乃邵博繼其父伯溫《河南邵氏聞
見前錄》而編撰。《前錄》二十卷，殆撰就於紹興二年（1132）壬子。〔註 2〕
振孫於伯溫喬梓之書，皆收藏而誦讀之矣，故《解題》卷五、〈雜史類〉著錄：

> 《邵氏聞見錄》二十卷，邵伯溫撰。多記國朝事。又有《後錄》三
> 十卷，其子溥所作，〔註3〕不專紀事，在〈子錄·小說類〉。

同書卷十一、〈小說家類〉著錄：

> 《聞見後錄》二十卷，邵某撰。〔註4〕

斯其證也。

至貢父「三牛三鹿」一語出處，亦見《河南邵氏聞見後錄》卷三十，其
書載：

> 王荊公喜說字，至以成俗。劉貢父戲之曰：「三鹿爲麤，鹿不如牛；
> 三牛爲犇，牛不如鹿。」謂宜三牛爲麤，三鹿爲犇，若難于遽改，
> 欲令各權發遣。荊公方解縱繩墨，不次用人，往往自小官暴據要地，
> 以資淺，皆號權發遣。故并謔之。

此條中之「三鹿爲麤」，麤同麤，乃「粗」字；「三牛爲犇」，犇即「奔」。蓋
荊公說字義每多相戾，故貢父特牽連「權發遣」一事并謔之。

民國八十九年（2000）十二月四日撰於華梵大學東方人文思想研究所

〔註 2〕 邵伯溫有〈邵氏聞見前錄序〉，〈序〉末署年爲「紹興二年十一月十五日甲子」，
故知《前錄》撰就於此年。

〔註 3〕 邵溥，伯溫子，博之兄，陸心源《宋史翼》卷十、〈列傳〉第十有傳。惟《後
錄》乃博所撰，《解題》誤，拙著《陳振孫之史學及其〈直齋書錄解題〉史錄
考證》有考。

〔註 4〕 《聞見後錄》應爲三十卷，邵博撰。故盧文弨校本《解題》「二十卷」作「三
十卷」，「邵某」作「邵博」，并注曰：「據〈雜史門〉改。」

《陳振孫之生平及其著述研究》後記

　　余素好文獻目錄之學，於南宋陳振孫《直齋書錄解題》尤所究心。攻讀博士學位時，乃以〈陳振孫之生平及其著述研究〉撰就論文。自揣所得，除對《解題》一書探究多有創獲外，即對直齋生平及其其餘著述之鑽研，亦每有突破前人處，較時輩陳樂素、喬衍琯之成績，恐不遑多讓。

　　民國八十二年（1993）八月，余從香港赴臺灣授學，博士論文於是年十月，即由臺北文史哲出版社印行面世。近十數年來，余仍辛勤研治陳直齋及《解題》，先後出版問世之書，計爲《陳振孫之經學及其〈直齋書錄解題〉經錄考證》、《陳振孫之史學及其〈直齋書錄解題〉史錄考證》、《陳振孫之子學及其〈直齋書錄解題〉子錄考證》，近又將由臺北花木蘭文化出版社出版《陳振孫之文學及其〈直齋書錄解題〉集錄考證》，連同上述三書均收入《古典文獻研究輯刊》中。余另擬整治《陳振孫綜考》，收集前已發表相關論文及若干新撰，都成一集。書若編就，仍希由花木蘭文化出版社付印行世。是則余對斯項研究工作，或可告一段落。

　　《陳振孫之生平及其著述研究》自面世以還，頗受海峽兩岸學林及國際漢學界重視與延譽。2006 年 8 月，南京大學出版社出版武秀成教授《陳振孫評傳》，其書徵引本人研究成果及書中資料多達三十餘處，尤以其第一章〈陳振孫之歷程〉爲最多。該章由節目安排至內容陳述，均深受拙著影響；其餘各章亦頗有類似情況。武教授於書中對拙著頗表推崇與肯定；而余得讀其書勝處，則每興「道之不孤」與惺惺相惜之情。

　　再者，安徽大學歷史系張守衛教授亦撰有〈陳振孫著作考略〉一文，發表於安徽大學出版社刊行《古籍研究》2007・卷上、總第 51 期。其文多取

資於本書第五章〈陳振孫之主要著作——《直齋書錄解題》〉與第六章〈陳振孫之其他著作〉，尤以第六章為然。足證本書面世後，對當代學人研究陳振孫及其著作確深具影響。

去年暑假，花木蘭文化出版社杜潔祥主編提議將拙著收入《古典文獻研究輯刊》八編中，余接受其美意，乃藉此機會，將全書詳加增訂，刪駢除贅，下至文辭之潤色，句讀之更替，均認真作一番整治與審究功夫。再版前，且奉函文史哲出版社發行人彭正雄先生徵求其同意。全書增修既竣，爰撰〈後記〉，略陳顚末，並虔向彭、杜二位敬表謝忱。

民國九十七年（2008）十月三十一日，何廣棪撰於華梵大學東方人文思想研究所

《陳振孫之經學及其
〈直齋書錄解題〉經錄考證》增訂本後記

  本書初撰成於 1996 年 8 月，1997 年 3 月由臺北里仁書局版行問世，迄今已屆十載。1998 年 6 月，余藉此書蒙教育部核准升任正教授，後又因此書而倖獲中華文化復興運動總會頒予 1999 年度「中正文化獎」。是此書出版後帶給本人好處，殊爲不少。

  近臺北花木蘭文化出版社總編輯杜潔祥先生擬將拙著予以全新整治，收入《古典文獻研究輯刊》二編中。余固樂觀其成，並欲就此機會對全書內容作適當增訂，而文字句讀間之訛誤亦愼加校理。此事進行實費心力，惟事後所得之成效應甚豐碩。他日新書印成，倘能前後二書對讀，當會發現後者多補前者遺闕，而校讎句讀之矜愼，後書亦超邁前書。此應屬可預期之結果。

  又余年來仍不竭於對振孫及其《解題》作研究，先後寫成〈陳振孫生卒年新考〉、〈讀陳振孫《直齋書錄解題》札記〉、〈讀陳振孫《直齋書錄解題》續札〉、〈讀陳振孫《直齋書錄解題·詩類》札記〉、〈讀陳振孫《直齋書錄解題·春秋類》札記〉、〈讀陳振孫《直齋書錄解題·語孟類》札記〉、〈劉貢父「不徹薑食」、「三牛三鹿」二語考〉、〈談「虬戶銑谿體」〉、〈宋匪躬四考〉、〈呂昭問小考〉等論文，分別發表於《新亞學報》、《新亞論叢》、《經學論叢》、《大陸雜誌》、《文獻》、《新國學》、《二○○二年漢學研究國際學術研討會論文集》中。事後又將文章收入拙著《碩堂文存四編》、《五編》內。惜時間倉卒，是次再版，未能將各文研究成果整理，收入本書中。讀者如有興趣，

兼采上述諸文而研閱之，定可得治學互補有無之效益，且可獲讀書相得益彰之樂趣。

　　承蒙杜潔祥先生雅意，拙著得以慎加整理，再版面世，欣幸何似！謹於〈後記〉文末，敬致謝枕。

　　　　　　　　2006 年 3 月 9 日何廣棪撰於華梵大學東方人文思想究所

《陳振孫之史學及其〈直齋書錄解題〉史錄考證》後記

　　余自肄業上庠,即篤嗜校讎目錄及考證之學。從上世紀 80 年代後期始,乃顓志鑽研陳振孫及其著述。轉瞬 20 年間,先後撰就專著《陳振孫之生平及其著述研究》、《陳振孫之經學及其〈直齋書錄解題〉經錄考證》、《陳振孫之史學及其〈直齋書錄解題〉史錄考證》、《陳振孫之子學及其〈直齋書錄解題〉子錄考證》、《陳振孫之文學及其〈直齋書錄解題〉集錄考證》,凡五種;另寫成讀《直齋書錄解題》札記約五十篇。

　　《陳振孫之生平及其著述研究》一書,1993 年 10 月,已由臺北文史哲出版社付印行世;《陳振孫之經學及其〈直齋書錄解題〉經錄考證》,1997 年 3 月,由臺北里仁書局出版,今年 3 月又將該書交臺北花木蘭文化出版社再版,收入《古典文獻研究輯刊》二編中;而所撰札記,則先後發表於《新亞學報》、《新亞論叢》、《新亞研究所通訊》、《大陸雜志》、《中國書目季刊》、《文獻》、《新國學》、《中國俗文化研究》、《華學》、《經學論叢》、《二○○二年漢學研究國際學術研討會論文集》,其後各文又收入拙著《碩堂文存四編》、《五編》中。

　　近承杜潔祥先生美意,擬將《陳振孫之史學及其〈直齋書錄解題〉史錄考證》,收入《古典文獻研究輯刊》三編。拙著草成於 1996 年 7 月,迄今剛屆 10 載。爰遵潔祥先生之命,謹就稿本詳予增訂、校正。因須配合出版進度,逼於時限,乃倉卒成事,書中有未盡如人意處,尚乞高明不吝賜教。

　　拙著整理出版過程中,蒙華梵大學東方人文思想研究所碩士生張國華、吳政遠鼎力襄事,實深感謝。循例書兩君之名於〈後記〉,以留永誌。

2006 年 7 月 7 日何廣棪撰於華梵大學東方人文思想研究所

後　記

昔魯穆叔有言：

　　大上有立德，其次有立功，其次有立言，雖久不廢，此之謂不朽。

立德者，聖人之事也；立功者，賢人之事也；立言者，學人之事也。

　　余以執教上庠為業，忽忽 30 餘載，授課之暇，則研誦書卷，有所得或握管為文，殆欲效古學人以立言為務也。早歲曾撰就與宋世易安居士及當代陳寅恪先生相關專著多種、論文如干篇，面世後頗受同儕矚目。惟自 1988 年以還，余乃轉而顓心致志於陳直齋及其學術之鑽研，沈潛迄今，轉瞬亦 23 年，共完成書籍五種，即：《陳振孫之生平及其著述研究》、《陳振孫之經學及其〈直齋書錄解題〉經錄考證》、《陳振孫之史學及其〈直齋書錄解題〉史錄考證》、《陳振孫之子學及其〈直齋書錄解題〉子錄考證》、《陳振孫之文學及其〈直齋書錄解題〉集錄考證》。上述五書，都 500 萬言，庶幾對直齋及其經、史、子、集之學，作有系統而全方位之研究。書既成，屢承摯友杜潔祥先生雅意，將拙著分別收入花木蘭文化出版社《古典文獻研究輯刊》中。由是兩岸學人鑽研振孫學術者，乃得以多加垂注，或予徵引，而余「以立言為務」之私衷，亦得以逐步達成。

　　本書乃繼前五書後，就研究直齋及其學術所存「餘瀋」編理而成，幸蒙饒選堂師代為命名並署耑。凡收長短論文 23 篇，其中多曾宣讀於國際學術研討會上，亦有發表於學報與期刊中。上述各文近均細作校讎與文字潤色，某些篇章且經剪裁刪訂。茲全書編理既竟，潔祥兄又將之收進《古典文獻研究輯刊》第十三編中。足徵朋情深厚，一再鼎力提攜，蓋欲助我達成「立言」之志耶？斯恩斯德，沒齒難忘矣！

中華民國開國百周年（2011）六月十一日，何廣棪撰於香港樹仁大學中國語言文學系